D1929366

Hans Jaray · *Es fehlt eine Seite*

Hans Jaray

Es fehlt eine Seite

Roman einer Jugend

Herbig

© by F. A. Herbig Verlagsbuchhandlung,
München · Berlin
Alle Rechte vorbehalten
Schutzumschlaggestaltung: Christel Aumann, München
(Foto: Adolf Lukan)
Gesamtherstellung: Ebner Ulm
Printed in Germany 1981
ISBN: 3-7766-1141-3

ES FEHLT EINE SEITE

ERSTER TEIL

I

Ein wolkenloser Augusttag lag über Ischl, der kaiserlichen Sommerresidenz. Von allen Dächern wehten die österreichischen Fahnen. Lampions und Girlanden schmückten die Gärten. Von den Bergen hallten Böller herab ins Tal. Auf dem Stadtplatz und in den schmalen Gassen drängten sich die Leute. Städter und Bauern feierten den Geburtstag des Monarchen.

Eine der dicht beflaggten Villen gehörte Friedrich Stellenheim, einem Wiener Textilfabrikanten. Sie stand auf einem satten Rasen, inmitten hoher Feuerlilien. Im Hintergrund erhob sich ein junger Fichtenwald. Unter der alten Linde, nicht weit vom Bach, lag ein Schäferhund im Schatten. Bäume und Sträucher ringsum waren reich behängt mit den vaterländischen Farben. Vor dem Gärtnerhaus warteten eine Raketenmaschine und ein Feuerrad auf den Abend. Ein sanfter Wind trug die letzten Takte des Mittagskonzertes von der Esplanade her, während auf der Terrasse, unter dem Sonnendach, Teller und Gabeln klapperten.

Stellenheim zündete eine Zigarre an und lehnte sich behaglich zurück: „Freilich, so ein Krieg wär' heutzutag' kein Kinderspiel. Der Fortschritt der

Technik ist unaufhaltsam. Jedes Land hat neue Waffen in Bereitschaft."

Therese, seine jüngere Tochter, reichte ihm den schwarzen Kaffee: „Jetzt hört schon auf mit dem Krieg. Seit Jahren schreiben die Zeitungen davon, und nichts ist geschehen. Wo soll jetzt plötzlich ein Krieg ausbrechen, und warum überhaupt?"

Ihr Gatte zog die Serviette aus seinem hohen roten Kragen. Oberstleutnant Grittner war heikel auf seine neue Galauniform: „Jeden Tag kann der Krieg ausbrechen. Das hab' ich dir schon wiederholte Male erklärt, mein Kind, aber du hörst halt leider immer nur mit halbem Ohr zu."

Darüber lachten die beiden Kinder am andern Ende des Tisches. Ihr Vater, in neuer Uniform, gefiel ihnen sehr, um so mehr, als er sich über ihre Mutter lustig machte, was er gern tat.

Sie schätzte das weniger: „Lacht's nicht so dumm, ihr zwei da unten. Habt's euer Kompott aufg'essen?"

„Jaaa!" versicherten der siebenjährige Rudi und die sechsjährige Erika.

„Dann sagt's schön ‚Mahlzeit' und verschwindet's."

Das ließen sie sich nicht zweimal schaffen. Sie machten die gewohnte Runde um den Tisch. Zuerst küßten sie ihrer Großmama die Hand, dann ihrer Mutter und Tante Josephine. Großpapa und Vater bekamen einen Kuß auf die Wange. Sonst rutschten sie auf dem Geländer hinunter, heute aber benützten sie wegen ihrer Sonntagskleider die Treppe.

Als sie über die Wiese liefen, sagte ihre Mutter: „Albert, wie oft hab' ich dich gebeten, du sollst dich vor den Kindern nicht über mich lustig machen. Sie sind ohnehin schon keck genug."

Ihr Gatte klopfte sie auf die Schulter: „Aber geh, Tschaperl."

Stellenheim wischte seinen buschigen Schnurrbart ab: „Kinder dürfen schon ein bißl ungezogen sein, das schad't nix, dafür sind's ja Kinder. Ihr ward's auch keine Engerln, wie's klein ward's." Er wandte sich lächelnd zu seiner älteren Tochter.

Josephine schwieg, wie meistens. Ihre Gesichtsfarbe war grünlich, ihre Haut wie Pergament. Ihre Lippen waren trocken. Sie trug ein hochgeschlossenes weißes Kleid.

Stellenheims Blick fiel auf seine Frau, die auffallenderweise, wie ihre ältere Tochter, stumm bei Tisch saß: „Was ist denn mit dir, Jetti? Fühlst' dich nicht gut?"

„Ein bißl spät fällt dir das auf", erwiderte sie. „Na ja, du bist halt heut' in Festtagsstimmung. Mir ist die gute Laune vergangen." Sie trug Sommer und Winter Schwarz, einen schmalen weißen Kragen und ein dickes Elfenbeinkreuz an der Brust.

„Was ist denn g'scheh'n, ich bitt' dich?"

„Etwas sehr Betrübliches, mein lieber Friedrich." Sie strich sich über die Schläfen. Ihr graues Haar mit dem Mittelscheitel war straff gebürstet. „Eines unserer Enkelkinder hat gestohlen."

Therese und der Oberstleutnant sahen einander an.

„Nein, nein, keines von eueren Kindern."

Stellenheim schaute verdutzt drein: „Was heißt das? Du meinst doch nicht gar ..."

„Ja, das meine ich. Das Kind unseres guten, braven Sohnes hat einen Diebstahl begangen."

Therese lachte: „Aber Mama, das ist doch unmöglich."

Ihrer Mutter war nicht nach Lachen zu Mut: „Auch ich habe es nicht für möglich gehalten, daß ein Bub von viereinhalb Jahren stehlen kann. Alt genug hab' ich werden müssen, um das zu erleben."

Oberstleutnant Grittner, ein Beschützer des Vaterlandes und seiner Familie, stellte sich, groß und breitschulterig, hinter den Sessel seiner Gattin: „Das ist doch kaum zu glauben. Aber es kann ja nichts Wertvolles gewesen sein, Mama."

„Auf den Wert des Gegenstandes kommt es nicht an, Albert. Das Traurige ist die Tatsache, daß ein Kind stiehlt, und noch dazu unmittelbar nach dem Festgottesdienst. Auf dem Heimweg bemerke ich, daß er etwas unter seiner Matrosenbluse versteckt hat. Ich frage ihn, was es ist, da wird er ganz verlegen, er hat sofort ein schlechtes Gewissen gehabt, dumm ist er ja nicht. Ich sage seiner Gouvernante: ‚Sehen Sie nach, was er da unter der Bluse hat.' Aber diese dumme Person folgt nicht, sondern fragt ihn ganz freundlich: ‚Was hast du denn da, mein Kind? Willst du es der Großmama nicht zeigen?' Da ist mir die Geduld gerissen. Ich ziehe ihm die Bluse hoch und finde darunter einen Pfirsich. Ich frage ihn, woher er ihn hat, da gesteht er mir endlich — es ist nicht zu glauben —, da gesteht er, daß er ihn der alten Obstfrau vor der Kirche aus dem Korb genommen hat." Sie mußte die Lippen befeuchten.

Stellenheim schmunzelte hinter seinem dicken Schnurrbart: „So ein kleiner Lausbub. Hast ihm ein paar am Popo g'haut?"

„O nein. Einen Diebstahl bestraft man nicht mit Schlägen."

„Aber Jetti, wenn ein kleines Kind einen Pfirsich grabscht, deswegen ist es noch kein Dieb."

Sie sah ihn an, als hätte sie nicht recht gehört: „Du findest es ganz in Ordnung, daß ein Kind knapp nach dem Hochamt eine arme, alte Frau um ihr Eigentum beraubt?"

„Mein Gott, es war doch nur ein Pfirsich!"

„Es tut mir leid, Friedrich, eine Obstfrau hat keine Perlenkolliers."

„Aber geh, Mama, du nimmst das zu tragisch. Sowas muß man nicht ..."

Der Oberstleutnant kniff seine Gattin in die Schulter: „Misch dich nicht drein, mein Kind."

Josephine, mager und leicht gekrümmt, sagte nichts. Während ihre Schwester mit ihrem frischen, runden Gesicht und den soliden Hüften ihrer Mutter ähnlich sah, glich Josephine weder Vater noch Mutter, zumindest nicht mehr. Sie sah aus wie ein altes Kind.

„Also deshalb hat er in seinem Zimmer bleiben müssen?" fragte Stellenheim seine Frau. „Das sind seine Magenschmerzen?"

„Ich wollte vor den beiden Kindern nicht davon sprechen. Sie werden es noch früh genug erfahren. Er wird heute den ganzen Tag in seinem Zimmer bleiben. Vielleicht wird ihm das eine Lehre sein." Sie steckte ihre Serviette in den breiten Silberring und erhob sich. „Ich bin überzeugt, sein Vater würde ihn ebenso bestrafen. Seine Mutter hat möglicherweise andere Ansichten, aber das interessiert mich nicht."

Selbst die Missetat seines jüngsten Enkels konnte Stellenheim sein Mittagsschläfchen nicht verleiden. Als er sich ins Haus zurückzog, ließen sich die Frauen unter der alten Linde nieder, Therese mit einem wehmütigen Liebesroman, Josephine mit einer Handarbeit, die sie von Zeit zu Zeit ermattet auf den Schoß sinken ließ. Ihre Mutter strickte. Der Oberstleutnant studierte im Schaukelstuhl auf der Terrasse den Leitartikel der Morgenzeitung, einen vierspaltigen Glückwunsch zu Kaiser Franz Josephs 81. Geburtstag. Dabei räusperte er sich kopfschüttelnd, wenn Frieda beim Tischabräumen mit dem Geschirr klapperte oder wenn seine Kinder und der Gärtnerjunge im Wald, jenseits des Baches, zu wild lärmten.

Stellenheim schlief nicht lange. Nach einer halben Stunde begleitete Kaspar ihn die Holztreppe hinunter. „Wart da!" befahl er dem Schäferhund und öffnete eine Tür. „Na, du Lausbub, von dir hör' ich schöne G'schichten. Schämst dich nicht?"

Die Gouvernante erhob sich zaghaft vom Nähtisch, als wäre sie der Pfirsichdieb: „Es tut ihm sehr leid, gnädiger Herr. Er wird es nie wieder tun. Nicht wahr, Matthias?"

Der Knabe saß auf dem Fußboden inmitten seiner Lieblingstiere, den gelben Zelluloidenten, dem Zebra und dem Affen mit dem roten Käppchen. „Ich werd' es nicht mehr tun, Goßpapa", sagte er, mit dem R noch auf Kriegsfuß. „Wo ist der Kaspar? Hat er dich wieder aufgeweckt?"

„Jetzt reden wir nicht vom Kaspar, sondern von dir. Meinst du es mit deinem Versprechen auch ehrlich?"

Gertrude hob ihren Schützling vom Boden auf und stellte ihn auf die Beine: „Sei ein braver Bub und laß die Enten jetzt in Ruh'."

„Ich werd' es nicht mehr tun", wiederholte er. „Ich hab' ihn sowieso nicht gegessen. Wo hat die Goßmama ihn hingetan, den Pfisich?"

„Das weiß ich nicht. Das ist auch ganz gleichgültig. Morgen wirst du der alten Frau das Geld dafür hintragen und sie um Verzeihung bitten. Hast du verstanden?"

„Ja. Ist der Kaiser voübergefahren?"

„Ja, der Kaiser ist vorübergefahren. Wenn du brav gewesen wärst, hätt'st ihn auch g'seh'n."

„Wie hat er ausgeschaut? Hat er einen günen Federbusch gehabt?"

„Freilich, und einen weißen Waffenrock hat er getragen, mit vielen Orden drauf. Wie er an unserem Haus vorbeigefahren ist, haben wir alle Hoch gerufen, und er hat uns angeschaut und sogar salutiert."

Mit großen, dunklen Augen, ähnlich denen seines Vaters, sah Matthias den Großvater an. Die gesunden Wangen, das rotbraune Haar und die Stupsnase hatte er von seiner Mutter.

„Was glauben Sie, Gertrud, sollen wir den Versuch machen, die Großmama um Verzeihung zu bitten? Vielleicht läßt sie mit sich reden. Er möcht' doch sicher das Feuerwerk am Abend sehen."

„Wenn der gnädige Herr ein gutes Wort für ihn einlegt, wird die gnädige Frau ihm ganz bestimmt verzeihen."

„Also probier'n wir's. Wasch dir die Hände und zieh dir wieder deinen Matrosenanzug an. Vielleicht macht das Eindruck auf die Großmama."

Als die Großmutter ihren jüngsten Enkel kommen sah, zog sich ihr rundes Gesicht in die Länge. Sie brach das Gespräch mit ihren Töchtern ab und strickte weiter.

Stellenheim führte den Knaben bei der Hand: „Der Matthias möcht' dir was sagen, Großmama."

„Ich hab' nichts mit ihm zu reden."

„Er will dich um Verzeihung bitten."

„Ich habe nichts zu verzeihen. Eine solche Sünde kann nur Gott vergeben, und Gott vergibt nicht so mir nichts, dir nichts."

Kaspar pirschte sich wedelnd an seinen jungen Gespielen heran und kratzte ihn am Knie.

„Bitte verzeih, Goßmutti", sagte Matthias, hob ein Stück Holz vom Rasen auf und warf es so weit er konnte.

Jetzt blickte die Großmutter auf: „Da! So sieht

seine Reue aus. Ich rede ihm ins Gewissen und er spielt mit dem Hund. Ich bitt dich, geh mir aus den Augen und mach, was du willst." Mit einem bitteren Seufzer schaute sie ihm nach, als er mit dem Hund zum Bach lief. „Ja, ja, er gerät seiner Mutter nach."

Der Oberstleutnant, über die letzten Vorgänge in der Welt unterrichtet, faltete die Zeitung zusammen und verließ den Schaukelstuhl. Eine Nachricht stimmte ihn nachdenklich: der Besuch des deutschen Kaisers in der Sommerresidenz Franz Josephs. „Schon wieder ist er da, der großschnauzige Preuß. Das ist ein Unglück. Von dem haben wir nichts Gutes zu erwarten, der will uns in den Krieg hetzen. Mir können sie g'stohlen werden, diese Deutschen, alle miteinander. Wenn wir nur endlich zur Vernunft kämen und uns an die Engländer halten würden und an die Franzosen."

Frieda goß den Kaffee ein, Gertrude schnitt den Gugelhupf und warf hin und wieder einen Blick auf ihren Schützling, der vor dem Steg am Bach stand.

Sonderbaren Tieren war Matthias in Bilderbüchern begegnet, Elefanten, Giraffen, dem Nilpferd und dem Nashorn, nie aber einem solch langen, grauen Wurm mit einer schwarzen Zickzacklinie auf dem Rücken. Mitten auf dem Steg, kaum zwei Schritte von ihm entfernt, lag das glitschige Tier in der Sonne ausgestreckt. Ein junger Drache? Doch wo waren seine Krallen, wo seine Flügel?

Kaspar begann zu wimmern und sprang mit vorgestreckten Vorderpfoten hin und her.

„Psch, Kaspar! Der tut dir nichts. Der schläft ja“, flüsterte der Knabe und hockte sich auf den Rasen, während das Wundertier sich langsam bewegte. Vordem war es beinahe so lang wie der Steg gewesen, nun ringelte es sich und reckte den platten Schuppenkopf in die Höhe. Eine Zunge, die wie zwei aussah, flackerte zwischen zwei langen Zähnen. „Komm, Kaspar“, sagte er kleinlaut, nahm ihn beim Halsband und wollte sich mit ihm davonmachen. Doch der Hund riß sich los. Und als sein Gespiele sich rasch umdrehte, um ihn zu fassen, zischte es hinter seinem Rücken. Die Schlange biß.

Ein gellender Schrei unterbrach die politischen Betrachtungen des Oberstleutnants. Fünf Schalen landeten blitzschnell auf dem Tisch, die Gertrudes auf dem Rasen. Die schlanke Gouvernante konnte trotz ihrer fünfzig Jahre noch gut laufen, wenn es darauf ankam. Auch Stellenheims Beine waren jünger, als er dachte.

Kaspar bellte ohrenbetäubend und raste im Kreis um seinen jungen Herrn, der auf der Wiese lag und krampfhaft seine rechte Wade hielt.

„Um Gottes willen, was ist geschehen? Was hast du, mein gutes Kind?“ Gertrude hob ihn auf. „Hat der Kaspar dich gebissen?“

„Nicht der Kaspar“, wimmerte er. „Das Tier dort, das lange Tier auf der Bücke.“

Doch der Steg war leer.

Stellenheim setzte den Zwicker auf und riß seinem Enkel die Hand von der Wade. Auf den ersten

Blick sah er zwei blutende Stiche dicht nebeneinander, umgeben von einer kleinen Schwellung.

Der Oberstleutnant diagnostizierte mit der Sicherheit des Kavalleristen: „Ein Bienenstich!“

„Kann es nicht eine Schlange gewesen sein?“

Frau Stellenheim sah die Gouvernante mißbilligend an: „Eine Schlange! Was Sie für Ideen haben.“

„Wie hat das Tier ausgesehen, Matthias?“ fragte der Großvater.

„Lang war es ... so ... so lang.“ Er schluchzte, aber seine Maßangabe war ziemlich genau. „Gau war es ... uh ... uh ... und schwarz ... uh ... uh ... und zwei Zungen hat es gehabt.“

Stellenheim erinnerte sich rasch an den Postboten, der im vergangenen Sommer einem Schlangenbiß in kaum vierundzwanzig Stunden erlegen war: „Gertrude, holen Sie Doktor Unterleitner! Er soll sofort kommen! Sagen Sie ihm, es kann eine Kreuzotter gewesen sein. Beeilen Sie sich!“ Er nahm den Knaben aus ihren Armen und trug ihn ins Haus. „Frieda, bringen Sie mir einen Strick, einen festen, der nicht reißt — in Matthias’ Zimmer!“

Stellenheim wußte, was bei Schlangenbissen zu tun ist. Während sein Schwiegersohn und Frieda den wimmernden Knaben auf dem Bett festhielten, schnürte er den Strick enger und enger um seinen Unterschenkel. Diese Vorsichtsmaßnahme fand seine Gattin so lächerlich und überflüssig, daß sie kopfschüttelnd ans Fenster ging und das Zebra, das ihr im Weg stand, mit einem Fußtritt unter Gertrudes Bett beförderte. Ihre beiden Töchter standen an der Tür, mit mitleidigen Augen für den schreienden Neffen.

„Macht das Fenster zu", sagte Stellenheim. „Wo nur der Arzt so lang bleibt?" Er machte einen Knoten in den Strick und ging aus dem Zimmer. Als er mit aufgestülpten Hemdärmeln zurückkam, schickte er Frau und Töchter hinaus, stellte eine kleine Blechschachtel mit dem roten Kreuz auf den Tisch und machte Schwiegersohn und Stubenmädchen ein Zeichen, den Jungen nun recht fest zu halten. „Das wird jetzt ein bißl weh tun, aber ein tapferer Bub beißt die Zähne zusammen und denkt sich: morgen ist alles wieder gut." Während er sich dem Kinderbett näherte und ein Rasiermesser aus der Hosentasche zog, hängte sein Schwiegersohn noch rasch seinen neuen Waffenrock über den Sessel.

Trotz geschlossenem Fenster hörten Gertrude und ihr Begleiter die Schreie des Knaben bereits im Garten. Als sie ins Zimmer traten, überließ Stellenheim seinen Platz dem kleinen Mann im Steireranzug und wischte seine blutigen Hände ab.

„Sehr gut haben's dös g'macht. An Ihnen ist ein Chirurg verlor'n 'gangen. Wie lang ist das Bein abgebunden?"

„Ungefähr fünfzehn Minuten, Herr Doktor", antwortete Stellenheim laut, über die Schreie seines Enkels hinweg.

„Dann lass'n ma den Strick a bißl nach, damit's ihm das Blut nicht zu lang absperrt."

Gertrude, noch atemlos, und Frieda assistierten

dem Arzt. Stellenheim trocknete seine Stirn. Der Oberstleutnant zog seinen Waffenrock wieder an.

„Bist ein sehr ein tapferer Bua. Paß auf, aus dir wird ein General“, meinte Doktor Unterleitner und ließ, rücksichtslos gegen den schluchzenden Patienten, noch mehr Blut aus den Schnittwunden fließen. Von dem neuen Serum gegen Schlangenbisse hielt er nicht viel. „Erstens ist es ein Schwindel, und zweitens kriegt man's nicht in Ischl.“ Er verband das wunde Bein und verschrieb ein schmerzstillendes Mittel. „Paß auf, wenn wir dieses grausliche Viech erwischen, dem werden wir's zeigen! In der Mitten haun wir's auseinander, daß nur so die Fetzen fliegen!“ Mit dieser Versicherung klappte er die Instrumententasche zu und ging, begleitet von den beiden Männern. Frieda lief zur Apotheke.

„Hast du starke Schmerzen, mein Herz?“ fragte Gertrude, während sie ihn entkleidete.

„Es bennt sehr stark — und kalt ist mir.“

Sie zog ihm das Nachthemd über den Kopf. Dann wickelte sie ihn fest in seine Bettdecke ein: „Der Pappi und die Mammi können stolz sein auf ihren Sohn. Wer weiß, ob sich der Rudi so tapfer gehalten hätte?“

„Wann kommt der Pappi und die Mammi?“

„Bestimmt sehr bald. Vielleicht schon nächsten Sonntag.“ Unbewußt faltete sie die Hände: wenn dem Kind nur nichts geschieht. Sie öffnete das Fenster. Der Fichtenwald lag schon im Schatten. Der Duft der jungen Bäume und der reifen Felder vereinten sich im Sommerwind.

Die gelben Zelluloidenten lagen herrenlos auf dem Boden, der Affe mit dem roten Käppchen saß in der Ecke, das Zebra trotzte unter Gertrudes Bett.

Die Großmutter trat ein: „Wie geht es ihm? Hat er Schmerzen?"

„Mir kommt vor, er hat etwas Temperatur." Gertrude nahm das Thermometer aus der Lade. „Bitte, gnädige Frau, wann kommt der Herr Doktor wieder?"

„In einer Stunde."

„Sag, Goßmutti, ist der liebe Gott noch bös auf mich jetzt?" fragte er, mit einem Blick auf das Elfenbeinkreuz an ihrer Brust.

„Diese Frage kann ich dir nicht beantworten, mein Kind. Das weiß nur der liebe Gott selbst."

„Aber jetzt hab' ich ja schon eine Strafe gekiegt —"

Gertrude schlug das Thermometer hinunter: „Der liebe Gott ist bestimmt nicht mehr bös auf ihn, gnädige Frau."

„Ach, Sie können die Gedanken des Allmächtigen lesen? Sie sind aber gescheit." Frau Stellenheim wandte sich wieder zu ihrem Enkel. „Wir werden jetzt ein Vaterunser beten. Vielleicht ist der liebe Gott so gnädig und erhört deine Bitte um Vergebung. Also mach schön das Kreuz und falte deine Hände."

II

„Villa Stellenheim", befahl der junge Mann dem Droschkenkutscher am Bahnhof, ohne seinen Morgengruß zu erwidern. Sein Seidenhemd war verschwitzt, der modische Gabardineanzug zerdrückt, die Krawatte lose und er selbst unrasiert; seine Augen stachen wie schwarze Knöpfe aus dem übernächtigen Gesicht; sein dunkles Haar klebte an der Stirn. Gelangweilt drehte er die dicke Zigarettenspitze zwischen kurzen Zähnen und stierte in die verregnete Landschaft, während das Fuhrwerk über das holperige Pflaster rollte. Die Ischler Berge hinter Nebeldecken ließen nur ihre Umrisse ahnen. Vor dem Hotel Elisabeth wartete ein Berg von Koffern auf die Heimreise. Auf dem Stadtplatz vor dem Gemeindehaus verkauften die Bauern ihre Landprodukte und tätschelten mitunter die nassen Hälse ihrer Pferde. Die Esplanade am Ufer der Traun, bei Sonnenschein der Treffpunkt der Sommerfrischler, bot nichts als Regenpfützen und eine Krähe, die auf dem Geländer des Musikpavillons krächzte.

„Seh' ich recht, da kommt ja unser Max!" Frau Stellenheim verließ den Frühstückstisch und eilte auf die Terrasse.

Ihr Sohn erwiderte die herzliche Begrüßung lässig. Die schlaflose Nacht im überfüllten Coupé lag ihm in den Gliedern. Frieda machte schnell das Gastzimmer und ein Bad bereit.

„Sind die Grittners noch da, Mama?"

„Nein, mein Herz, die sind gestern abgereist. Albert hat nach Wien zurück müssen."

Eine Weile später saß der Sohn des Hauses erfrischt und elegant gekleidet beim Frühstück und hörte mit Erstaunen von dem Unfall seines Kindes. Stellenheim schilderte seinen chirurgischen Eingriff mit wirkungsvoller Ruhe, wobei er die Rettung seines Enkels bescheiden aber deutlich auf sein Konto buchte, nicht auf das des Arztes.

Max strich seinen schmalen Schnurrbart: „Das hätt' schlimm ausgehen können. Warum hast du mir nichts davon geschrieben, Mama? Das ist doch schon acht Tage her."

„Ich wollt' dich nicht unnötig aufregen, mein Kind. Der Doktor Unterleitner hat den nächsten Tag gesagt, die Gefahr ist vorbei; damit war der Fall erledigt. Wer weiß, ob es überhaupt eine Schlange war? Kinder haben eine rege Phantasie."

„Vielleicht hat er sich selber in die Wade gebissen, kann man's wissen", meinte ihr Gatte.

„Also lassen wir das. Erzähl jetzt von dir, Max. War's sehr heiß in Wien?"

„Ziemlich, besonders im Bureau. Man sollte doch Ventilatoren einbauen, Papa."

„Ja, nächstes Jahr. Gibt's in der Fabrik was Neues?"

„Wir kriegen höchstwahrscheinlich wieder einen Auftrag vom Kriegsministerium. Ich werd' dir später darüber erzählen."

„Schön. Und wie geht's deiner Frau? Warum hast sie nicht mitgebracht?"

Max trommelte nonchalant auf dem Tisch: „Elisabeth und ich — wir gehen auseinander."

„Warum?" Josephines gelbliche Augen taten sich weit auf.

„Es hat keinen besonderen Grund. Wir taugen halt nicht für die Ehe. Mit der Zeit macht man solche Entdeckungen."

Seine Mutter starrte ihn an: „Um Himmels willen, hast du dir das reiflich überlegt? Das ist doch ein fürchterlicher Skandal. Bedenke, was die Leute sagen werden! Ihr seid doch kirchlich getraut!"

„Leider. Deshalb können wir auch keine Scheidung kriegen. Aber daß wir uns trennen, kann uns niemand verbieten, nicht einmal der Papst."

„Das ... das ist ja entsetzlich." Sie nahm das Taschentuch zu Hilfe. „Ich hab' es immer gewußt, diese Frau ist ein Unglück für dich, diese egoistische, leichtsinnige Person. Nichts hat sie im Schädel, nur ihre Singerei und ihre Fetzen! Und sowas heiratet, sowas nennt sich Mutter! Diese schlechte, diese elende Person!"

„Na, na, beruhig dich, Jetti." Ihr Gatte klopfte sie auf den Rücken. „Man muß das nicht gleich so tragisch nehmen."

Aber sie ließ sich nicht trösten: „Ich ... ich ... das bringt mich um zehn Jahre früher ins Grab", schluchzte sie bitterlich und verließ das Zimmer.

„Geh, kümmer dich um die Mama, beruhig sie ein bißl", sagte Stellenheim, und Josephine gehorchte.

Die beiden Männer saßen einander wortlos

gegenüber. Stellenheim stand auf und öffnete das Fenster. Draußen jagte Kaspar einem Eichhorn nach.

„Na ja, erfreulich ist das nicht. Aber du bist alt genug, um zu wissen, was du tust. Hast du dir schon überlegt, was mit dem Kind geschehen soll?"

Max blies den Zigarettenrauch in Ringen zum Plafond: „Tja — das ist sozusagen ein Problem. Meine Frau kann ein Kind nicht erziehen. Wenn er schon größer wär', könnt' man ihn in ein Institut geben — aber so —. Wenn ich ihn zu mir nehme, ist er halt den ganzen Tag allein mit der Gouvernante. Das ist auch nicht das Richtige. Ein Kind braucht eine Familie. Wie gesagt, es ist ein Problem."

Nun begriff Stellenheim, warum sein Sohn gekommen war: „Mir scheint, Max, du hast die Lösung dieses schwierigen Problems bereits gefunden. Meinetwegen, ich hab' nichts dagegen, daß er einstweilen bei uns bleibt, mich stört er nicht. Schließlich, irgendwo muß er ja wohnen. Auf die Straße setzen kann man ihn schwerlich."

„Bitte, mißversteh mich nicht, Papa. Ich würde selbstverständlich für alle Kosten aufkommen. Ich möchte euch finanziell in keiner Weise ..."

„Darüber können wir uns ein anderes Mal unterhalten." Er hörte Stimmen im Garten. „Da sind sie! Hast du dir schon überlegt, was du ihm sagen wirst?"

„Vorläufig sag' ich ihm bloß, daß seine Mutter für einige Zeit verreist ist. Sie fährt sowieso in den nächsten Tagen nach Prag. Sie singt dort auf Engagement. Ob man sie engagieren wird, ist allerdings eine andere Frage, aber das ist nicht mehr meine Sache." Er stellte sich neben seinen Vater ans Fenster. „Servus, Matthias! Grüß Sie Gott, Gertrude!"

Sie erwiderte den Gruß respektvoll. Ihr Schützling im neuen Regenmantel vergaß sein wehes Bein und lief über die Wiese, so rasch er konnte.

„Wo ist die Mammi?"

„Die Mama ist nicht mitgekommen. Du wirst dich mit mir allein begnügen müssen."

III

Gegenüber dem Belvedere, der Wiener Residenz des Thronfolgers, stand ein modernes Zinshaus, das neueste auf der Prinz-Eugen-Straße. Im ersten Stock wohnte Friedrich Stellenheim, der Hausherr, mit seiner Frau, seiner leidenden Tochter und seit kurzem mit seinem jüngsten Enkel und dessen Gouvernante. Nun mußte Frieda die Parkettböden häufiger bürsten und die kostbaren Perserteppiche oft geradeziehen, denn der Jüngste lief gerne mit Kaspar um die Wette. Sein Zimmer, das er mit Gertrude teilte, lag neben dem Schlafzimmer der Großeltern. Seine weißen Möbel waren ihm aus dem Elternhaus gefolgt, auch die Zelluloidenten, das Zebra und der Affe. Auf seiner Kommode lagen etliche Ansichtskarten mit den herzinnigsten Küssen von seiner Mamali, wie sie sich nannte. Sie fühlte sich unbeschreiblich wohl in Prag, hatte stürmischen Applaus im Theater, bekam unzählige Blumensträuße; nichts fehlte ihr als ihr über alles geliebter, einziger Bub.

Wenn Matthias Cousin und Cousine besuchte, fühlte er sich so wohl, daß Gertrude ihn mehrmals zum Aufbruch mahnen mußte. Bloß beim Soldatenspielen verließ ihn manchmal die gute Laune. Oberstleutnant Grittners Abneigung gegen Kaiser Wilhelm und dessen Untertanen war an seinen Kindern nicht spurlos vorübergegangen. Immer setzten sie ihrem Gast die preußische Tellerkappe auf. Anfangs hatte ihn das nicht gestört, erst als er bemerkte, wie leicht man so ein deutscher Infanterist wurde, sträubte er sich gegen die Assentierung und wünschte sich vom Christkind dringend eine österreichische Dragoneruniform.

Der Weihnachtsabend wurde im Großelternhaus gefeiert. Um sieben Uhr, mit dem Glockenschlag, öffnete sich die Salontür und die drei Kinder in weißen Matrosenblusen traten auf Zehenspitzen unter den Christbaum. Heuer mußten sie „Stille Nacht, heilige Nacht" ohne Klavierbegleitung singen. Der Bösendorferflügel war geschlossen. Der Oberstleutnant ersetzte als Chormeister seine Schwägerin, die Pianistin der vergangenen Weihnachtsabende.

Die Großeltern saßen im Schein des Gaskamins auf dem roten Damastsofa, hinter dem sich ein großer Gobelin ausbreitete. Tante Therese fühlte sich bei Familienfesten zu ihrem Gatten ganz besonders hingezogen, obgleich er es nicht gern sah, daß sie ihren Kopf an seine Galauniform preßte. Tante Josephine, hager und fahl, seit Tagen zum erstenmal außer Bett, lehnte neben Gertrude an dem hohen Mahagonikasten, in dessen Tür ein seltsames Bildnis eingelegt war. Nackte Elfenbeinleiber krümmten sich in Flammen; von den Häuptern der Gepeinigten hing das Haar in schwarzen Strähnen.

Max, der am vorigen Weihnachtsabend hinter dem Klaviersessel gestanden war, die Hände auf den Schultern der Pianistin, saß beim Kamin. Diese Veränderung befremdete seinen Sohn dermaßen, daß er plötzlich zu singen vergaß, ihn fragend ansah und aus dem Trio ein Duett werden ließ. Auch später, bei der Bescherung, war er merklich zerstreut. Seine Geschenke lagen auf einem Fauteuil, in der Nähe der Krippe, in der das Jesuskind schlummerte.

„Eine so schöne Dragoneruniform hat nicht einmal der Onkel Albert." Die Großmutter bestaunte die rote Hose und den blauen Rock durch die Lorgnette. „Hast du dich bei deinem guten Papa schon bedankt?"

„Danke, Pappi." Er stellte sich auf die Zehenspitzen und gab seinem Vater einen Kuß. „Hast du schon gesehen, was ich von der Mammi gekiegt hab'?"

Die Großmutter hüstelte. Max betrachtete das silbergerahmte Bild seiner Frau im Schein der Christbaumkerzen und gab es seinem Sohn wortlos zurück.

„Schau, das hab' ich auch von der Mammi!"

Der Vater warf einen flüchtigen Blick auf den kleinen Reisekoffer aus Papiermaché, gefüllt mit Zuckerwerk: „Ein äußerst zweckmäßiges Geschenk, finden Sie nicht, Gertrude?"

Sie lächelte unverbindlich und schwieg.

„Riesig zweckmäßig und besonders einfallsreich", bemerkte die Großmutter. „Ohne fünf Kilo Bonbons kann ein Kind nicht leben. Das braucht es dringend!"

Noch unempfänglich für Ironie, fragte der Knabe: „Sag, Pappi, hat die Mammi auch einen Chistbaum in Pag?"

„Da fragst du mich zu viel. Das weiß ich nicht." Damit wandte er sich den Erwachsenen zu.

„Wie oft hab' ich dir gesagt, du sollst nicht immer nach deiner Mutter fragen. Du hast den besten Vater, den es gibt. Dafür solltest du viel dankbarer sein." Auch die Großmutter kehrte ihm den Rücken.

Er starrte auf den offenen Koffer aus der Prager Konditorei, als suchte er darin eine Erklärung für das, was er nicht begreifen konnte.

„Jetzt gehn wir rasch in unser Zimmer, und du ziehst dir die Dragoneruniform an. Da werden alle Augen machen!" Gertrude griff nach dem Karton, aber ihr Schützling rührte sich nicht. „Na, komm doch!"

„Ich mag nicht", sagte er, während er eines von den goldenen Bändern um den Zeigefinger wickelte. Es dauerte eine Weile, ehe er sich doch endlich überreden ließ.

Um acht bat Frieda zu Tisch. Die Tafel war mit Schneerosen geschmückt, der Kristalluster und die beiden hohen Maria-Theresien-Kredenzen mit Tannenreisig und Mistelzweigen. Stellenheim, in gehobener Stimmung, füllte sein Weinglas immer wieder bis zum Rand und unterhielt die Tischrunde vortrefflich.

„Wenn der Großpapa weiter so ausgelassen ist, muß er zur Strafe draußen in der Küche essen", scherzte die Großmutter.

„Dann ess' ich euch die Mehlspeis' weg und geh' schlafen."

Rudi und Erika klatschten ihm Beifall für seine Schlagfertigkeit. Selbst Tante Josephine mußte lächeln. Nur der jüngste Dragoner verzog keine Miene.

„Sag, Albert, bist du auch so arrogant, wenn du deine rote Hose anhast?" fragte Stellenheim.

„Ich muß zugeben, wir Dragoner sind etwas zurückhaltend, aber Appetit haben wir immer. Bei uns bleibt nichts auf dem Teller übrig."

Gertrude drückte ihrem Tischnachbarn die Gabel in die Hand: „Iß schön, mein Herz."

Der Großvater lehnte sich zurück und schlug die Hände zusammen: „Ja, was seh' ich da?! Ein Soldat weint?! Und noch dazu am Weihnachtsabend! Das ist ja nicht zu glauben!"

Die Gouvernante half dem Knaben mit ihrem Taschentuch aus: „Wahrscheinlich sind wir schon schläfrig. Wir sind nicht gewohnt, so lang aufzubleiben."

Max legte die Serviette auf den Tisch: „Wenn er müde ist, soll er zu Bett gehen, aber nicht da herumknautschen. Er ist doch kein Baby mehr.“

„Wenn du müde bist, geh schön schlafen, mein Kind“, sprach die Großmutter sanft. „Frieda wird dir die Mehlspeise in dein Zimmer bringen.“

Matthias weinte lautlos, so wie es sich in einer stillen und heiligen Nacht ziemte. Er ging um den Tisch und küßte den Damen wohlerzogen die Hand. Den beiden Kindern und den Herren gab er wie gewöhnlich einen Kuß auf die Wange. Es war still geworden.

„Was hast' denn, mein Kind?“ Der Großvater zog ihn an sich. „Warum mußt' denn auf einmal so weinen?“

„Ich ... ich weiß nicht.“

„Du hast doch gehört, Friedrich, er ist schläfrig“, betonte die Großmutter vom andern Tischende.

Nachdem sein Sohn und die Gouvernante das Zimmer verlassen hatten, sagte Max: „Diese Gertrude läßt ihm alles durchgehen. Er brauchte eine strengere Hand.“

Rudi hielt Messer und Gabel in den Fäusten, senkrecht auf dem Tisch: „Aber, Onkel Max, voriges Jahr zu Weihnachten, da war er nicht schläfrig, und da war er sogar noch um ein Jahr jünger.“

Seiner Mutter kam ein Schluck Wein in die falsche Kehle: „Misch dich nicht in Sachen, die dich nichts angehen. Schau lieber, wie du dein Besteck hältst.“

„Und außerdem spricht man nicht mit vollem Mund, mein Kind“, fügte die Großmutter hinzu.

Stellenheim gab Kaspar einen Knochen unterm Tisch, aber so, daß seine Frau es nicht bemerkte.

IV

Am Pfingstsonntag stand Max Stellenheim in einem grauen Seidenschlafrock vor seinem Sohn, der ihn jeden Sonntag in seiner neuen Wohnung am Karlsplatz besuchen durfte.

„Du hast wiederholte Male gefragt, wann du wieder mit deiner Mutter und mit mir zusammen wohnen wirst. Nun bist du schon ein großer Junge — im Herbst gehst du bereits zur Schule —, ich will dir also heute deine Frage beantworten.“ Er ließ sich in den Fauteuil neben dem Rauchtisch nieder und kritzelte auf dem Notizblock. „Der liebe Gott hat es gefügt, daß deine Mutter und ich uns für immer getrennt haben. Wir werden in Zukunft nicht mehr mitsammen wohnen.“

„Warum nicht, Pappi?“ fragte er, mit dem R schon besser befreundet.

„Das kann ich dir nicht erklären. Dazu bist du noch zu klein.“

„Aber wenn die Mammi aus Prag kommt, werden wir dann wieder zusammen wohnen — so wie früher?“

„Ich habe dir eben gesagt, deine Mutter und ich werden nie mehr zusammen wohnen. Verstanden?“

Der Knabe biß nachdenklich an der Unterlippe: „Aber warum will das der liebe Gott?"

„Der liebe Gott gibt keine Auskunft, warum er dieses oder jenes will. Du kennst doch das Sprichwort: Der Mensch denkt und Gott lenkt. So ist es einmal, und damit mußt du dich abfinden."

„Und im Sommer ... fahren wir im Sommer nicht aufs Land mit der Mammi?"

„Du fragst ein bißl viel. Ich habe mich doch klar ausgedrückt. Deine Mutter und ich — wir haben uns getrennt. Das heißt, wir werden einander nicht mehr sehen."

Der Knabe machte einen Schritt rückwärts; dabei stolperte er über den Kopf des Eisbärenfelles, das auf dem Teppich lag, und lächelte verlegen.

„Wenn das Wetter schön ist, können wir nächste Woche einmal in den Schönbrunner Tiergarten fahren", sagte sein Vater.

„Wo wird die Mammi wohnen, wenn sie zurückkommt?"

„Feine Manieren hast du." Er schmiß den Bleistift auf den Rauchtisch. „Ich will dir eine Freude machen, und du fragst ... Meinetwegen, werden wir eben nicht nach Schönbrunn fahren. Undankbarer Junge." Er ging ins Badezimmer und schlug die Tür zu. Als er zurückkam, setzte er sich an den Schreibtisch und las die Zeitung.

„Ich hab' nur gefragt, Pappi, weil ... weil die Mammi hat mir geschrieben, daß sie vielleicht schon bald kommt. Deswegen hab' ich gefragt." Er bastelte an der Krawatte seiner Matrosenbluse.

„Sag, Pappi, darf ich bei der Mammi wohnen, wenn sie zurückkommt aus Prag?"

„Dein Heim ist bei deinen Großeltern, und damit basta. Ich möchte jetzt keine Fragen mehr hören."

Der Knabe machte ein paar ziellose Schritte, ehe er vor dem Eisbären stehenblieb und ihm in die Glasaugen schaute. Eine Weile später holte ihn seine Gouvernante ab.

V

Matthias Stellenheim und Otto Pilzer waren die Besten in der ersten Volksschulklasse. Kurt Sommer hingegen machte das kleine Abc große Schwierigkeiten. Sein Sitznachbar mußte ihm häufig Nachhilfestunden geben und ihm die Hand über die Schiefertafel führen, bis die ersten Buchstaben seinem Griffel halbwegs gehorchten. Kurt blickte zu seinem neuen Freund mit Bewunderung auf. Die herrschaftliche Wohnung, das Kinderfräulein, der Großpapa ein Textilfabrikant — ein Märchen aus Tausendundeiner Nacht für den Sohn eines Straßenbahnschaffners. Jeden Morgen wartete er mit der Schultasche am Rücken vor dem Haustor, bis Fräulein Gertrude und ihr Schützling um die Ecke bogen; auch nach der Schule begleitete er sie. Nachmittags traf er sie im Belvederepark, danach wurde er gewöhnlich zur Jause mitgenommen, auf die er sich bereits mittags freute. Um so enttäuschter schaute er drein, als Gertrude einmal auf dem Heimweg von der Schule sagte: „Leider können wir dich heute nicht im Park treffen, wir sind nämlich zur Jause eingeladen."

Matthias blieb verwundert stehen: „Wo?"

„Na, rat einmal, wohin wir gehen!"

„Ich weiß nicht."

„Zur Mutti! Jetzt bist du baff, was? Darauf warst du nicht gefaßt."

„Wann ist sie angekommen?"

„Das weiß ich nicht. Die Großmama hat bloß gesagt, daß wir sie heute besuchen dürfen."

„Bleibt sie hier, oder fährt sie wieder zurück nach Prag?"

„Auch das weiß ich nicht, mein Herz. Aber das werden wir alles erfahren."

„Wo wohnt sie?"

„Im Hotel Sacher."

„Wo ist das?"

„Hinter der Oper. Wir sind dort schon oft vorbeigegangen."

Kurt fragte: „Bitte, Fräulein Gertrude, kostet das viel, in einem Hotel wohnen?"

„Das Hotel Sacher ist eines der teuersten, aber es gibt natürlich auch viel billigere."

„Kann der Kurt nicht mitgehen zur Mutti?"

„Nein, mein Kind, das geht leider nicht."

„Warum nicht?"

„Du hast die Mutti über ein Jahr nicht gesehen, da will sie doch bestimmt mit dir ein wenig allein sein."

„Aber du gehst ja auch mit."

„Das ist etwas anderes."

Vor seinem Haustor stellte Kurt eine bescheidene Frage: „Bitte, Fräulein Gertrude, darf der Matthias auch einmal zu mir kommen, auf eine Jause? Die Mutta hat gesagt, einmal am Donnerstag soll er kommen, weil da hat der Vatta keinen Dienst nicht. Und der Vatta hat gesagt, er möchte den Matthias auch gern einmal sehen, und Sie sollen auch mitkommen zum Kaffee."

„Das ist sehr lieb von deinen Eltern. Bestimmt wird die Großmama nichts dagegen haben, daß der Matthias dich einmal besucht. Am besten ist, du bittest sie selber darum."

VI

Wuchtige Klavierakkorde tönten aus Zimmer Nr. 24, während Gertrude auf dem Korridor ihrem Schützling die Matrosenkappe abnahm, sein Haar glattstrich und ihm einen Rosenstrauß in die Hand drückte. Als sie anklopfte, antwortete eine Männerstimme: „Herein!" und die Musik verstummte.

„Mein Name ist Swoboda." Ein junger Mann mit Hornbrille stand vor dem Klaviersessel und rieb seine Hände. „Ich bin der Korrepetitor von Frau Kronau. Wer Sie und der junge Mann sind, weiß ich bereits. Die gnädige Frau mußte rasch hinüber in die Oper, aber sie wird gleich zurück sein. Wollen Sie nicht ablegen?"

„Danke schön. Mein Name ist Gertrude Gruber."

Matthias hielt seinen Blumenstrauß vor sich hin, als wollte er ihn Herrn Swoboda vermachen: „Sag, Gertrude, warum nennt die Mutti sich Kronau?"

„Das ist ihr Künstlername. Viele Künstler nennen sich anders, als sie in Wirklichkeit heißen."

Der Knabe betrachtete die Photographien, die zwischen Chrysanthemen auf dem Stutzflügel standen: „Warum hat die Mutti so viele Bilder, wo sie drauf ist?"

„Sie hat sich in verschiedenen Rollen aufnehmen lassen. Das tun alle Künstler." Gertrude nahm ihm die Rosen aus der Hand und zog ihm den Mantel aus.

Die Tür sprang auf. Ein breiter grüner Samthut, zwei lange Handschuhe flogen in weitem Bogen auf das Sofa, ein schicker Sportmantel glitt auf den Teppich, die aparte Handtasche fiel auf einen der tiefen Fauteuils. Die Mutter kniete vor ihrem Sohn und bedeckte ihn mit Küssen. So fest drückte sie ihn an sich, daß sein Matrosenkragen sich losknöpfelte.

Herr Swoboda wartete bescheiden am Fenster, bis der Gefühlsüberschwang der jungen Sängerin sich allmählich legte: „Wie war's drüben, gnädige Frau?" fragte er mit einem Blick auf das gegenüberliegende Opernhaus. „Hat es geklappt?"

„Geklappt? Zu einem alten Trottel hat man mich geführt, Krublik heißt er. Ob ich morgen als Frasquita in Carmen einspringen kann, hat er mich g'fragt. Haben Sie Worte? Das hab' ich natürlich glatt abgelehnt."

„Und von einem Vertrag war nicht die Rede?“

„Keine Spur. Meine Beine hat er bewundert, und zum Trabrennen in der Freudenau hat er mich eing'laden. Auf den hab' ich gewartet.“ Dabei hielt sie ihren Sohn fest umschlungen. „Wie blöd von mir, daß ich von Prag weg bin! Dort hat man mich auf Händen getragen. Aber lassen wir das. Die Hauptsache, ich hab' meinen Buben wieder! Das ist wichtiger als alles andere.“

Swoboda wollte nicht länger stören: „Wann soll ich morgen kommen, gnädige Frau?“

„Bleiben Sie doch. Ich hab' schon die Jause für uns bestellt. Ja, wenn ich mir mit dem Herrn Krublik was anfangen möcht', dann bekäm' ich wahrscheinlich sehr rasch einen Vertrag. Aber da könnt' ich mich ja gleich mit einer Mumie ins Bett... Oh, Pardon. Ja richtig! Ich hab' ja eine Überraschung für meinen geliebten Buben!“ Sie sprang vom Boden auf und lief ins Nebenzimmer. Gleich war sie wieder da, ließ einen Karton zu Boden fallen, riß hastig die Schnur entzwei; Wolken von Seidenpapier flogen durch die Luft. Wahrhaftig, das war eine Überraschung! Ein Etonanzug! Die erste lange Hose! Das Festgewand mußte sofort anprobiert werden.

Als Gertrude und der Etonboy aus dem Nebenzimmer zurückkamen, drückte die Mutter ihren „schönsten Prinzen“ so heftig an ihre Brust, daß ihm der Atem wegblieb. Benommen küßte er der Spenderin die Hand und überreichte endlich seinen Rosenstrauß, während der Kellner die Jause brachte.

„Und jetzt, mein Engel, setz dich schön zu mir und erzähl, was du die ganze lange, lange Zeit getrieben hast."

So viel hatte er seiner Mutter erzählen wollen, aber nun, als er neben ihr saß, fiel ihm nichts ein. Gertrude mußte für ihn einspringen. Ihr Gedächtnis ließ sie nicht im Stich. Unter anderm erinnerte sie sich noch gut an den gellenden Schrei nahe dem Bach, an die Menschenmenge, die zu Kaisers Geburtstag die Gassen überfüllte, und an den kleinen Doktor Unterleitner, den sie so fest am Ärmel zerrte, daß er sie auf die Hand schlug.

„Und das erfahr' ich erst heute? Nach anderthalb Jahren erzählt man mir, so im Gespräch, daß mein Kind beinahe gestorben wär'? Wie finden Sie das, Swoboda?"

Swoboda fand es sonderbar, sogar sehr sonderbar.

„Wenn schon dieses Gesindel es nicht der Mühe wert gefunden hat, Sie hätten mich zumindest benachrichtigen müssen."

„Ich — ich hab' doch nicht gewußt —, gnädige Frau müssen verstehen — ich —", stammelte die Gouvernante.

„Nein, was ich mir alles bieten lassen muß! Übrigens, wie geht es meiner heiligen Schwiegermutter?' Sie wandte sich an den Korrepetitor. „Die ist nämlich nicht normal. Die g'hört schon längst nach Steinhof. Nämlich der Bruder von ihrer Mutter, der war ein Pfaff und der hat ihr eingeredet, sie muß Nonne werden. Aber ihr Vater war ein Gastwirt, der war mehr fürs Geld, und der hat sie gezwungen, den Stellenheim zu heiraten. Darüber ist sie halb verrückt g'worden."

„Woher weißt du das, Mutti?"

„Das hat mir dein Vater einmal erzählt. Aber mach keine Erwähnung davon, sonst läßt er dich überhaupt nicht mehr zu mir. Er hat sich schon diesmal lang genug bitten lassen. Eine Stund' hab' ich mit ihm telephonieren müssen, mir war schon ganz übel. Ein widerlicher Kerl. Hundertmal muß mein Anwalt ihn mahnen, bis er endlich seine Alimente zahlt. Ja, mein armes Kind, bei feinen Leuten wächst du auf. Aber wart nur, wir werden uns nicht mehr lang quälen lassen. Wir werden's denen schon zeigen."

„Werden wir wieder zusammen wohnen, Mutti?"

„Selbstverständlich, mein Herz, und zwar sehr bald. Ich hab' jetzt einen ausgezeichneten Anwalt, der wird mit diesem G'sindel schon fertig werden." Sie stand auf und machte ein paar schwungvolle Läufe auf dem Klavier. „Ein fescher Tag ist das heut'." Sie schlug den Deckel zu. „Vormittag war ich am Grab meiner Eltern. Das hat ausg'schaut! Ich hab' 'glaubt, ich steh' vor einem Misthaufen. Na, den Verwalter hab' ich mir aber ausgeborgt, der hat was zu hören 'kriegt! Das war mein Vormittag. Nachmittag fragt mich dieser alte Tepp da drüben, ob ich als Frasquita einspringen will, und zum Schluß erfahr' ich, daß mein Kind beinah' umgekommen wär'. Kann man da nicht verrückt werden?!" Flink holte sie zwei Alben vom Schreibtisch, eines mit Photos, das andere mit Prager

Opernkritiken, die ihre hübsche Gestalt, ihr pikantes Gesicht und ihre kleine, aber recht angenehme Stimme lobend erwähnten. Auch einige Bittbriefe um ihr Autogramm gab sie zum besten.

Eine Weile später lag sie im Schlafzimmer auf dem Bett, die Hände unter dem rotbraunen Haar, und sah ihrem Sohn zu, wie er sich mit Hilfe seiner Gouvernante von einem Etonboy in einen Matrosen zurückverwandelte. Sie nahm zwanzig Kronen aus der Börse: „Da haben Sie, Gertrude. Ihr müßt ein Taxi nehmen. Mit dem großen Karton könnt ihr nicht in der Straßenbahn fahren."

„Aber, gnädige Frau, das ist doch viel zuviel."

„Der Rest gehört Ihnen. Kaufen Sie sich was Nettes."

„Küss' die Hände, gnädige Frau."

„Wer ist das, Mutti?" Er zeigte auf die Photographie, die in einem Lederrahmen auf dem Betttisch stand.

„Das ist ein — ein guter Freund von mir. Dem hab' ich schon viel von meinem Buben erzählt."

„Wo ist er? Ist er in Wien?"

„Nein, mein Herz, er lebt in Prag. Aber er kommt mich sicher bald besuchen. Dann wirst du ihn auch kennenlernen." Sie streckte sich und seufzte: „Ja, ja, wer weiß, wann ich meinen Buben wiederseh' . . ."

„Bleibst du nicht hier?"

„Oh, doch, aber wer weiß, wann dein Vater wieder einmal gnädig erlauben wird, daß du zu mir kommst."

„Wir werden uns hinter den Großpapa stecken“, meinte Gertrude. „Wenn der Großpapa uns hilft, wird der Papa schon nachgeben.“

Herr Swoboda übte im Nebenzimmer eine wuchtige Paraphrase des Feuerzaubers.

Die Sängerin saß mit eingezogenen Beinen auf dem Bett: „Willst du deine Mamali bald wiedersehen, mein Engel?“

„O ja.“

„Dann komm ganz einfach mit der Gertrude her. Zu Haus sagt ihr, wie gewöhnlich, ihr geht in den Belvederepark.“

„Aber, gnädige Frau, das — das geht nicht.“

„Warum nicht? Halten Sie zu diesen widerlichen, herzlosen Leuten oder zu meinem Kind und zu mir? Haben Sie vergessen, daß ich Sie seinerzeit aufgenommen hab’? Mein Mann und meine Schwiegermutter konnten Sie nicht ausstehn.“

„Das ... das weiß ich, gnädige Frau, aber trotzdem ...“ Sie strich Matthias verlegen übers Haar. „Ich möchte der gnädigen Frau gern dienlich sein, aber im geheimen mit dem Kind herkommen, das ... das geht nicht.“

„Ich sag’s niemandem, Gertrude, ganz bestimmt nicht. Ich sag’s auch nicht dem Kurt.“

„Nein, mein Kind, das ist nicht möglich. Bedenken Sie, gnädige Frau, wenn uns jemand sieht und wenn die Großeltern es erfahren oder gar der gnädige Herr — na, ich danke, mehr brauchten wir nicht.“

Aber der Knabe bedrängte die Gouvernante so

unnachgiebig, daß seine Mutter sich ihrer erbarmte: „Quäl die Gertrude nicht. Sie wird es sich überlegen." Sie zog ihn an sich und nahm überschwenglich Abschied von ihm. „Und wenn mein Bub wieder bei mir wohnen wird, dann bekommt natürlich auch die Gertrude ein schönes Zimmer bei uns."

Die Gouvernante lächelte befangen und nahm den Karton unter den Arm: „Küss' die Hand, gnädige Frau."

Der Abschied von Herrn Swoboda fiel kurz aus. Enttäuscht trocknete er seine Stirn: war sein Feuerzauber so eindruckslos vorübergegangen?

Auf dem Korridor blieb Matthias stehen und spitzte die Ohren: „Hörst du, wie die Mutti singt?"

„Ja, mein Kind, aber jetzt komm, es ist schon spät." Damit zog sie ihn in den Lift. Im Taxi nahm sie seine Hand: „Du darfst zu Haus nicht alles erzählen, was die Mutti geredet hat. Sie meint das nicht so. Sie ist halt ein bißl nervös."

Es war ein klarer Herbstabend. Vor dem Bühneneingang der Hofoper bejubelte die Jugend einen ihrer Lieblinge, der eben aus der Equipage stieg. Die Kaffeehäuser auf der Ringstraße und dem Schwarzenbergplatz waren hell erleuchtet. Auf den Kastanienbäumen hingen noch vereinzelte gelbe Blätter.

Als Frau Stellenheim von der Beichte heimkam, fand sie ihren Enkel im Speisezimmer beim Abendbrot. Sie erkundigte sich nur kurz nach dem Befinden seiner Mutter, schlug die Zeitung auf und gab somit auch der Gouvernante keine Gelegenheit zu einem ausführlichen Bericht über den Besuch. Vor der Kommunion sollte ihr kein gehässiger Gedanke, kein böses Wort in den Sinn kommen. Was sie ihrem Enkel sagte, ehe er ins Badezimmer ging, war bloß ein wohlgemeinter Rat: „Wasch dich gründlich, mein Kind, mit der Bürste, du hast es heute nötig. Du stinkst dermaßen nach Parfum, daß einem ganz übel wird." Nach einer Weile folgte sie ihm, um, wie gewöhnlich, das Abendgebet mit ihm zu verrichten. „Wo ist der Anzug, den er von seiner Mutter gekriegt hat?"

Gertrude öffnete den Karton: „Ist der nicht schön? Paßt wie nach Maß!"

Die Großmutter faßte die Jacke mit zwei Fingern an, als wollte sie sich nicht beflecken: „Was ist das für eine Maskerade?"

„Das ist ein Etonanzug, gnädige Frau."

„Wann soll er das anziehen?"

„Am Sonntag oder wenn er wohin auf Besuch geht."

„Sie glauben ernstlich, daß ich ihn so herumrennen lass'? Packen Sie dieses Faschingskostüm wieder schön ordentlich ein, damit nichts daran geschieht. Wir werden das Zeug gegen etwas Vernünftiges umtauschen, zum Beispiel einen Winterrock. Er hat seinen sowieso schon ziemlich ausgewachsen."

„Nein, Großmutti, du darfst es nicht umtauschen. Das hat mir die Mutti geschenkt und nicht du. Und was mir die Mutti schenkt, das darfst du nicht umtauschen."

„Lauf nicht barfuß herum, sonst verkühlst du dich. Diese Maskerade wird zurückgegeben. In unserer Familie werden Kinder nicht zur Putzsucht erzogen. Ein Wunder, daß dir deine Mutter keinen Zylinder dazu gekauft hat. Also, Gertrude, weg mit dem Zeug! Und du, mein Kind, knie schön nieder und verrichte dein Abendgebet."

Mit verkniffenem Mund stand er vor dem Paravent, der Gertrudes Bett umschloß, und tat, als hörte er nicht.

„Hast du nicht verstanden?"

„Ich will nicht beten."

Sie griff sich an die Brust: „Was? Mir scheint, du weißt nicht, was du sprichst. Hast du schon die Kreuzotter vergessen?"

„Du hast doch gesagt, es war gar keine."

Gertrude nahm ihn sanft beim Arm und wollte ihn zu seinem Bett führen, aber er ließ es nicht zu.

„Wenn du den Anzug umtauschst, dann bete ich überhaupt nie mehr, auch nicht in der Kirche!"

Die alte Frau erblaßte. Nur die bevorstehende Kommunion verbat ihr, sich an ihm zu vergreifen: „Na wart! Was du jetzt gesagt hast, wirst du bereuen, du gottloses, du abscheuliches Kind! Du gerätst ganz deiner Mutter nach!" Ihr Blick fiel auf die Kommode, auf das silbergerahmte Weihnachtsgeschenk vom verflossenen Jahr. „Der ist auch nichts heilig, dieser ... dieser ... Aber wart nur, dich wird man noch klein kriegen, du schlechter, mißratener Bengel!" Sie verließ das Zimmer und schlug die Tür zu.

Auch die Gouvernante war erblaßt. So trotzig sah sie ihren Schützling zum erstenmal. Sie redete auf ihn ein, ja sie bat ihn, sich sofort bei seiner Großmutter zu entschuldigen, damit der Vorfall nicht seinem Vater zu Ohren komme, aber alles Reden war vergeblich. Er stand vor dem Paravent und rührte sich nicht.

„Ich sag' dir was", flüsterte er endlich. „Wenn du mit mir zur Mutti gehst, so wie sie's gesagt hat — du weißt schon —, dann bitt' ich die Großmutti um Verzeihung."

Dieser Vorschlag wurde entschieden abgelehnt, aber damit gab er sich nicht zufrieden. Mit einem Mal wurde er ganz lebendig und ließ nicht locker.

Als die Großeltern beim Abendessen saßen, klopfte es leise an der Tür. „Herein!" sagte der Großvater.

„Küss' die Hand, Großpapa."

„Daß du dich nicht unterstehst, dem Großpapa einen Kuß zu geben! Marsch aus dem Zimmer!"

Stellenheim legte die Gabel nieder und runzelte pflichtschuldig die Stirn: „Was hör' ich von dir? Schämst' dich nicht? So ein großer Bub und so ungezogen? G'hört sich denn das?"

„Es tut ihm sehr, sehr leid, gnädiger Herr. Er will um Verzeihung bitten." Gertrude schob ihn näher an den Tisch. „Bitte, gnädige Frau, hören Sie ihn an."

„Bitte, verzeih, Großmutti. Ich hab' das nicht so gemeint. Ich will ja beten und — und du kannst auch den Anzug umtauschen."

Aber so rasch war der Fall nicht abgetan. Der Sünder im karierten Flanellschlafrock mußte sein Versprechen, sich zu bessern, oftmals wiederholen, bis ihm endlich, mit Unterstützung des Großvaters, so halbwegs verziehen wurde.

„Jetzt geh in dein Zimmer und verrichte dein Abendgebet. Morgen stehst du um sechs auf und gehst mit mir in die Kirche. Du hast allen Grund, dem lieben Gott Abbitte zu leisten."

„Küss' die Hand, gute Nacht", sagte er rasch und lief im nächsten Moment in bester Laune durchs Vorzimmer.

Seine Gouvernante folgte ihm langsam.

VII

Wenn Frau Stellenheim Mittwoch zu Lehrer Schauhuber in die Sprechstunde ging, hörte sie nur das Beste über ihren Enkel. Auch außerhalb der Schule bereitete er ihr keinen Ärger mehr. Mit gesenktem Haupt saß er mehrmals die Woche neben ihr beim Abendsegen in der Karolinenkirche. Widerspruchslos trug er den neuen Wintermantel statt des Etonanzugs. Von seiner Mutter redete er kein Wort, als hätte er sie vollkommen vergessen. Dem Großvater brachte er jeden Abend die Pantoffeln ins Speisezimmer und zog ihm die Stiefeletten aus, wobei er gewöhnlich einen freundlichen Stupser bekam, der ihn auf den Allerwertesten setzte. Auch Tante Josephine, die seit kurzem von einer Pflegerin betreut wurde, vergaß der Neffe nicht. Täglich erkundigte er sich artig nach ihrem Befinden. „Dank' dir, mein Kind, es muß schon gehn", kam die müde Antwort aus dem Bett oder dem Lehnstuhl beim Fenster.

Auf Grund seines guten Betragens und auf Veranlassung des Großvaters wurde ihm wieder ein Besuch im Hotel Sacher gestattet, obgleich keine Einladung erfolgt war, wie sein Vater ausdrücklich betonte: „Offenbar hat deine Frau Mama wichtigere Dinge im Kopf."

Auffallend unbeeindruckt von seinem Besuch kehrte Matthias heim und räumte das billige Weihnachtsgeschenk, das er mitbrachte, ein Dominospiel, wortlos in den Kasten. Die Großmutter atmete auf: ein Kind mit gesunden Sinnen mußte sich früher oder später einer solchen Mutter entfremden.

Nicht bloß seinen Verwandten, auch Frieda machte der Musterknabe Freude. Wenn er ihr zu Weihnachten und Ostern beim Großreinemachen half, glänzten Sessel und Bilder vor Sauberkeit. Sein Freund Kurt hingegen schätzte diese Beschäftigung wenig: „Warum muß ich Staub abwischen, wenn ich zu dir auf Besuch komm'? Beim Pilzer muß ich nie Staub abwischen. Und wenn du zu mir kommst, brauchst du auch nicht Staub abwischen."

Wahrhaftig, im Haus Sommer wurde dem Gast kein Staubtuch in die Hand gedrückt. Das dürftige Mobiliar der ebenerdigen Zweizimmerwohnung des Straßenbahnschaffners bedurfte keiner sorgsamen Pflege. Die altersschwache Plüschgarnitur ächzte bereits unter den Schlägen, die sie einmal im Jahr erdulden mußte. Das Sofa, Kurts Schlafstätte, knarrte bedenklich, wenn das Familienoberhaupt, taub gegen die Vorhaltungen seiner Gattin, sich mit aller Wucht darauf niederließ. Herr Sommer, ein selbständiger Mann, kein Freund von Belehrungen, setzte sich so nieder, wie es ihm paßte, und damit basta.

„Jetzt laß mi' schon endlich in Rua mit derer Keiferei, dös kann i was nöt vertragen", sagte er wieder einmal an einem dienstfreien Donnerstag. „Gib ma lieba an Kaffee anstatt daß d' immer keppeln tuast." Im neuen Frühjahrsgewand mit rosa Krawatte las er die Zeitung und blies den Rauch der Virginia zur niedrigen Zimmerdecke.

„Aber geh, Josef, kannst denn nöt noch a bißl warten? Dös g'hört sich doch nöt, daß du allein anfangst zum Jausnen, wenn ein Gast kommt, auch wenn's nur a Bua is."

„Der Matthias muß gleich da sein, er ist immer pünktlich." Kurt kniete unter der welken Palme und räumte seinen Steinbaukasten aus.

„Also von mia aus, warten ma halt, bis dein noblicher Freund kommt", gab Herr Sommer nach.

Kurz danach läutete es. Gertrude brachte den erwarteten Gast. Sie selbst belastete den bescheidenen Haushalt in keiner Weise: „Das ist sehr lieb von Ihnen, Frau Sommer", dankte sie für die freundliche Einladung, zur Jause zu bleiben, „aber ich hab' ein paar Wege für die gnädige Frau zu machen. Ein anderes Mal bin ich gern so frei."

„Aber gehn Sie, Fräulein Gertrude, das haben Sie

das letzte Mal auch versprochen“, meinte Herr Sommer in seinem besten Hochdeutsch.

Kaum war Gertrude fort, stellte Frau Sommer den Kaffee auf den Tisch. Ihre Kochkunst wurde gewürdigt. Es dauerte nicht lange, und von dem Gugelhupf lag nur mehr ein schmaler Keil auf der Schüssel. Herr Sommer zog seinen neuen Rock aus, ließ sich abermals mit Wucht auf seinen gewohnten Platz nieder und las gähnend die Zeitung weiter.

Schweigsam knieten die beiden Knaben auf dem Boden und studierten den Bauplan, der vor ihnen am Palmentopf lehnte. Diesmal machten sie es sich nicht leicht. Die letzte Seite des Katalogs stellte eine schwere Aufgabe: das kaiserliche Schloß Schönbrunn. Behutsam wurde der Grundstein gelegt, langsam erhoben sich die Mauern, die Freitreppe, die Terrasse mit der Aussicht auf ein Plüschsofa und einen schnarchenden Straßenbahnschaffner. Plangemäß wuchs das fürstliche Gebäude. Alle technischen Schwierigkeiten wurden bewältigt, bis auf eine: die Dachlegung. Jedesmal, wenn es sich bloß noch darum handelte, die vier blauen, abgerundeten Steine in die Mitte zu setzen, stürzte der Giebel ein. Dieses tückische Problem trieb den beiden Dachdeckern das Blut in die Köpfe.

„Jetzt laß mich es einmal allein machen“, sagte Kurt. „Du wackelst immer, und deswegen fällt es zusammen.“

„Das ist nicht wahr, du hast gewackelt. Und wenn du es allein machen willst, dann brauch’ ich überhaupt nicht mehr zu dir zu kommen.“

„Wie ich beim Pilzer war, da haben wir ein Schloß gebaut mit vier Kuppeln, und keine ist zusammengefallen!"

„Dann lad doch den Pilzer ein, wenn er alles so gut kann. Ich brauch' ja nicht mehr zu dir zu kommen."

„Also meinetwegen, machen wir's wieder zusammen."

Von neuem machten sie sich an die Arbeit. Langsam schloß sich das Dach, der Palast näherte sich der Vollendung. Dennoch tat der Kaiser gut daran, nicht voreilig einzuziehen. Denn knapp bevor der letzte Stein den Giebel krönte, brach zwischen den Dachdeckern eine Meinungsverschiedenheit aus, derzufolge Dach, Terrasse, Freitreppe, Bögen und Grundmauern einstürzten. Kein Stein blieb auf dem andern unter den wütenden Händen und Füßen der Erbauer.

„Da hast du's, du Blödian!" Und noch einen Fußtritt verabfolgte Kurt der kaiserlichen Ruine. „Ich hab' dir gesagt, du kannst's nicht, du Dickschädel, du blöder!"

„Du bist blöd und gemein noch dazu! Du hast mich gestoßen! Du hast mir den Stein aus der Hand gerissen, deswegen ist es zusammengefallen!"

„Halt's Maul, du Lügner!"

„Du halt dein Maul! Und damit du's weißt, ich komm' überhaupt nicht mehr zu dir und du darfst auch nicht mehr zu mir kommen! Geh zum Pilzer!"

„Zu dem geh' ich sowieso viel lieber als wie zu dir. Weil bei dem brauch' ich keine Sessel abwischen. Und der hat auch viel mehr Spielsachen als wie du!"

Matthias wurde krebsrot: „Du weißt ja gar nicht, was ich alles hab'!"

„Was hast du schon? Immer mit deiner Dragoneruniform und den blöden Zinnsoldaten. Der Pilzer hat viel mehr wie du, weil seine Eltern sind viel reicher als wie deine. Der Pilzer hat sogar eine elektrische Eisenbahn!"

Herr Sommer schnarchte, als wäre er allein auf der Welt.

Von Pilzers elektrischer Eisenbahn hatte Matthias bereits des öfteren gehört und jedesmal dazu geschwiegen. Nun aber riß ihm die Geduld: „Ich hab' auch eine elektrische Eisenbahn!" Er erschrak über seine eigenen Worte, aber fuhr dennoch fort: „Ich hab' auch einen Bahnhof und zwei Tunnels und einen Speisewagen. Und ich hab' auch einen Baukasten! Ich hab' sogar ein Haus gebaut, wo die Eisenbahn durchfahren kann!"

Herr Sommer reckte sich und rieb seine Augen: „Was is denn los?"

Kurt lachte höhnisch: „Aber geh', du Lügner, was red'st du denn? Du spinnst ja. Wo hast du deine elektrische Eisenbahn? Am Mond, was?"

„Am Mond, ja, am Mond", äffte er Kurt nach und gab sein Geheimnis preis: „Geh zu meiner Mutti, dann wirst du sehn, daß ich noch viel mehr dort hab'! Ich hab' auch einen Kaufladen und ein Postamt."

„Erstens ist das sicher eine Lüge und dann — was

hast du schon davon, wenn du das alles hast? Du darfst ja nie hingehn zu deiner Mutta."

„Das glaubst du! Jede Woche geh' ich hin. Immer wenn ich dir gesagt hab', du sollst nicht zu mir kommen, weil die Tante Josephine so krank ist, da war ich in Wirklichkeit bei der Mutti!" Er schaute in Kurts verblüfftes Gesicht und genoß den Anblick. „Siehst du, nichts weißt du! Du bist ein Blödian, nicht ich!"

Vater Sommers Neugierde erwachte früher als er selbst: „Was hast' g'sagt? Dös versteh' i nöt. Wia manst' denn dös?"

Matthias schwieg.

„Warum hast' dem Kurt nöt früher g'sagt, daß d' zu deiner Mutta gehst? Dös is ja nix Schlechtes."

Matthias sah ins Leere. Ein Haus, durch das die Eisenbahn fahren konnte, ein Kaufladen und ein Postamt sanken ins Schwarze. Der Großsprecher wurde klein: „Bitte, Herr Sommer, sagen Sie es nicht weiter, weil — sonst darf ich nie mehr zur Mutti gehen. Weil wenn sie zu Haus erfahren, daß ich hingeh' im geheimen, dann darf ich die Mutti überhaupt nicht mehr sehen. Ich bin ja nicht bös' am Kurt, aber — aber er soll nicht sagen, daß der Pilzer alles besser kann und — und daß er mehr Spielsachen hat wie ich. Denn der Pilzer ist ein Protzer und — und falsch ist er auch."

„Das ist nicht wahr!" protestierte Kurt. „Der Pilzer ist gar nicht falsch!"

„Halt' die Pappen!" sprach Herr Sommer. „Tua den Matthias nöt unterbrechen, wenn er red't, dös g'hört sich nöt. Brauchst ka Angst nöt haben, Matthias, mia plaudern nix aus. Was d' uns dazöhlst, dös bleibt unter uns; gelt, Mizzi?" fragte er seine Frau, die mit dem sauberen Geschirr auf dem Tablett an der Tür stehengeblieben war.

„Nein, nein, brauchst dich nöt fürchten, Matthias. Der Kurt is auch ka Tratschn, gelt, Kurt?"

Kurt sah seinen blassen Freund an und haßte ihn nicht mehr: „Nein, ich sag' nix weiter."

„Aber bitte, Herr Sommer, auch — auch die Gertrude darf nicht wissen, daß ich — daß ich das jetzt gesagt hab', weil — weil sie hat sowieso schon so viel Angst, daß die Großeltern draufkommen oder der Pappi."

Herr Sommer versicherte ihn nochmals vollster Verschwiegenheit, steckte die Hände in die Hosentaschen und lehnte sich zurück: „Und wia is dös? Was machst' da, wenn's d' bei deiner Mutta bist? Gehst' auch mit ihr manchmal spazieren?"

„Nein, weil sonst sieht uns jemand. Die Mutti kennen doch alle Leute, jetzt, wo sie in der Hofoper singt."

„Wohnt sie noch im Hotel Sacher?"

„Nein, sie hat jetzt eine Wohnung auf der Ringstraße, aber erst seit einem Monat."

„Und da seid's immer allein miteinander?"

„Die Gertrude ist auch da und manchmal kommt der Onkel Paul, wenn er in Wien ist. Aber der sagt nichts weiter."

„Wer is denn dös, der Onkel Paul? Is dös der Bruada von deiner Mutta?"

„O nein, er ist kein richtiger Onkel von mir. Ich sag' ihm nur so."

Herr Sommer sog geräuschvoll die Speisereste aus den Zähnen und warf seiner Frau einen Blick zu: „Aha! A solchener Onkel is dös. Und der is nöt immer in Wien? Ja, wo wohnt er denn?"

„In Prag."

„Was is er, was für a G'schäft hat er?"

„Er ist ein Juwelier."

„Juwelier! Ah, dös lass' i ma g'fallen! Da muas er ja an Haufen Geld haben. Hat er dir schon amol a paar Diamanten mit'bracht?"

„Nein, aber der Mutti hat er ein Armband mit vielen Brillanten geschenkt und auch zwei Ringe und eine Brosche."

„Dös is aber a guada Onkel." Wieder ein Blick zu Frau Sommer. „Und sag amol, wenn er in Wien is, wohnt er da bei deiner Mutta?"

„Nein, die Mutti hat doch nur ein Bett."

Da mußte Herr Sommer husten.

„Aber geh, Josef", sagte seine Frau und räumte endlich das Geschirr in die Kredenz.

Matthias wandte sich zu seinem Freund: „Wenn du das nächste Mal zu mir kommst, schenk' ich dir meinen Spritzrevolver."

„Aber wozu —?"

„Du hast ihn doch immer wollen."

„Nein, nein, behalt du nur deine Sachen", sagte Frau Sommer. „Der Kurtl hat alles, was er braucht." Sie öffnete das Fenster. Es roch säuerlich in dem niedrigen Raum.

Als Gertrude ihren Schützling abholte, war er merklich zerstreut. Stumm ging er mit ihr über den Hof. Zum Unterschied von den früheren Malen sahen ihm weder Kurt noch Frau Sommer vom Fenster nach.

„Weißt', Kurtl, dös is nöt der rechte Umgang für dich", meinte Frau Sommer. „Bei denen kommt noch amol a großer Wirbel 'raus. Und überhaupt, zu solche Leut' passen mia nöt. Hab' i recht, Josef?"

„Ja, ja, da is schon was dran."

Kurt, in Gedanken versunken, räumte seine Bausteine ein.

VIII

Gertrude und Matthias bemerkten bald, daß Kurt sich mehr und mehr dem andern Vorzugsschüler und dessen Gouvernante anschloß. Seine Besuche im Hause Stellenheim wurden spärlicher. Zu einem Gegenbesuch lud er nicht mehr ein. Wenn er mit Pilzer während der Zehnuhrpause umschlungen auf dem Schulhof auf und ab promenierte oder wenn er den Nachmittag bei ihm verbrachte, quälte Matthias nicht nur Eifersucht, sondern auch der Gedanke, Kurt könnte sich doch einmal hinreißen lassen und dem neuen Freund das Geheimnis des alten anvertrauen. Fast täglich nahm er ihm das Ehrenwort der Verschwiegenheit ab und schenkte ihm dafür sein Gabelfrühstück, das Kurt mit Appetit verspeiste.

Gertrude gab ihrem Schützling den Rat, sich über den treulosen Freund nicht zu kränken: „Laß ihn laufen. Du wirst noch viele Freunde haben, bessere und gescheitere. Wirst sehen, der Pilzer wird bald genug von ihm haben.“

Wenn sie ihn so tröstete und ihm dabei übers Haar strich, hätte er ihr am liebsten seinen Verrat reuig gestanden. Aber das schien ihm zu gewagt. Oft genug seufzte sie: „Wenn das einmal herauskommt — mehr brauchen wir nicht.“

Das erste Schuljahr war zu Ende. Nach der Zeugnisverteilung beglückwünschte Lehrer Schauhuber die beiden Vorzugsschüler. Der eine grinste und rieb den Pultdeckel mit ausgespreizten Fingern, der andere blieb ernst. Noch eine kurze Schlußrede, danach ein andächtiges Dankgebet, und der Lehrer überließ die Knaben den Sommerferien.

„Gehst du heute mit mir?“ fragte Matthias seinen Sitznachbarn.

„Nein, ich kann nicht, weil der Pilzer hat mich zum Mittagessen eingeladen.“

Nun verstand Matthias, warum Kurt in blauem Anzug und weißem Hemd erschienen war, eine Pracht, die sein Zeugnis nicht verdiente: „Siehst du, zum Pilzer gehst du, und wenn ich dich einlad’, sagst du immer, du hast keine Zeit. Warum sagst du mir nicht endlich, was du gegen mich hast?“

Und Kurt antwortete abermals, wie seine Mutter es ihm eingeschärft hatte: „Ich hab’ gar nichts gegen dich, das bildest du dir nur ein.“

Pilzer rief: „Komm, Sommer!“, und Kurt lief.

Gertrude und Pilzers Gouvernante konversierten miteinander etwas abseits der einfacheren Bürgersleute, die vor dem Schulhaus warteten. Als sie ihre beiden Schützlinge im Tumult der Halbwüchsigen erblickten, eilten sie ihnen entgegen und griffen mit sicherer Hand nach den erwarteten Vorzugszeugnissen. Kurt ließ seinen mangelhaften Befähigungsnachweis in der Schultasche: „Die Hauptsache, ich muß nicht sitzenbleiben", tröstete er sich und Pilzers Fräulein Isabella mit dem Goldzahn in der Mitte ihres Mundes.

„Du, Gertrude, wenn wir ohnehin erst nächste Woche nach Ischl fahren, dann kann doch der Kurt noch vorher einmal zu uns kommen."

„Ich weiß nicht, ob das möglich sein wird, mein Herz. Der Tante Josephine geht es leider sehr schlecht."

Kurt sah sie mißtrauisch an. Pilzer zog ihn ungeduldig am Ärmel. Fräulein Isabella verabschiedete sich freundlich und folgte den beiden Knaben.

Gertrude und Matthias aßen ausnahmsweise in ihrem Zimmer. Das Vorzugszeugnis lag auf der Kommode, doch niemand kam, um es zu bewundern. Nebenan, im Schlafzimmer der Großeltern, wurde geflüstert. Matthias glaubte, seinen Großvater und Onkel Albert zu hören, später auch seinen Vater und Doktor Sterler. Der langjährige Hausarzt, der ihn geimpft und mehrmals von Halsentzündungen kuriert hatte, war in den letzten Wochen täglich zu Tante Josephine gekommen.

Als im Nebenzimmer die Tür ging und es still

wurde, sagte Gertrude: „Bleib schön ruhig, mein Kind, ich bin gleich wieder da.“

Er sah ihr befremdet nach und ging ans offene Fenster. Leise strich der Südwind durch die alten Kastanienbäume. Die grünen Kuppeln des Belvederes glitzerten in der Sonne. Die Schwalben flogen hoch.

„Warum weinst du?“ fragte er, als Gertrude zurückkam.

Sie setzte sich an den weißen, runden Tisch und wischte ihre Augen ab: „Komm zu mir, mein Kind. Ich muß dir was sagen.“ Sie nahm ihn bei den Händen. „Die gute Tante Josephine war sehr krank, sie hat große Schmerzen ertragen. Der Herr Doktor Sterler und noch andere Ärzte haben alles getan, was sie konnten, aber es hat nichts geholfen. Darum hat der liebe Gott ein Erbarmen mit ihr gehabt und hat sie nun erlöst.“

„Wie ... wie meinst du das?“

Sie strich ihm übers Haar: „Der liebe Gott hat die gute Tante Josephine zu sich genommen. Sie ... sie lebt nicht mehr. Sie ist gestorben.“

Nicht zum erstenmal hörte er dieses Wort, doch zum erstenmal wohnte es mit ihm unter einem Dach. Tante Josephine hatte wenig mit ihm gesprochen; seit Wochen war er nicht mehr in ihrem Zimmer gewesen; nun aber sah er sie so lebendig vor sich, daß er die Gegenwart vergaß. Im Schein der Christbaumkerzen lehnte sie an dem seltsamen Mahagonikasten im Salon; in hochgeschlossenem weißem Kleid saß sie nähend unter der alten Linde vor der

Villa in Ischl; lachend, mit gesunden Wangen, promenierte sie mit seiner Mutter auf der Wiese zwischen den Feuerlilien —, aber das war schon lange her.

„Sei nicht traurig“, sagte Gertrude. „Die Tante Josephine kommt jetzt in den Himmel. Dort wird sie sehr, sehr glücklich sein. Im Himmel gibt es keine Schmerzen, dort sind alle gesund und froh.“

„Wann wird sie im Himmel sein? Wie lang dauert das, bis sie dort ist?“

„Sie ist schon auf dem Weg, denn der liebe Gott hat sie zu sich gerufen.“

„Liegt sie nicht mehr in ihrem Zimmer?“

„Doch, mein Herz. Du mußt dir das anders vorstellen. Nur die Seele der Tante Josephine kommt in den Himmel, nicht ihr Körper.“

Er drehte sinnend an einem seiner Ärmelknöpfe, ging wieder ans Fenster und reckte den Kopf hoch. Aber alles sah so aus wie zuvor. Der Himmel regte sich nicht. Kein Spalt tat sich auf, um eine Seele zu empfangen. In die Rufe des Scherenschleifers, der seinen ramponierten Karren die Straße entlang schob, mischten sich keine Äolsharfen. Der Lastwagen hinter den schweren Pinzgauerpferden rollte träg über das holperige Pflaster. Die Straßenbahn quietschte in den Schienen. Der Wochentag blieb Wochentag.

„Küss’ die Hand, Großmutti“, grüßte er, als sie ins Zimmer trat.

An ihrem Kleid fehlte der weiße Kragen. Ein schwarzes Kreuz ersetzte das elfenbeinerne an ihrer

Brust. Ihre Augen lagen tief in den Höhlen, doch tränenlos. Sie hielt den Rosenkranz in den Händen: „Grüß dich Gott, mein Kind. Die Gertrude hat dir wohl schon gesagt . . ."

„Ja, gnädige Frau."

„Gehen Sie jetzt mit ihm ins Kleiderhaus Neumann, zu Herrn Traubel auf die Knabenabteilung, ich hab' bereits mit ihm telephoniert. Du bekommst einen schwarzen Anzug, eine Kappe und Krawatte. Wenn ihr dort fertig seid, geht in die Stephanskirche, zündet eine Kerze an, und du, mein Kind, knie schön nieder und bete zehn Vaterunser und zehn Gegrüßet seist Du, Maria für das Seelenheil der guten Tante Josephine, damit der Allmächtige ihr ihre Sünden vergibt und ihr die Qualen des Fegefeuers gnädig erläßt."

„Aber sie hat doch gar keine Sünden machen können, sie ist doch so lang im Bett gelegen."

„Der Mensch sündigt nicht bloß in Taten, sondern auch in Gedanken. Der böse Gedanke ist eine ebensolche Sünde wie die böse Tat."

„Liegt sie noch in ihrem Bett?"

„Ja, ruhig und friedlich. Sie hat die Letzte Ölung empfangen, ehe sie gestorben ist. Jetzt ist sie erlöst. Sie hat viel leiden müssen."

„Warum hat sie so viel leiden müssen?"

„Der liebe Gott hat es so gewollt."

„Aber warum hat das der liebe Gott gewollt?"

„Danach darf man nie fragen. Eine solche Frage ist der erste Schritt zum Zweifel, und der Zweifel ist eine schwere Sünde. Gott tut stets das Richtige."

Er überlegte einen Augenblick, bevor er zur Kommode lief: „Hier ist mein Zeugnis, Großmutti!"

„Das werden wir später in Ruhe ansehen. Ich bin sicher, daß es gut ausgefallen ist."

Sie ging aus dem Zimmer.

IX

Eine helle Glocke läutete. Hier und dort hörte man Schluchzen. Einer nach dem andern nahm die kleine Schaufel aus der Hand des Totengräbers und streute Erde ins offene Grab. Obzwar Matthias eine ähnliche kleine Schaufel besaß, mit der er zum Ärger des Wächters häufig im Rasen des Belvedereparks grub, kam ihm diese fremd vor. Darum führte sein Vater ihm die unsichere Hand und hielt ihn dabei an der Schulter fest. Er war das einzige Kind bei der Beerdigung. Rudi und Erika waren nach der Einsegnung in der Karolinenkirche heimgegangen. Eine Unmenge von Kränzen und Blumensträußen häuften sich auf der frisch aufgeworfenen rötlichen Erde. Tante Josephine hatte nur wenige Bekannte gehabt, doch viele ihres Vaters und Bruders erwiesen ihr die letzte Ehre. Nach Schluß der Beileidsbezeigungen bot Stellenheim seiner Gattin den Arm. Noch einmal blickten sie zurück auf den Hügel, auf die rötliche Erde, die in der Nachmittagssonne wie feurige Lava leuchtete.

Der jüngste Hinterbliebene ging schwarz gekleidet zwischen Vater und Gouvernante: „Sag, Pappi, wie lang muß die Tante Josephine dort unten liegen? Wann kommt sie in den Himmel?"

Der Bruder der Verstorbenen, in Gehrock und Zylinder, seiner würdevollen Miene nach mehr Trauergast als Leidtragender, erwiderte ernst: „Die Tante Josephine bleibt in ihrem Grab, ich meine, ihr Leib. Nur ihre Seele geht in den Himmel ein."

Der Knabe blickte nach rechts, nach links, als suchte er eine Erklärung für diese unverständliche Teilung seiner Tante. So viele lagen hier zu beiden Seiten des Weges, denen es genau so erging wie ihr: „Sag, Pappi, kann man das von außen sehen, ob einer in den Himmel gekommen ist? Weißt du, ob der da in den Himmel gekommen ist oder in die Hölle?"

„Man zeigt nicht mit dem Finger auf ein Grab. Das tut man nicht."

„Sag, Pappi, kann man das sehen, ob einer in den Himmel gekommen ist oder in die Hölle?"

„Nein, mein Kind", sagte Gertrude, „das kann man nicht sehen."

Wieder wandte er sich an seinen Vater: „Und was geschieht mit der Tante Josephine ihrem Körper, wenn er immer dort unten bleibt?"

„Der Körper wird wieder zu Staub. Und jetzt sei still. Man spricht nicht auf einem Friedhof." Er zog den Zylinder; Baron Körber erwiderte seinen Gruß.

Vor dem Eingang wartete eine lange Reihe von Equipagen. Frau Stellenheim sah alt und müde aus.

Ihre ungeweinten Tränen waren zu Furchen um Augen und Mund geworden: „Müßt ihr noch ins Büro?“ fragte sie im Wagen.

„Ich glaub’, wir sollten einen Moment hineinschaun. Wir haben schon seit zwei Tagen keine Post erledigt“, antwortete ihr Mann, und sein Sohn stimmte ihm bei.

„Aber kommt’s bald. Die Theres’ und ihr Mann kommen zum Kaffee, damit wir noch ein bißl zusammen sind. Lang wird er ohnehin nicht bleiben können, der Albert. Mir scheint, es schaut schon wieder sehr nach Krieg aus.“

„Tja, leider“, sagte Max. „Man rechnet sogar mit einer Generalmobilisierung, aber das ist wahrscheinlich bloß wieder ein Gerücht.“

„Gott geb’s.“ Sie sah auf ihren Sohn, den Reserveleutnant, und bekreuzigte sich unter dem dicken Trauerschleier.

Max öffnete das Fenster, aber der Geruch von altem Zigarrenrauch saß fest in dem weich gepolsterten Coupé.

Der Jüngste saß zwischen seinen Großeltern und sah zum Fenster hinaus. Vor kaum einer Stunde war er denselben Weg durch die schmalen Gassen gefahren, doch ohne denken zu müssen, daß die grünen Sträucher vor den alten, niedrigen Häusern sich bald wieder in braune Blätter verwandeln würden und die leuchtenden Heckenrosen in kahles Gestrüpp. Die Wienerwaldberge sah er in bläulichem Dunst, in weiterer Ferne und dabei höher als zuvor. Ein zeitloses Zwielicht breitete sich vor ihm aus.

Wer ist eigentlich die wirkliche Tante Josephine? Ist sie ihre Seele, die in den Himmel kommt, oder ist sie ihr toter Körper, der für immer unter der Erde bleibt? Wie mag sie als Seele aussehen? Hat sie wieder dasselbe grünlich dünnhäutige Gesicht mit den trockenen Lippen? Wo ist nun die wirkliche Tante Josephine, die sprechen und gehen kann, die weiß, was sie tut? Sieht sie bereits von hoch oben auf eine Equipage und zwei Rappen herab, die vor der heruntergelassenen Bahnschranke warten? Oder liegt sie noch dort unten, wo sie mit Erde bestreut wurde? Und was, wenn der liebe Gott, der an so viele Millionen Menschen denken muß, gerade sie vergißt und sie dort unten liegen läßt, wo sie keine Luft kriegt?

Ein schriller Pfiff, die Lokomotive schoß vorüber, die langen braunen Waggons legten sich tief in die Kurve und verschwanden rasch hinter dem Hügel. Die leeren Schienen glitzerten wieder in der Sonne, die Bahnschranke hob sich quietschend.

„Das war der Orientexpreß", sagte der Großvater. „Der kommt von Konstantinopel und fährt nach Paris."

Der Enkel nickte geistesabwesend. Wer weiß, am Ende kommt die Tante Josephine gar nicht in den Himmel? Vielleicht hat sie einmal eine Sünde begangen, eine von den schweren. Vielleicht hat sie darum so lange leiden müssen und muß weiter büßen. Vielleicht windet sie sich schon in hohen Flammen, so wie die nackten Elfenbeinleiber an der Kastentür im Salon. Welche sind die schweren

Sünden, für die man in die Hölle kommt? Vielleicht kommt der, der ein Geheimnis hat, bloß ins Fegefeuer. Was aber geschieht mit dem, der ein Geheimnis noch überdies verraten hat?

„Was machst denn solche Falten auf der Stirn?"

„Ich ... ich weiß nicht, Großpapa."

An diesem Abend schlief er lange nicht ein. Als Gertrude nach ihrem Abendbrot auf Zehenspitzen ins finstere Zimmer kam, lag er noch immer wach.

„Gertrude, ich ... ich muß dir was sagen", begann er und setzte sich auf. „Aber versprich mir, daß du nicht bös bist und ... und daß du nichts der Mutti sagst."

„Was ist denn geschehen?" Sie zündete die Lampe hinter ihrem Paravent an und kam an sein Bett.

„Versprich mir, daß du nichts der Mutti erzählst. Ich ... ich kann ... ich kann nichts dafür. Ich kann wirklich nichts dafür."

„Hab' keine Angst, ich sag' nichts weiter. Was ist denn passiert?"

Zitternd gestand er ihr endlich seinen Verrat. Immer wieder beteuerte er, daß seine Mitwisser ihm vollste Verschwiegenheit versprochen hatten, und beschwor die Gouvernante, ihm nur noch einmal zu vertrauen. Sie saß schweigend auf seinem Bett und hörte ihm zu. Erst als die Tür im Nebenzimmer ging, legte sie den Finger auf die Lippen.

„Aber gelt, du gehst mit mir wieder zur Mutti?" flüsterte er und wiederholte die unbeantwortete Frage eindringlicher, trotz der Großeltern nebenan.

Sie strich ihm über die heiße Stirn und nickte.

Die Turmuhr der Karolinenkirche schlug elf, und er lag noch immer wach: „Gertrude!“ flüsterte er und setzte sich abermals auf. „Gertrude!“

„Ja ... was denn?“ kam es verschlafen hinter dem Paravent hervor.

„Sag, Gertrude, weiß die Tante Josephine, daß sie tot ist?“

Sie verstand ihn erst, als er seine Frage wiederholte. Dann drehte sie sich gähnend auf die andere Seite: „Schlaf, mein Kind.“

X

„Im Namen des Vaters, des Sohnes und des Heiligen Geistes“, begann der Katechet das neue Schuljahr. Der alte Pater Brandtner, dessen runde Backen beinahe so rot waren wie sein Lieblingswein, erbat Gottes Segen für den Heiligen Vater in Rom, für Seine Majestät den Kaiser, dessen Bild über dem Katheder hing, und für alle Armen und Kranken. Dann holte er seine dicke silberne Uhr aus der Westentasche hervor, legte sie vor sich aufs Pult, schneuzte sich laut und ließ seine verschmitzten Augen von Bank zu Bank blitzen. Reich besät mit Sommersprossen, saß die junge Christenschar vor dem Verkünder der Lehre Gottes und schmunzelte freundlich wie er. Wer ein kleines Erlebnis aus den Ferien oder die Schilderung eines schönen Ausflugs zum besten geben wollte, durfte sich zum Wort melden. Wie etliche seiner Schüler, so konnte auch der geistliche Herr von einem schönen Sommer sprechen. Während seines Aufenthaltes in Salzburg war ihm sogar vergönnt worden, eine stille Messe im Dom zu lesen — eine hohe Gnade des Herrn.

„Am Ende des vorigen Schuljahres sind wir gerade noch zu den Zehn Geboten gekommen. Die ersten fünf solltet ihr während der Ferien auswendig lernen. Habt ihr das getan?"

„Jaaa!" versicherte der Chor, den Pilzer übertönte: „Bitte, ich kann schon alle zehn!"

Der Katechet nickte zufrieden und verschränkte die Arme: „Paßt jetzt gut auf. Ihr steht vor einem großen Schritt in euerem jungen Leben. In wenigen Wochen werdet ihr zum erstenmal zur heiligen Beichte gehen und den darauffolgenden Morgen zur ersten heiligen Kommunion."

„Fein! Fein!! Hurra!!" Dazu klatschten einige noch in die Hände.

Jedes Jahr mußte Pater Brandtner diese unpassende Beifallskundgebung der zweiten Klasse über sich ergehen lassen. Ergeben in sein Schicksal, klopfte er mit dem Bleistift aufs Pult: „Na, na, na, das ist kein Anlaß für einen solchen Radau! Die heilige Beichte ist das Sakrament der Reue, und das hat nichts mit einem derartigen Gejohle zu tun! Also Ruhe, und paßt auf! In der ersten Klasse habt ihr bereits gelernt, daß der Priester der Stellvertreter Gottes auf Erden ist. Habt ihr das gut verstanden?"

„Jaaa!"

„Gut. Das müßt ihr euch auch vor Augen halten, wenn ihr zur Beichte geht. Nicht dem Priester beichtet ihr euere Sünden, sondern ..." Sein Blick fiel auf die letzte Bank, wo einer noch nicht ganz wach war. „Langer! Wen vertritt der Beichtvater?"

Langer erhob sich: „Den Papst."

„Wo warst du im Sommer?" fragte der Religionslehrer inmitten zügelloser Heiterkeit.

„In Grein."

„Mir scheint, du bist noch dort. Setz dich."

Pilzer, kein Freund dummen Gelächters, zischte seine Kameraden nieder und fuchtelte mit der Hand in der Luft, bis ihm endlich das Wort erteilt wurde: „Der Beichtvater vertritt den lieben Gott. Sogar der Papst kann nur im Namen vom lieben Gott eine Sünde verzeihen, und auch ein Bischof kann nur ..."

„Gut, gut, Pilzer, soviel auf einmal wollen wir nicht wissen. Setz dich. Also denkt daran, daß ihr alle euere Sünden dem lieben Gott beichtet und daß ihr keine verschweigen dürft. Denn wer dem Herrn eine Sünde verschweigt, begeht eine doppelt schwere Sünde. Habt ihr das alle verstanden?"

„Jaaa!"

Pater Brandtner bemerkte, daß einer in der dritten Bank nicht mitrief und unschlüssig war, ob er die Hand heben oder lieber unten lassen sollte: „Ist dir etwas unklar, Stellenheim?"

Sonngebräunt, in Pepitaanzug mit schwarzem Schlips, stand Matthias in der Bank: „Bitte, Hochwürden, wie ist das? Wenn man eine Sünde gebeichtet hat, darf man sie dann nie wieder machen, die gleiche Sünde?"

„Man muß immer den guten Vorsatz haben, sich zu bessern. Die heilige Beichte ist nicht dazu da, daß man ganz einfach alle seine Sünden heruntersagt und sich dabei denkt, ach was, morgen mach' ich dasselbe wieder."

„Aber, bitte, was ist, wenn man doch wieder dieselbe Sünde macht, kann man sie dann wieder beichten?"

„Wenn du so schwach bist und deinen guten Vorsatz brichst, mußt du es natürlich das nächste Mal wieder beichten. Aber je öfter man eine Sünde begeht, desto schwerer wird sie. Hast du das jetzt verstanden?"

„Ja, bitte", antwortete er und blieb stehen.

„Ist dir noch etwas unklar?"

Obgleich Pilzer den Begriffsstützigen kopfschüttelnd ansah, fragte Matthias weiter: „Und, bitte, was geschieht, wenn man schon vor der Beichte weiß, daß man eine Sünde wieder machen wird?" Es wunderte ihn nicht, daß sein Sitznachbar und Mitwisser ihn groß anglotzte.

Der erfahrene Priester kannte die üblichen Fragen künftiger Erstkommunikanten, diese jedoch kam ihm neu vor. Trotzdem beantwortete er sie mühelos: „Wenn du mit dem Vorsatz zur Beichte gehst, eine bestimmte Sünde gleich wieder zu begehen, und wenn du mit einem solchen bösen Gedanken gar die heilige Kommunion empfängst, dann machst du dich einer ganz schweren Sünde schuldig."

„Bitte, ist das eine Todsünde?"

Der Katechet blätterte im Lehrbuch, als suchte er nach dem Index für Sünden. Das besagte Vergehen zu den Todsünden zu rechnen, hätte nicht der Wahrheit entsprochen; es zu verkleinern, nicht dem pädagogischen Sinn des Religionsunterrichtes. Demzufolge entschied er sich endlich für den goldenen Mittelweg und nannte einen Fehltritt mit Vorbedacht einen schweren Frevel. Dabei mußte er sich wahrhaftig wundern, daß ein so frommer Junge wie Stellenheim sich gerade für diese Frage so eingehend interessierte: „Du willst dich doch nicht am Ende gar vorsätzlich versündigen?"

„N . . . nein, bitte."

„Na, dann ist's gut. Setz dich."

Pater Brandtner kehrte zum Lehrplan zurück. Mit anschaulichen Beispielen führte er seinen Schülern die mannigfachen Übertretungen der ersten fünf Gebote vor Augen und warnte sie väterlich vor den Versuchungen des Satans.

Langer, schon ganz wach, meldete sich knapp vor Ende der Stunde zum Wort: „Bitte, Hochwürden, darf kein Priester nichts weitersagen, was ihm einer beichten tut?"

„Jeder Priester ist durch seinen Eid gebunden, das Beichtgeheimnis strengstens zu wahren."

„Aber, bitte, was ist, wenn er eine Wut auf einen hat und ihn verzünden tut?"

Nun mußte der geistliche Herr wieder das Gejohle übertönen: „Du laß dir dein Hirnkastl ausputzen!" Und mit dem Glockenzeichen steckte er seine silberne Uhr in die Westentasche.

XI

An gewissen Abenden aß Matthias auffallend wenig und schaute seiner Großmutter nicht in die Augen, wenn sie ihn fragte, wo er nachmittags gewesen sei. Gewöhnlich antwortete Gertrude für ihn; ihr fiel rasch die neue Allee im Belvederepark ein oder der Spielplatz im Volksgarten, ein Spaziergang durch die Kärntnerstraße hinunter zum Donaukai, unter den Passanten die alte Fürstin mit dem winzigen Zwergrattler, die alle Leute grüßten, oder der berühmte Hofschauspieler mit dem edlen Profil, der sich der jungen Mädchen nicht erwehren konnte. So rege war ihre Phantasie, daß ihr Schützling sie häufig mit offenem Mund anstarrte. Verwirrt legte er die Serviette zusammen und war froh, wenn die Großmutter nach dem Abendgebet sein Zimmer verließ.

Auch die Frage, warum Kurt Sommer nicht mehr komme, beantwortete Gertrude ihrer Herrin. Kurt war eben ein kleiner Egoist, der seinen alten Freund nicht mehr brauchte, seit er die Sommerferien bei Pilzer verbracht und eine Menge Geschenke von ihm bekommen hatte. Das genügte Frau Stellenheim; auf einen solchen Freund konnte ihr Enkel leichten Herzens verzichten.

Als Matthias wieder einmal appetitlos auf seinem Teller stocherte, überraschte seine Großmutter ihn mit einer Neuigkeit. Ein Junge von nun beinahe sieben Jahren sollte nicht länger mit dem Kinderfräulein in einem Zimmer wohnen, sondern sich daran gewöhnen, allein zu schlafen. „Mein Sohn meint, Sie könnten es sich vielleicht so einrichten, für den halben Tag zu kommen, sagen wir von drei bis nach dem Nachtmahl. Sie haben erzählt, Ihre Schwester hat eine so hübsche, geräumige Wohnung, sie wird Ihnen gewiß gern ein Zimmer überlassen."

Gertrude war nicht weniger sprachlos als der Knabe, den sie seit seinen ersten Schritten betreut hatte. Er vergaß die Gabel im Mund, sie räusperte sich befangen.

In diesem Schweigen rümpfte Frau Stellenheim plötzlich die Nase und schnupperte mit einem saueren Gesicht: „Bild' ich mir das bloß ein? Mir kommt vor, da stinkt's auf einmal nach Parfum."

Gertrudes Herz stoppte einen Moment, um so heftiger pochte es im nächsten: „Ich ... ich rieche nichts, gnädige Frau."

„Ich ... ich auch nicht", versicherte Matthias, die Augen auf den Teller gerichtet.

„Komisch. Bild' ich mir das nur ein?"

„Sicher, gnädige Frau. Man ... man hat manchmal solche ... solche ... daß man plötzlich glaubt ..."

Die Tür öffnete sich erlösend. Matthias holte blitzschnell dem Großvater die Pantoffeln, half ihm aus den Stiefeletten und empfing mit einem dankbaren Lachen den Stupser, der ihn auf den Allerwertesten setzte.

„Also, Gertrude, überlegen Sie sich das. Und wenn Sie damit einverstanden sind, fangen wir am ersten November mit der neuen Einteilung an. Das Finanzielle können wir noch besprechen."

„Das ... das ist mir sehr recht so, gnädige Frau."

XII

Wie gewöhnlich saß Frau Stellenheim am frühen Nachmittag nähend im Schlafzimmer und erhob von Zeit zu Zeit den Blick zu der Photographie des zarten Novizen, die vor ihr in der Fensternische hing. Das Jugendbild ihres verstorbenen Onkels Baptist hielt sie in Ehren. Gerade heute dachte sie viel an den unvergeßlichen Prälaten und an den Tag, an dem sie in Mariazell, dem alten Wallfahrtsort, aus seiner Hand die erste Kommunion empfangen hatte. Demutsvoll legte sie die Näharbeit beiseite, als die Eingangsglocke läutete, und ging ins Nebenzimmer.

„Grüß dich Gott, mein gutes Kind."

„Küß die Hand, Großmama", sagte er leise, als kniete er noch im Beichtstuhl. Er trug seinen schwarzen Anzug, wie beim Leichenbegängnis seiner Tante. Gertrude paßte sich seiner weihevollen Stimmung an.

„Trink jetzt schön deine Milch", sagte die Großmutter. „Und dann geht eine Stunde spazieren. Denk daran, daß du jetzt frei von Sünden bist und gib gut acht, daß du dich nicht neuerdings befleckst, vor der heiligen Kommunion. Am besten schließt man sich von der Umwelt ab, indem man im stillen mit geschlossenen Lippen betet.“

Matthias befolgte ihren Rat wortgetreu, während er mit Gertrude auf der herbstlichen Ringstraße ging. Doch so fest er auch die Lippen schloß, seine Gedanken gehorchten ihm nicht. Was er gerade heute vergessen wollte, fiel ihm unentwegt ein und ließ sich nicht verscheuchen. Er betete rasch, noch schneller, die Ave-Maria überstürzten sich hinter seinem zugepreßten Mund, aber nur allzu galant machte die himmlische Mutter der irdischen Platz. Hielt er sich einen Augenblick für stark genug, um seinen geheimen Besuchen endgültig zu entsagen, dann wurde es plötzlich so jämmerlich leer in ihm, als tötete sein Verzicht alle seine Wünsche. Der Himmel, statt sich ihm trostreich zu nähern, wölbte sich scheinbar noch unerreichbarer über ihm und verbreitete zugleich ein hoffnungsloses Zwielicht, ähnlich wie nach Tante Josephines Beerdigung.

„Warum läufst du so?“ fragte Gertrude, die ihm kaum folgen konnte.

Er ging langsamer. Die Dämmerung senkte sich über die Stadt. Die Gaslaternen flackerten im Herbstwind. Unter den Bäumen wimmelte es von dunkelbraunen Kastanien.

Auf dem Heimweg blieb er mitten auf dem Schwarzenbergplatz stehen, gerade dort, wo die Wagen um die Ecke bogen: „Ich muß dir was sagen.“

„Ja, mein Herz, was denn?“ Sie zog ihn auf den Gehsteig.

„Weißt du, ich — ich möcht' nicht mehr zur Mutti gehn, so — so im geheimen."

„Wie kommst du plötzlich darauf?"

Er schwieg. Sie knöpfte ihm den Mantel zu; der Abendwind blies rauher.

Beim Nachtmahl verhielt er sich still, was die Großmutter mit sichtbarem Wohlgefallen für ein Zeichen seiner inneren Einkehr hielt. Später, im Badezimmer, als er mit Gertrude allein war, fragte er: „Wann wirst du mit der Mutti reden?"

„Ich kann morgen zu ihr gehen und ihr alles erklären."

„Und du glaubst, sie wird sicher nicht bös sein?"

„Bestimmt nicht. Ich werd' ihr sagen, du willst von nun an nie mehr eine Unwahrheit sprechen; das wird sie ganz sicher ..." Im Schlafzimmer der Großeltern ging die Tür.

Rasch zog er die Zahnbürste aus dem Mund: „Geh nicht zur Mutti! Sag ihr nichts, versprich mir, daß du ihr nichts sagst!"

„Was, jetzt — jetzt soll ich wieder nicht ..."

„Versprich mir, daß du nicht zu ihr gehst!"

Und wieder legte sie den Zeigefinger auf den Mund und nickte.

Heute sprach die Großmutter das Abendgebet mit ihrem Enkel, als verkündete sie die neueste Proklamation des Himmels. Danach drückte sie ihm einen innigen Kuß auf die Stirn: „Und jetzt schlaf, mein Kind. Du mußt zeitig aufstehen. Übrigens, Gertrude, morgen, wo er schulfrei hat, können Sie schon am Vormittag kommen."

„Großmutti, darf die Gertrude heute bei mir schlafen?"

Sie sah ihn erstaunt an: „Ja, warum denn?"

„Weil . . ." Er stockte.

„Wenn es der gnädigen Frau recht ist, kann ich meiner Schwester telephonieren, daß ich heute ausnahmsweise hier bleibe."

„Aber wozu denn? Er schläft doch schon seit Tagen allein."

„Bitte, nur heute soll die Gertrude hier bleiben, Großmutti. Morgen schlaf' ich wieder allein."

„Ein so großer Bub wird sich doch nicht am End' gar im dunklen Zimmer fürchten. Das wär' doch eine Schand'. Also schlaf jetzt schön. Gute Nacht, mein Kind." Sie löschte das Licht aus und schob die Gouvernante vor sich zur Tür hinaus.

Als die Turmuhr der Karolinenkirche elf schlug, schnarchte der Großvater schon fest, wogegen sein Enkel im Nebenzimmer noch immer auf die Lichtstreifen schaute, die von der Jalousie auf das leere Bett und den zusammengefalteten Paravent fielen. Erst gegen Mitternacht schloß er ermattet die Augen und sah sich bald darauf in einer befremdenden Umgebung:

Auf einer breiten Straße ging mit weit ausholenden Schritten lautlos eine Schar schwarzgekleideter Männer. Sie glichen den Bauern, die nach Ischl zur Sonntagsmesse kamen, aber sie waren viel größer und sahen einander zum Verwechseln ähnlich. Eine helle Glocke läutete von irgendwo. Am Horizont ragten Felsen in die Luft. Wuchtig erhoben sie sich aus dem Flachland. Nichts Grünes, kein Strauch, kein Baum wuchs an ihren Wänden; steinerne Riesen, deren spitze Häupter in die Wolken stachen. Trügerisch nahe lagen Schluchten und Höhen, doch scheinbar unerreichbar. Die schwarzgekleideten Männer schritten tüchtig aus, aber sie bewegten sich nicht vom Fleck. Wie getrieben von den hellen Glockenschlägen eilten sie, eine gejagte Prozession, dem gewaltigen Gebirge entgegen, doch ohne sich ihm zu nähern.

„Was suchst du, Kurt?“ fragte Matthias seinen früheren Freund, der gebückt an der Böschung stand und auf die Erde schaute.

„Ich hab' einen Baustein verloren, einen von den blauen“, erwiderte Kurt, ohne aufzublicken.

„Sag, Kurt, wie lange muß man gehen, bis man dorthin kommt zu den hohen Bergen?“ fragte Matthias, während die schwarzgekleideten Männer lautlos an ihm vorübereilten und endlich verschwanden.

„Willst du zu mir kommen?“ fragte Kurt, statt zu antworten, und blickte auf. „Wir können etwas bauen, den Bahnhof, wenn du willst.“

„Wieso wohnst du hier? Du wohnst doch in Wien.“

„Das ist ja Wien. In den Sommerferien sieht es hier immer so aus. Aber da bist du sonst immer in Ischl, deshalb kennst du dich nicht so gut aus. Komm nur, ich zeig' dir unsere Palme, dann wirst du gleich wissen, wo du bist.“ Kurt ging voraus, Matthias folgte ihm.

Auf einem schotterigen Platz stand vereinsamt

Kurts Wohnhaus. Weit und breit kein Nachbarhaus, nur Einöde. Im Wohnzimmer hingegen hatte sich nichts verändert. Das Plüschsofa war nicht neuer geworden, die Palme zwischen den zwei niedrigen Fenstern nicht grüner. Auch die gelben, roten und blauen Bausteine, die verstreut auf dem Boden lagen, waren alte Bekannte.

„Jetzt weiß ich, wo ich bin", sagte Matthias. „Jetzt kenn' ich mich aus."

Kurt zeigte müde auf die Bauvorlage, die am Palmentopf lehnte: „Ich kann den Bahnhof nicht bauen", sagte er, mehr gehaucht als gesprochen, und sah mit einemmal verändert aus. Was war aus seinen runden Wangen geworden, was aus seiner gesunden Gesichtsfarbe? Wie grünliches Pergament spannte sich die Haut über die Backenknochen. Mit hochgezogenen Schultern stand er regungslos unter der Palme und glotzte vor sich hin: ein Gesicht mit trockenen Lippen, vorspringenden Augen, das wie eine zerknitterte Larve aussah. War das überhaupt noch Kurt?

„Wie schaust du plötzlich aus, Kurt? — So sprich doch! Mach doch keine Faxen."

Kurt rührte sich nicht.

Matthias wandte sich zaghaft zum Fenster. Niemand ging über den Schotterplatz. Alles war still.

„Hör schon auf, Kurt! Rühr dich! Sag was! Oder ... oder bist du ... bist du tot?"

Wieder keine Antwort. Matthias zitterten die Knie. Es fröstelte ihn. Er wollte um Hilfe rufen, doch er konnte nicht. Es schnürte ihm die Kehle zu, er brachte keinen Laut hervor. Atemlos stürzte er aus dem Zimmer, aus dem Haus, ins Freie.

Als die Uhr der Karolinenkirche halb eins schlug, sah er wieder die Lichtstreifen von den Jalousien auf dem leeren Bett. Seine Stirn war feucht, in seiner Brust pochte es heftig. Doch nur kurz durfte er rasten. Bald fielen ihm die Augen zu; neuerdings trieb es ihn auf Wanderschaft in fremde Gebiete:

Es war weder Tag noch Nacht. Unter einem milchigen Zwielicht breitete sich ein endloser rötlicher Acker aus. Bis zum Horizont erstreckten sich die breiten, tiefen Furchen. Wie klein waren dagegen die Felder um Ischl!

„Frau Sommer!" rief Matthias und hörte sein Echo. Lauter rief er: „Frau Sommer!" Sie aber kümmerte sich nicht um ihn. Ohne Hut und Mantel, im dünnen blauen Hauskleid ging sie in den endlosen Furchen, und dabei blies der Wind so rauh. Nochmals versuchte er sein Glück: „Frau Sommer!" Endlich erhörte sie ihn und kam auf ihn zu. „Verzeihen Sie, ich ... ich hab' geglaubt, Sie sind die Frau Sommer", stammelte er, als die Frau vor ihm stand. Wer war sie? Sie sah viel jünger aus als Kurts Mutter mit den abgearbeiteten Zügen.

Sie ließ die Arme ratlos sinken und starrte auf den rötlichen Grund: „Der Kurt hat sich da irgendwo versteckt. Das macht er öfters, damit will er uns ärgern. Das Nachtmahl ist schon fertig, der Milchreis wird ganz kalt."

„Aber Sie sind ja gar nicht die Mutter vom Kurt, Sie sind doch die Franzi."

Das Stubenmädchen seiner Mutter kehrte ihm wortlos den Rücken und ging mit gesenktem Kopf, wie zuvor. Er sah ihr ungewiß nach: wer war sie wirklich? Dann zog er seine kleine Schaufel aus der Tasche und begann zu graben. Wie leicht das ging in dem lockeren, weichen Grund! Er blickte sich um: ob vielleicht der hinterlistige Wächter aus dem Belvederepark ihn überraschte? Aber die Luft war rein. Er grub weiter. Plötzlich horchte er auf. Jemand hatte gelacht. Er hielt inne und wartete. „Warst du das, Kurt?“ Wieder kam dasselbe blechern dumme Lachen. „Sei nicht so blöd, Kurt. Sag lieber, wo du steckst.“ Nach wenigen Schritten blieb er stehen: „Da bist du ja!“ Mit schmutzigem Gesicht und nacktem Oberkörper lag Kurt halb unter der Erde. „Steh auf, deine Mutter sucht dich schon die ganze Zeit! Schau, dort drüben geht sie!“

„Sei still!“ zischte Kurt durch die Zähne. „Wenn du sagst, wo ich bin, erzähl' ich alles, du weißt schon, was!“

Matthias erschrak; er sah zum Horizont, wo das milchige Licht auf helleren Tag stieß.

„Du mußt Erde auf mich streuen, damit mich die Mutta nicht sieht“, zischte Kurt heiser. „Streu Erde auf mich, rasch! Sonst sag' ich alles!“

Hastig führte Matthias seine Schaufel. Mehr und mehr Erde warf er auf Kurts Gesicht. Schneller und schneller! Schon konnte Kurt kaum mehr atmen; er röchelte. Wie ein kleiner Bach rann die rötliche Erde in seinen Mund. Rascher und rascher!

Seine Lippen verschwanden, auch seine Nase, seine Augen, seine Stirn. Bald wird nichts von ihm übrig sein! Bald wird niemand ihn finden und er nichts verraten können. Dem Ziel so nahe, begann Matthias' Hand zu zittern. Seine Beine gaben nach, als verließen sie Blut und Knochen. Die Schaufel glitt ihm aus den Fingern. Das Firmament, das bleiern schwer über dem Acker hing, begann sich zu heben, erst mühsam, doch bald gewann es an Schnelligkeit. Höher und höher wölbte es sich, beschwingt glitt es empor, federleicht wie ein Riesenschleier jagte es ins Unendliche. Und immer noch ging die Frau über den Acker. Und wieder hielt er sie für Frau Sommer und rief sie, heftiger, haltloser als zuvor, doch nicht mehr bei ihrem Namen. Er rief nach ihr, als wäre er Kurt, ihr Sohn. Er schrie aus voller Leibeskraft, er brüllte so laut, daß es über den weiten Acker hallte, bis zum fernen Horizont, wo es tagte.

„Na, na, na, was hast' denn? So wach doch auf!" Der Großvater stand im Nachthemd vor ihm und rüttelte ihn. „Mach die Augen auf! Schau mich an! Es ist ja nichts g'schehn."

Matthias starrte ihn an und fand ihn verändert, kaum wiederzuerkennen im grünlichen Schein der Bettlampe. Mund und Wangen waren tief eingesunken. Wenn er sprach, war es, als lutsche er die Worte.

„Was hast denn so Fürchterliches zusammengeträumt?" fragte Stellenheim, so gut er es ohne Gebiß konnte. „Warum fürchtest' dich denn?"

„Weil ... weil der Kurt gesagt hat ... weil er gesagt hat ...“ Noch war er mehr dort als da; sein Herz schlug noch auf dem rötlichen Acker. „Weil der Kurt hat ... hat es weitersagen wollen, daß ...“

Stellenheim setzte sich auf sein Bett und strich ihm über die schweißbedeckte Stirn: „Was hat er weitersagen wollen, der Kurt? So sprich doch, mein Kind.“

„Weil ... er weiß, daß ich ... daß ich immer zur Mutti geh' ... im ... im geheimen“, kam es atemlos über seine trockenen Lippen. „Und ... und ... er hat gesagt ... er sagt's weiter, wenn ... wenn ich ihn nicht eingrab'.“

„Was ist das? Was hast du gesagt?“ Die Großmutter, gleichfalls zahnlos, in Betthaube und langem Nachtgewand, trat näher. „Was tust du? Du gehst im geheimen zu deiner Mutter? Ach, deswegen hast du so laut nach ihr geschrien?“

Er fühlte einen Stich in der Brust und landete jäh in der Gegenwart, die der jüngsten Vergangenheit erstaunlich ähnelte. Die beiden Alten mit den eingefallenen Gesichtern hätten ihm ebenso auf dem Schotterplatz vor Kurts Wohnhaus begegnen können oder auf dem endlosen Acker.

„Also du warst im geheimen bei deiner Mutter“, stellte die Großmutter fest. „Jetzt versteh' ich, woher unlängst der Parfumgestank gekommen ist.“

„Verzeih mir, Großmutti! Ich werd' es nie wieder tun! Nie wieder! Ich hab' es auch gebeichtet und der geistliche Herr hat es mir verziehen!“

Sie erblaßte. „Du gottloses Kind! Du verlogenes, gottloses Geschöpf." Sie trat an sein Bett: „War Gertrude mit dir?"

Er schwieg.

„Wie oft wart ihr dort?"

„Nicht ... nicht oft."

„Ich frage, wie oft?"

„Nur ... nur einmal in der Woche."

„Nur?! Nur nennst du das? Das ist dir noch zu wenig?"

Ihr Mann mußte niesen: „Wir wollen das nicht mitten in der Nacht erörtern. Morgen ist auch noch ein Tag."

„Du kannst dich ja niederlegen", erwiderte sie kurz, ohne den Blick von ihrem Enkel abzuwenden. „Seit wann spielt sich das ab? Wann hat das begonnen, ich meine diese — diese geheimen Besuche?" Zum Unterschied von ihrem Mann, der das Gähnen nicht verbeißen konnte, war sie so wach wie am hellen Tag. „Du weißt wohl, daß eine Lüge vor der ersten Kommunion sich bitter bestraft macht. Also heraus mit der Wahrheit! Wann wart ihr zum erstenmal dort, im geheimen?"

„Im ... im Herbst", antwortete er ausweichend.

„Was heißt das, im Herbst? Jetzt ist Herbst. Möchtest du dich nicht gefälligst präziser ausdrücken?"

„Nicht ... nicht heuer", sagte er zitternd.

„Was? Willst du damit gar sagen ...?" Ihr kahler Mund blieb offen.

Stellenheim war für eine Beendigung der nächtlichen Debatte: „Also wenn's nicht heuer war, dann war's halt wahrscheinlich im vorigen Jahr. Stimmt's?"

„Ja", antwortete sein Enkel zitternd.

Ihre Lippen zuckten: „Was? Ein ganzes ... ein ... ein volles Jahr lang seid ihr ...? Du ... du elender, niederträchtiger Heuchler! Du bist ja schlechter als ein Verbrecher!"

„Na, na, na, beruhig dich, Jetti. Er hat doch versprochen, er wird's nimmer tun."

Ihre Augen erstarrten: „Na wart nur! Das wirst du büßen, bitter büßen, du und deine Mutter und ... und ...", ihr Blick fiel auf das leere Bett, „... und diese elende Person. Ihr verlogenes Pack!" Sie ging an die Kommode und zerschmetterte das silbergerahmte Bild ihrer Schwiegertochter mit Wucht auf dem Boden. Sie mußte sich am Tisch festhalten, es flimmerte ihr vor den Augen. „Und so ein Frevler will den Leib unseres Herrn empfangen?! O nein, daraus wird nichts! Du wirst morgen nicht zur Kommunion gehen! Ein Lump wie du ist nicht wert, zu atmen! Du Galgenstrick! Ja, du gehörst an den Galgen!"

„Aber, Jetti, das geht zu weit, du bist ja nicht normal!" Ihr Mann faßte sie bei den Armen und drängte sie zur Tür.

„Mein armer Sohn", keuchte sie, „mein armes, gutes Kind! Aber der Allmächtige wird sie verfluchen, diese ... diese gottlosen Frevler! Er wird sie in den Staub treten!"

Die beiden Zahnlosen in den weißen Nachthemden stolperten aus dem Zimmer. Die Tür fiel ins Schloß. Noch lange tobte es nebenan. Verwünschungen, Flüche und der Name Gottes wechselten einander ab.

Als das Dämmerlicht durch die Jalousie fiel, löschte Matthias die Lampe aus. Er schlief nicht mehr ein in dieser Nacht.

XIII

„Aber gelt, du erzählst es ihr?"

Gertrude drückte seine Hand: „Ja, mein Herz."

Sie saßen auf einer blauen Samtchaiselongue zwischen zwei hohen chinesischen Vasen, voll mit weißen Rosen. Ein sonniger Herbsttag warf seine Strahlen auf die mit silbergrauer Seide bespannten Wände und den kostbaren Aubusson, der auf dem Parkettboden lag. Hinter der Glasschiebetür war der Mittagstisch für zwei Personen gedeckt. Die gegenüberliegende Schlafzimmertür stand offen. Das Stubenmädchen polierte Onkel Pauls Bild und stellte es wieder auf den niedrigen Tisch neben dem Himmelbett. Als es draußen läutete und sie an den beiden schweigsamen Besuchern vorbeiging, erinnerte sich der eine an seine nächtliche Begegnung mit ihr.

Ein breiter Hut flog auf die Chaiselongue, dann zwei lange Handschuhe, und im nächsten Moment duftete der Jüngste wieder nach Parfum. Aber die überschwengliche Begrüßung dauerte nicht lang.

Gertrude schilderte den nächtlichen Vorfall, als hätte sie ihn miterlebt: sie war um zehn Uhr vormittags gekommen, fand Matthias allein in seinem Zimmer und erfuhr, was sich ereignet hatte. Ihre Herrin war nicht zu Haus. Erst nach einer Stunde hörte sie ihre Schritte im Nebenzimmer und klopfte an. Sie durfte eintreten, aber kam nicht zu Wort. „Es gibt nichts zu reden. Mein Sohn erwartet Sie und den Jungen um Punkt zwölf in seiner Wohnung. Alles weitere werden Sie dort erfahren. Verlassen Sie das Zimmer." — Auftragsgemäß standen sie um zwölf an Ort und Stelle. Matthias' Vater war bereits über alles informiert und auf keine weiteren Erklärungen neugierig. „Ich habe alles für dich getan, du undankbarer, abscheulicher Heuchler. Ich habe weder mit Geld noch mit Güte gespart. Aber damit ist es nun aus. Im sauberen Heim der Großeltern ist kein Platz länger mehr für euch, ihr verlogenes, miserables Pack. Opernring zwölf, dort paßt ihr hin, dort ist von nun an euer Zuhause. Jetzt soll deine Mutter für dich sorgen und für deine sogenannte Gouvernante. Ausspucken sollte man vor euch beiden, pfui Teufel! Marsch hinaus, ich will euch nicht mehr sehen! Ihr habt das Haus der Großeltern nicht mehr zu betreten! Opernring zwölf! Werdet glücklich dort! Adieu!" Damit riß er die Tür weit auf: „Hinaus mit euch beiden, sonst helf' ich euch nach!"

„Ein blöder Lümmel! Ein schlechter Komödiant!" Die junge Sängerin lachte hell auf und warf ihren Mantel auf den Fauteuil. „Aber sag, mein

Herz, warum hast du alles ausgeplaudert? Du hast uns doch ausdrücklich versprochen, daß du niemandem etwas sagen wirst."

„Ich hab's ja nicht zufleiß getan, Mutti. Weißt du, was ich geträumt hab', das ... das war so ... so ... ich weiß nicht, wie man das sagt. Wie ich dann aufgewacht bin, da war alles so ... so ganz anders als sonst. Alles hat ganz ... ganz anders ausgeschaut." Noch jetzt sah er die Umwelt wie im Zwielicht eines Tages, der nicht im Kalender steht.

Draußen läutete es. Die Mutter schnalzte mit den Fingern: wie dumm, daß sie gerade heute einen Gast hatte. Aber wer konnte das alles im voraus ahnen? Sie griff in die Geldbörse und drückte der Gouvernante fünf Kronen in die Hand: „Geht jetzt in ein gutes Restaurant mittagessen, dann macht einen kleinen Spaziergang und seid um vier wieder da. Bis dahin ist mein Gast schon weg, dann werden wir alles in Ruhe besprechen."

„Wo werd' ich schlafen, Mutti? Du hast doch nur ein Bett?"

„Darüber zerbrich dir nicht den Kopf, mein Herz. Die Hauptsache, mein Bub ist endlich bei mir. Lang genug hast du es bei diesem rohen, herzlosen G'sindel aushalten müssen. Aber jetzt wird alles gut werden. Wir werden schon dafür sorgen, daß es ihm gut geht bei uns, nicht wahr, Gertrude?"

Die Gouvernante atmete erleichtert: „Ganz gewiß, gnädige Frau."

Ein korpulenter Kammersänger mit einem ungarischen Namen trat ein, überreichte seiner Gastgeberin einen Blumenstrauß und freute sich lebhaft, endlich auch ihren Sohn kennenzulernen. Er war nämlich ein großer Kinderfreund. Aber welch eine Enttäuschung für seine Kollegin, daß er „Buberln" lieber hatte als „Mäderln"! (Bei Erwachsenen empfand er allerdings umgekehrt.) „Also, Kinder, guten Appetit!" Damit entließ sie Sohn und Gouvernante.

Nach Tisch, auf dem Spaziergang auf der Ringstraße, wo die letzten gelben Blätter von den Bäumen fielen, fühlte Matthias sich in seinem neuen Leben schon recht zu Haus. Er richtete das unmöblierte Kabinett, das bisher bloß seine Spielsachen beherbergte, für sich ein, oder, noch besser, seine Mutter sollte ganz einfach eine größere Wohnung mit einem Zimmer für Gertrude nehmen. Vor dem Hofopernhaus machte er plötzlich halt und sah im Geist Elisabeth Kronau in Purpur und Gold und sich selbst zum erstenmal unter denen, die ihr applaudierten. Er nahm seine Gouvernante bei der Hand; sie beschleunigten ihre Schritte mit dem Blick in eine verlockende Zukunft.

„Na also, da seid ihr ja! Setzt's euch, Kinder." Die junge Sängerin lag auf der Chaiselongue und zog das tiefe Decolleté ihres rosa Negligés ein wenig höher. „Habt's gut 'gessen?"

„O ja, danke, gnädige Frau, ausgezeichnet."

„Das ist g'scheit. Man soll sich durch nichts den Appetit verderben lassen, merkt's euch das." Sie stand auf und stellte sich wie im Konzertsaal vor den Flügel. „Also paßt's auf, Kinder. Ich hab' inzwischen mit meinem Anwalt telephoniert und ihm die ganze G'schicht erzählt. Der Doktor Ranzau ist nämlich ein sehr intelligenter Mensch und ein großer Verehrer von mir. Wie er g'hört hat, was g'schehen ist, war er empört und hat g'sagt, ich darf mir das unter keinen Umständen bieten lassen, ich soll sofort meinen Mann anrufen und ihm meinen Standpunkt klarmachen. Das hab' ich getan. Ich hab' mir den Herrn ordentlich ausgeborgt, ich hab' mir kein Blatt vor den Mund genommen, der hat was zu hören 'kriegt! Ich hab' ihm ein für alle Male gesagt, daß ich auf meinem Recht als Mutter bestehe und daß ich mir von nun an keine Vorschriften mehr machen lasse, wann und wie oft ich mein Kind sehen darf. Ich war sehr energisch. Ihr hättet's mich hören sollen! Man muß ihm nur tüchtig übers Maul fahren, dann kuscht er, dieser Feigling. Ihr braucht's nicht die geringste Angst haben, er wird euch nichts tun, er wird so machen, als wenn überhaupt nichts g'schehen wär'. Ich kenn' den Herrn, ich hab' meine Erfahrungen mit ihm. Und wenn die Alte euch noch was sagt, dann gebt's ihr ganz einfach keine Antwort. Denkt's euch, hol' dich der Teufel, alte Betschwester!"

Gertrude sah sie verwirrt an: „Verzeihen Sie, gnädige Frau, ich verstehe nicht recht, soll das heißen, daß wir — daß wir wieder zurückgehen sollen?"

„Keine Angst, Kinder, nur für kurze Zeit, bis der Doktor Ranzau die G'schicht legal durchgeführt hat. So was läßt sich nicht Hals über Kopf machen.

Man darf nie unüberlegt handeln. Ich wüßt' mit dem besten Willen nicht, wo ich euch im Moment unterbringen sollt'."

„Aber Mutti, ich kann derweil da auf dem Sofa schlafen, und die Gertrude wohnt ja sowieso bei ihrer Schwester."

„Nein, mein Herz, das geht nicht, das ist kein Schlafsofa. Diese Wohnung ist überhaupt zu klein für drei Personen."

„Du hast immer gesagt, du wirst eine größere nehmen, wenn wir zu dir kommen."

„Freilich, mein Engel, aber das geht nicht von heut auf morgen. Ich hab' jetzt den ganzen Tag Proben. Die Mutti muß doch fleißig arbeiten, damit sie viel Geld verdient und ihrem Buben alles kaufen kann, was er will. Hab' ich nicht recht, Gertrude?"

Die Gouvernante schwieg. Es klopfte. Herr Swoboda, die Notentasche unterm Arm, trat ein und freute sich herzlich über das Wiedersehen mit seinem jungen Freund, mußte aber bald enttäuscht feststellen: „Der junge Mann ist heute nicht gut gelaunt, sieht auch etwas blaß aus."

Gertrude knöpfelte ihre Handschuhe zu: „Wohin sollen wir jetzt gehen, gnädige Frau, direkt nach Haus oder vorher nochmals zum gnädigen Herrn?"

„Nein, nein, geht nur direkt nach Haus." Sie nahm eine Banknote aus der Schreibtischlade.

„Nein, danke, gnädige Frau." Gertrude zog die Hand zurück, öffnete ihre Handtasche und legte einige Münzen auf den Tisch. „Unser Mittagessen hat drei Kronen fünfzig gekostet, das ist der Rest."

„Aber Gertrude, das ist doch kindisch. So nehmen S' doch ..."

„Nein, danke, gnädige Frau, wirklich nicht."

„Na schön, kann man nix machen."

Matthias biß an seinem Daumen und starrte seine Mutter an: „Wie lang müssen wir noch dort bleiben, wieviele Tage?"

„Nicht mehr lang, mein Herz. Überlaß das nur der Mutti. Ich hab' doch nichts anderes im Kopf als meinen Buben. Alles wird gut werden. Nur keine Sorgen. Aber, aber, wer wird denn solche Falten auf der Stirn machen? Das paßt nicht zu einem so hübschen Jungen." Sie drückte ihn fest an sich und küßte ihn. Der Korrepetitor ließ sich am Flügel nieder und schlug die Noten auf.

Der Knabe und seine Gouvernante eilten nicht mehr der Zukunft entgegen. Mutlos trotteten sie über die laubbedeckte Ringstraße in die Vergangenheit zurück.

„Ich glaub', die Mutti sagt das nur immer, daß wir bei ihr wohnen werden, aber ich glaub', das sagt sie nur so und dabei meint sie es gar nicht."

Gertrude blieb stehen, strich ihm übers Haar und ging weiter, ohne ihm zu antworten.

„Ja, wo wart's denn ihr zwei den ganzen Tag?!" war Friedas Begrüßung.

Ihre Herrin erschien im Vorzimmer, schickte sie in die Küche und den Enkel in sein Zimmer. Dann drückte sie der Gouvernante ein Kuvert in die Hand: „Das ist Ihr restlicher Gehalt. Auf ein Zeugnis werden Sie wohl nicht reflektieren, es würde Ihnen keine guten Dienste leisten. Am besten, Sie verschweigen diesen Posten, dann brauch' ich auch keine Auskunft über Sie zu geben. Ich will Ihnen nicht weiter schaden. Und jetzt können Sie gehen."

Gertrude faßte sich an den Kopf, obgleich sie alles begriff.

„Adieu", sagte Frau Stellenheim.

„Bitte, darf ich dem Kind wenigstens noch . . .?"

„Mein Sohn hat angeordnet, daß Sie die Wohnung nicht mehr zu betreten haben. Ihre paar Sachen, die noch hier sind, werden Sie per Post erhalten. Es wird nichts fehlen, darauf können Sie sich verlassen."

„Aber ich kann doch nicht einfach so weggehen — ich muß ihm zumindest noch . . . ich war sechs Jahre bei ihm . . ."

„Sechs Jahre zu lange." Frau Stellenheim verstellte ihr den Weg. „Verlassen Sie mein Haus."

Die Gouvernante zerknüllte das Kuvert und warf es ihr vor die Füße.

„Jetzt schaun Sie aber, daß Sie weiterkommen, Sie ordinäre Person!" kreischte die Gastwirtstochter. „Wir werden Ihnen das Geld per Post anweisen! Von Ihnen lassen wir uns nichts schenken! Unterstehen Sie sich ja nicht, sich je wieder blicken zu lassen!"

Rasch lief Gertrude die Treppe hinunter, erstaunlich rasch für ihre zweiundfünfzig Jahre.

XIV

Seit der Ermordung des Thronfolgerpaares in Sarajevo war mehr als ein Jahr vergangen und noch immer marschierte die österreichisch-ungarische Armee Schulter an Schulter mit der deutschen gegen eine Welt von Feinden, während im Hinterland das Brot knapper und die Milch wässeriger wurde.

„Wer zuletzt lacht, lacht am besten!" behauptete Großvater Stellenheim. „Wir werden's ihnen schon zeigen, den Franzosen und den Engländern und den Russen! Den hinterlistigen Italienern geht's bereits an den Kragen! Die werden es alle miteinander noch bitter bereuen!" Den Rohrstab in der Hand, stand er jeden Abend vor der Landkarte, die im Speisezimmer über dem Sofa hing, und erklärte seinem Enkel die Lage auf den verschiedenen Kriegsschauplätzen. Siegessicher ließ er die vaterländischen Fähnchen in den Feindesländern vormarschieren; nur wenn sein junger Kampfgenosse, allzu ungeduldig, Venedig oder Petersburg auf eigene Faust eroberte, befahl er einen ehrenvollen Rückzug.

Stellenheim wußte, was er Kaiser und Vaterland schuldete. Als er im Alter von siebzig seine Textilfabrik verkaufte, in der Erkenntnis, daß keiner seiner Nächsten die Fähigkeit besaß, sie erfolgreich weiterzuführen, legte er den gesamten Erlös in Kriegsanleihe an. Überdies spendete er hohe Beträge für Spitäler und Rekonvaleszentenheime, gründete Wohlfahrtsvereine und veranstaltete Festakademien und Theatervorstellungen zu wohltätigen Zwecken. In seinem neuen kleinen Büro in der Wipplingerstraße läutete das Telephon unentwegt. Hohe Offiziere, Minister und kirchliche Würdenträger erbaten die Hilfe des tüchtigen Organisators.

Für seine Gattin war der Krieg ein Ansporn zu freiwilliger Entbehrung. Mit abgetretenen Schuhsohlen ging sie durch die Gassen. Von ihren Lebensmittelkarten blieben viele unbenutzt. Sie war strenger als der Staat, denn sie schuldete ihrem Schöpfer mehr als unzählige andere Mütter. Tag für Tag marschierten neue Regimenter zu den Bahnhöfen, die Invaliden mehrten sich in den Straßen, und noch immer durfte Leutnant Stellenheim im Kriegsministerium dienen. Sein Schwager war nicht so weich gebettet; nach einem Schenkelschuß zum Oberst avanciert, kämpfte er schon den zweiten Winter gegen die Russen.

Allabendlich bekreuzigte sich Frau Stellenheim beim Segen in der Karolinenkirche und bat den Herrn, er möge ihren Sohn weiter vor dem Schlachtfeld bewahren, ihren tapferen Schwiegersohn bald heimkehren lassen und diesem fürchterlichen Krieg ein Ende bereiten. Und noch eine Bitte hatte sie auf dem Herzen. Eine Sorge, die nichts mit dem Donner der Geschütze zu tun hatte, lastete schwer auf ihr. Der Knabe, der neben ihr kniete und verstockt zum Altar blickte, der frühere Vorzugsschüler zählte nun zu den Schlechtesten der Klasse. Sogar Kurt Sommer, sein einstiger Freund, blickte auf ihn herab. Lehrer Schauhuber stand vor einem Rätsel. Nur mit Müh und Not war Matthias Stellenheim in die vierte Klasse aufgestiegen. Gleichgültig brachte er seine schlechten Zeugnisse heim. Zwar saß er stundenlang an seinem Studierpult, doch statt zu lernen, kritzelte er auf dem Löschpapier oder starrte ins Leere. Ermahnungen, Strafen nützten nichts. Sein Versprechen, sich zu bessern, klang nicht nach Reue.

„Führe Dein verirrtes Lamm auf den rechten Pfad zurück", bat die Großmutter beim Abendsegen. „O Herr, lasse ihn nicht seiner Mutter nachgeraten, dieser leichtfertigen, verlogenen Frau. Hab Erbarmen mit ihm, Allmächtiger, erleuchte ihn, damit er mit erneutem Mut sich Dir weihe und in späteren Tagen Dein treuer Diener werde, wie einst sein seliger Großonkel Baptist. Amen."

XV

Wenn Matthias bei Cousin und Cousine auf Besuch war, wurde ihm der Rang eines Leutnants zuerkannt. Der Sohn des neuernannten Obersts war derzeit ausschließlich mit dem russischen Feldzug beschäftigt, den er mehr oder weniger als ein Privatunternehmen seines Vaters betrachtete. Sein Zimmer hatte sich in einen Unterstand verwandelt und er selbst in einen forschen Dragoneroberst, der seinem Adjutanten präzise Befehle erteilte. Beorderte er ihn auf einen Patrouillenritt ins Vorzimmer, durfte er meistens nicht ohne Verwundung zurückkehren. Er selbst hatte keine Zeit für Verletzungen, um so weniger, als Erika eine derartig ehrgeizige Rote-Kreuz-Schwester war, daß die Patienten sich nur mit Gewalt von ihr losreißen konnten.

Der wirkliche Leutnant Stellenheim empfing seinen Sohn gewöhnlich Sonntag morgens und gab ihm, außer dem Frühstück, das er nach der Kommunion bekam, manchen ernsten Rat, aber vergebens. Weder Zimmerarrest noch die Drohung mit der Besserungsanstalt erweckten ihn aus seiner scheinbaren Trägheit. Abgestumpft gegen Strafen und Drohungen, kaute er lustlos seine Buttersemmel und wußte nicht wozu und für wen er sich bessern sollte. Aber nicht jeden Sonntag wurde ihm sein nichtsnutziger Lebenswandel vor Augen gehalten. Wenn Ferdinand, der alte Diener, den Auftrag hatte, den gnädigen Herrn nicht zu wecken, wurde dem Sohn das Frühstück in der Küche serviert. Dabei bemerkte er einmal ein Paar Damenschuhe neben dem Putzzeug und ein andermal einen Damenpelz im Vorzimmer. Er konnte nicht verstehen, was ihn eigentlich abhielt, nach der Eigentümerin dieser Dinge zu fragen. Noch weniger begriff er, warum ihm statt dessen beide Male die Photographie des ungarischen Kammersängers in den Sinn kam, die Onkel Pauls Bild im Schlafzimmer seiner Mutter abgelöst hatte.

Seine Mutter durfte er einmal im Monat besuchen und wurde nie von ihr getadelt. „Aus den schlechtesten Schülern sind schon die berühmtesten

Leut' g'worden. Aus meinem Buben wird ein großer Mann werden, vielleicht gar ein berühmter Schauspieler! Ein so schöner Junge wie du kann eine Millionärstochter heiraten!" Sie malte ihm seine Zukunft in den schönsten Farben aus, aber von einer größeren Wohnung und seiner Übersiedlung war nicht mehr die Rede. Gertrude schrieb ihr hin und wieder von Schloß Rajicz in Mähren, wo sie zwei kleine Komtessen betreute. Sie dachte oft an ihren früheren Schützling und an den Tag, an dem sie ihm das Lebewohl schuldig bleiben mußte. Daß er selbst ihr nicht schreiben durfte, tat ihr sehr leid und sie dankte ihm für die herzlichen Grüße, die seine Mutter von ihm bestellte.

Nach langem Bitten wurde ihm an seinem neunten Geburtstag endlich erlaubt, seine Mutter zum erstenmal auf der Bühne zu sehen. Doch infolge ihrer geringen Partienauswahl mußte er sich gedulden, bis die Zauberflöte auf dem Spielplan erschien. Es war ein klarer Wintertag, als er auf dem Heimweg von der Schule vor jeder Litfaßsäule stehenblieb und den Zeigefinger so oft auf das Plakat der Hofoper preßte, bis seine Kameraden, überdrüssig der monotonen Lektüre: Papagena ... Frau Kronau, ihn unter Schneeballfeuer nahmen.

Daheim war sein erster Weg zum Studierpult. Hastig hob er den Deckel auf, griff rasch nach einem Buch, das ganz hinten lag, öffnete es und atmete auf, als er das gefährliche blaue Kuvert unberührt zwischen den Seiten fand. Niemand hatte es entdeckt! Schnell schloß er das alte Lesebuch und schob es in sein Versteck zurück. Obgleich er seit der Nacht auf dem endlosen Acker stets die Wahrheit sprach — diesmal behielt er sie für sich; denn ein solcher Tadelbrief konnte mit Leichtigkeit einen Theaterbesucher in einen Zimmerarrestanten verwandeln.

Um fünf Uhr sollte er bei seiner Mutter sein. Schon um drei stand er vor dem Spiegel und bürstete seinen widerspenstigen Scheitel. Noch immer war er mit seinem rotbraunen Haar, der freien Stirn und der Stupsnase unverkennbar der Sohn seiner Mutter. Er war einer der größten seiner Klasse. Eingedenk Gertrudes Worte hielt er sich gerade und den Kopf aufrecht, obgleich ihm nicht oft mehr danach zumute war.

Zu dieser Stunde saß die Großmutter gewöhnlich am Nähtisch. Heute aber rührte sich nichts im Nebenzimmer; kein Räuspern, keine Schritte, die Tür des Wäschekastens knarrte nicht von Zeit zu Zeit. Das befremdete den Knaben im blauen Hohlfaltenanzug. Leise klopfte er an die Tür, ein zweites Mal lauter. Keine Antwort. Langsam drückte er die Klinke nieder und trat auf Zehenspitzen in das großelterliche Schlafzimmer. Eine dicke Fliege surrte um das Ewige Licht unter dem Herz-Jesu-Bild. Die grüne Plüschdecke lag faltenlos auf den hohen Ehebetten. Die alte Uhr auf dem Nachttisch des Großvaters tickte leise. Der Knabe blickte in den hohen Wandspiegel und lächelte zufrieden: wie dick und tolpatschig Pilzer in seinem Sonntagsgewand aussah, trotz seiner langen Hose. Behutsam zog er seine breite Seidenmasche gerade, glättete den Knoten und ging ins Vorzimmer. An der Speisezimmertür horchte er; Frieda räumte das saubere Geschirr in die Kredenz, wortlos. Kein Zweifel, sie war allein. Seltsam beunruhigt empfand er die Stille, er fühlte sich wie von unsichtbaren Augen beobachtet. Schon war er entschlossen, die Speisezimmertür zu öffnen, um nach seiner Großmutter zu fragen, da klirrte ein Schlüsselbund im Stiegenhaus und bald danach wurde schweigend ein schwarzer Mantel und ein gleichfarbiger Filzhut an die Kleiderwand gehängt. Der Enkel wunderte sich, daß sein Gruß unerwidert blieb, beruhigte sich aber mit dem Gedanken, daß die Großmutter stets schlechter Laune war, wenn er seine Mutter besuchte, heute um so mehr, als sie ihm einen langen Ausgang bewilligt hatte. In der Absicht, sie durch seinen festlichen Anblick nicht noch mehr zu reizen, machte er sich auf den Weg in sein Zimmer. Doch er kam nicht weit.

„Was war in der Schule Neues?"

„Nichts Besonderes, Großmama. Heute ist nicht geprüft worden."

„Und gestern, was war gestern?"

Er errötete. Mit einemmal war ihm, als hätte er die ganze Zeit geahnt und nur nicht denken wollen, wo sie sein konnte, gerade heute, Mittwoch zwischen drei und vier. Dennoch wagte er die Antwort: „Gestern war auch nichts Besonderes, Großmama."

„Bist du dessen ganz sicher?"

Nun wußte er, daß er längst vergebens log, und

immer noch blieb er dabei: „Nein, es war — es war wirklich nichts."

Sie ging wortlos ans Telephon und verlangte eine Nummer, die er kannte.

„Warum rufst du die Mama an? Was willst du von ihr? So sag doch, was du von ihr . . ."

„Laß gefälligst meinen Arm los. — Hallo? Hier spricht Frau Stellenheim. Bist du es, Elisabeth? — Grüß dich Gott. Ich hoffe, ich störe dich nicht. Ich muß dir eine betrübliche Mitteilung machen. Dein Sohn hat gestern einen Tadelbrief in der Schule bekommen, in dem schwarz auf weiß steht, daß er die vierte Klasse wird wiederholen müssen, wenn er so weitermacht wie bisher. Aber das ist noch nicht alles. Stell dir vor, der Junge hat die Unverschämtheit gehabt, diesen Brief zu unterschlagen."

„Ich wollt' ihn dir morgen geben! Ich hab' mir vorgenommen, daß ich ihn dir morgen geb'!"

„Schweig! Ja, Elisabeth, das ist sehr bitter. Ich komme eben von seinem Lehrer, aus der Sprechstunde. Herr Schauhuber hat ihn heute gefragt, ob er den Brief zu Haus abgegeben hat, und er hat die Unverfrorenheit aufgebracht zu antworten, ja, er hat ihn abgegeben. Ist das nicht der Gipfel?"

„Ich wollt' ihn dir morgen geben! Glaub mir, Großmutti, bitte, glaub mir nur noch einmal!"

Sie beachtete ihn nicht: „Also ich wollte dir nur sagen, Elisabeth, daß er heute nicht zu dir kommen wird, und natürlich wird er auch nicht ins Theater gehen."

„Bitte, laß mich gehen, Großmutti! Du wirst sehen, ich werd' mich bessern, ich werd' nicht sitzenbleiben in der Schule! Glaub mir, bitte, verzeih mir nur noch einmal!"

Sie hielt sich das linke Ohr zu: „Wie? — Das tut mir leid, Elisabeth, du kannst den Sitz bestimmt zurückgeben. — Nein, das kommt nicht in Frage. Willst du ihn vielleicht noch belohnen? Das fehlte gerade noch. Also, wie gesagt, du kannst über den Sitz verfügen, er bleibt zu Haus. Leb wohl." Sie hing an. „Geh in dein Zimmer und zieh deinen Wochenanzug an."

Er rührte sich nicht. Sie ließ ihn stehen und ging auf ihre Schlafzimmertür zu. Als sie die Klinke in der Hand hielt, hörte sie seine Schritte hinter sich auf dem glatten Parkettboden. Besinnungslos rannte er ihr nach, und im nächsten Moment schlug er mit harten Fäusten so unbändig wild gegen ihre Brust, daß sie sich hilflos an den Türrahmen preßte, unfähig, ein Wort hervorzubringen, während er so heftig schrie, daß seine Halsadern anschwollen: „Du ... gehörst an den Galgen! Du ... du Verfluchte! Wenn du nur ... wenn du nur schon tot wärst!"

XVI

Für den Großvater war der Fall mit einer Ohrfeige beigelegt. Der Vater hingegen gab es nicht so billig. Leutnant Stellenheim war zum Sturmangriff übergegangen. Der elende Lump, der tags zuvor unter Flüchen und Verwünschungen die Faust gegen seine Großmutter erhoben, wand sich auf dem kostbaren Maria-Theresien-Sofa im Speisezimmer. Die Schläge, die ihn zur Strecke gebracht, dröhnten ihm noch in den Ohren; besonders das rechte, das mehrmalige Ziel des treffsicheren Offiziers, wollte noch nicht recht hören.

„So, du elender Mistkerl, jetzt hast du, was du verdienst. Ja, ja, spiel nur Komödie, strampel nur mit den Beinen, das macht auf mich keinen Eindruck. Einen Kerl wie dich sollte man krumm schließen. Gib die Hände von den Ohren, wenn man zu dir spricht, vorwärts, sonst helf' ich dir nach!"

„Reg dich nicht auf, Max, das tut dir nicht gut", sagte seine Mutter, die mit gesenktem Kopf, die Hand an der Wange, vor der Kredenz stand.

Der elegante Leutnant rupfte die Manschetten aus den Ärmeln, zündete sich eine Zigarette an und schritt mit klirrenden Sporen in einer Wolke von Rauch auf und ab: „Meine Geduld ist erschöpft. Du kommst jetzt weg aus dem Großelternhaus."

Matthias stand auf: „Wohin?"

„In ein Institut, wo man dir Zucht und Ordnung beibringen wird."

„In was für ein Institut?"

„Ins Friedberg-Institut nach Dresden. Du wirst am 15. März eintreten."

Das war auch für die Großmutter neu: „Ja, aber Max, er muß doch erst die vierte Klasse absolvieren."

„Wozu? Er fällt ja sowieso durch. Er wird im

Friedberg-Institut ein Jahr die Vorbereitungsklasse besuchen und dann dort in die Realschule eintreten."

„Aber Max, mitten im Schuljahr? Wäre es nicht besser, wenn . . ."

„Er tritt nicht mitten im Schuljahr ein, Mama. In Deutschland beginnen die Schulen im Frühjahr, nicht im Herbst wie bei uns."

„Ja, aber . . . Deutschland ist doch . . . dort sind ja alle protestantisch. Wie kann er da seinen religiösen Übungen nachkommen?"

„Niemand wird ihn daran hindern. In Sachsen gibt es viele Katholiken."

Noch etwas Wichtiges fiel ihr ein: „Lernt er dort auch Latein?"

„Nein, Mama, das Friedberg-Institut ist eine Realschule. Ich hab' acht Jahre Latein gelernt und noch nie was damit anfangen können. Ein junger Mensch von heute muß Französisch und Englisch lernen."

„Willst du dir das nicht vielleicht doch noch überlegen, Max? Wer weiß, ob er dort . . ."

Er sah seine Mutter befremdet an: „Was meinst du? Ich versteh' dich nicht."

Sie ging ans Fenster; es schneite. Auf den Kuppeln des Belvederes lagen schon dicke weiße Polster. Seit der letzten Reise des Thronfolgerpaares nach Sarajevo waren die Fensterladen geschlossen. Die alte Frau starrte in die dichten Schneeflocken und nickte vor sich hin: „Ich hab' immer gehofft, daß er . . ."

„Was, Mama? Was hast du gehofft? — So sprich doch.“

„Ich ... ich hab' immer gehofft, er ... er wird einmal seinem Großonkel nachgeraten. Ich hab' geglaubt, er wird auch einmal Priester werden.“

Unwillkürlich sahen Vater und Sohn einander an. Leutnant Stellenheim machte große Augen: „Priester? Ein feiner Priester. Na, ich danke. Mit dem würden sie ihre Freude erleben.“

„Er kann sich noch immer bessern, er ist noch jung. Ich weiß nicht, was mit ihm los ist. Er war doch früher nicht so. Bestimmt ist das nur der Einfluß seiner Mutter.“ Sie wandte sich vom Fenster. „Siehst du nicht endlich ein, daß wir nur dein Bestes wollen? Der Allmächtige ist mein Zeuge, ich will nichts für mich. Wenn ich wüßte, daß aus dir ein braver, gottesfürchtiger Junge wird, dann würde ich ruhig sterben.“

Der Leutnant, die rechte Augenbraue hochgezogen, blies den Zigarettenrauch in Ringen zur Zimmerdecke. Sein Sohn blickte zu Boden. Leise klangen die Schellen der Schlittenpferde durch die hohen Fensterscheiben.

„Meinst du nicht, daß er die Volksschule beenden soll und dann so wie du ins Schottengymnasium ...“

„Nein, Mama, ich habe bereits an den Rektor des Instituts geschrieben. Daran ist nichts mehr zu ändern, dabei bleibt es. Er muß Zucht und Disziplin lernen. Für Parasiten wird nach diesem Krieg kein Platz mehr in der Welt sein. Wenn er später einmal Priester werden will, von mir aus, ich hab' nichts dagegen. Da müßte er sich allerdings gewaltig ändern." Er sah auf die Uhr.

Matthias rieb sein rechtes Ohr, das noch nicht recht hören wollte: „Bitte, Papa, wie lang muß ich dort bleiben, im Institut?"

„Die Vorbereitungsklasse dauert ein Jahr, die Realschule sechs."

„Sieben Jahre?"

„Wenn du dich anständig betragst, darfst du zu den Sommer- und den Weihnachtsferien nach Haus kommen." Er ging zur Tür. „Bitte die Großmama um Verzeihung und benimm dich tadellos, solange du noch hier bist. Ich möchte keine Klage mehr hören. Hast du verstanden?"

„Ja, Papa."

Die Großmutter sah nun mit einemmal älter aus. Schweigend begleitete sie ihren Sohn aus dem Zimmer. Die Sporen verhallten, die Eingangstür fiel ins Schloß.

Matthias kniete auf dem Sofa und suchte Dresden auf der Landkarte mit den vielen Fähnchen. Doch, mit dem Zeigefinger im Herzen der Stadt, konnte er sich noch immer nicht vorstellen, wie sie aussah. Leichter fiel ihm, auszurechnen, wie lange sieben Jahre dauern: um zwei Jahre kürzer, als er lebte. Über seine fernere Zukunft zerbrach er sich nicht den Kopf, zum Unterschied von seiner Großmutter.

Kaspar kratzte an der Tür. Er war älter geworden und lag nun meistens im Vorzimmer. Matthias ließ ihn ein.

ZWEITER TEIL

XVII

Zeichnet Kriegsanleihe!, der ständige Ruf der Regierung, Kundmachungen der Heeresleitung, Verordnungen des Stadtkommandos bedeckten Mauern, Planken und Ladenfenster der Prager Straße im Zentrum Dresdens. Grelle Plakate forderten Rache gegen Frankreich und Gottes Strafe für England. Eines Riesen Faust zerschmetterte ein Schwein, dem Clemenceaus Kopf gewachsen war. In Unterhosen stand Lloyd George am Meeresufer und sah mit dicken Tränen die englische Flotte versinken. Volltrunken stierte Zar Nikolaus mit der Wodkaflasche in die blauen Augen des deutschen Michels, der ihm zurief: Sauf und verreck! In funkelndem Helm und weißem Überwurf stand Kaiser Wilhelm vor dem Thron, beschirmt von den ausgebreiteten Flügeln eines Engels, und blickte hernieder auf berstende Granaten und wuchtige Kanonenrohre. Wütend schwang Mutter Germania das Schwert gegen ihre Feinde, ein Häuflein zerlumpter Zwerge, die angstverzerrt vor ihr zurückwichen. Die Zivilisten machten bescheiden den Feldgrauen Platz, die auf festen, eiligen Sohlen den Gehsteig beherrschten.

„Schau, Papa, so schau doch!“ Matthias zeigte

auf die Riesenzigarre, die mit dröhnenden Motoren unter dem blauen Himmel dahinglitt.

„Der Junge hat so ein Ding wohl noch nicht gesehen?“ fragte ein alter Sachse, der sich den beiden Ausländern näherte.

„O ja, ich hab' schon in Wien einen Zeppelin gesehen, aber da war er ganz hoch oben und klein. Von so nah' hab' ich noch keinen gesehen.“

Der österreichische Leutnant klopfte seinem Sohn auf die Schulter: „Jetzt wirst du viele sehen, hier in Deutschland werden sie ja gebaut.“

Der alte Herr, dem der Stehkragen bis zu den Ohren reichte, warf seinen Zigarrenstumpf in den Rinnstein und spuckte ihm nach: „Bißchen langsam geht das Ding zwar noch“, meinte er mit dem Blick nach oben. „Aber dafür kann es sich lange in der Luft halten. Der Wech nach London und zurück zieht sich ein wenich. Eigentlich sonderbar, wenn man sich überlecht, daß so ein Luftschiff, das einem da so friedlich über dem Kopfe dahinfliecht, eine ganze Menge Schaden anrichten kann.“

„Höchste Zeit, daß die Herren in London und Paris einmal draufkommen, was Krieg heißt.“ Im tüchtigen Bruderland ließ Leutnant Stellenheim sein Herz martialischer schlagen als daheim, wo weniger feurige Plakate an den Mauern klebten und wo die Soldaten, trotz Krieg, langsamer gingen.

„Ich habe drei Söhne im Felde“, sagte der Alte. „Einer davon schwer verwundet, Lungenschuß. Höchst frachlich, ob er noch aufkommt. Wie lange waren Sie draußen?“

„Ich — ich bin im Augenblick im Kriegsministerium beschäftigt. Ich habe natürlich schon mehrmals um Felddienst angesucht. Ich hoffe, man wird meinem Gesuch bald stattgeben."

„Was machen Sie hier, wenn man frachen darf?"

„Ich habe meinen Buben hergebracht, er tritt ins Friedberg-Institut ein."

„So, so, ausgezeichnete Erziehungsanstalt, ganz modern. Und sachen Sie, wie sieht es bei Ihnen daheim aus? Noch immer alles so schön langsam und gemütlich wie früher?"

„O nein." Der Offizier zog seinen Waffenrock straff. „Mit der Gemütlichkeit hat sich's aufgehört. Auch bei uns hat sich das Leben gründlich geändert."

„Höchste Zeit. Wenn bloß euer alter Franz Joseph nicht so ein Dickschädel wäre und den Hötzendorf endlich absetzen würde. Der gute Mann hat keine glückliche Hand."

„Generalfeldmarschall von Hötzendorf operiert auf einem äußerst schwierigen Kriegsschauplatz. Die Russen sind noch immer sehr stark. Da darf man nicht nur Siege erwarten."

„Na ja, Sie müssen freilich so sprechen, aber wir denken ein wenich anders über die Sache."

„Komm, Matthias, wir müssen gehen." Der Leutnant salutierte und winkte einer Droschke.

Zuerst ging die Fahrt durch schmale Gassen, über den Rathausplatz, dann bog der Wagen in den neueren Stadtteil, wo die Gärten vor den modernen Wohnhäusern den Frühling erwarteten. Als der

Kutscher vom Bock sprang und zwei Mark fünfzig Pfennig verlangte, bestaunten seine beiden Fahrgäste ein mächtiges weißes Gebäude mit zahllosen langen Fenstern, dicht nebeneinander.

„Herr Leutnant Stellenheim?“ fragte der Portier in grellblauem Bratenrock mit vielen blitzblanken Messingknöpfen.

„Jawohl.“

„Bitte, den Gang geradeaus, zweite Treppe links, erster Stock, Tür zwölf.“

Beschwingt wie der Vater schritt der Sohn über die großen Steinfliesen, an den langen Fenstern vorbei, durch die die Mittagssonne schien.

„Verwaltungsinspektor Günther Kiel.“ Der Herr auf Nummer zwölf erhob sich vom Schreibtisch. „Herr Rektor Gärtner ist noch in einer Besprechung festgehalten, steht Ihnen aber gleich zur Verfügung. Darf ich mir die Frage gestatten, ob Sie gut untergebracht sind?“

„Ausgezeichnet. Wir wohnen im Deutschen Hof.“

„Erstklassiges Hotel.“ Er öffnete das Fenster, das auf einen großen viereckigen Platz ging. „Das ist unser Spiel- und Exerzierplatz. Uns gegenüber liegt die Turnhalle, rechts das Schulhaus, links das Wohnhaus der Lehrer und Präfekten. Wir befinden uns im Instituts- und Verwaltungsgebäude.“

Einige Knaben in blauer Uniform mit roter Tellerkappe promenierten um den Platz, auf dem steingetäfelten Weg hinter den Bänken; andere in Hemd und Turnhose übten auf dem Sprungplatz, an den Kletterstangen und Turnbarren vor der

Halle. Unter einem der Bäume, die den Platz umrahmten, standen zwei Männer in schwarzer Hose, grünem Rock und grüner Tellerkappe.

„Bitte, wer sind diese Herren?“ fragte Matthias.

„Das sind zwei von unseren Präfekten. Jeder Jahrgang hat seinen Präfekten. Aber jetzt in den Semesterferien, wo bloß einige Zöglinge im Hause sind, machen nur zwei Herren Dienst. Heute abend, wenn unsere Jungens vom Urlaub einrücken, geht es da unten freilich bedeutend munterer zu.“

„Bitte, tragen auch die Herren Lehrer eine Uniform?“ fragte der Knabe.

„Nein, nur die Präfekten und die Zöglinge tragen Uniform.“

„Wieviele Zöglinge haben Sie im ganzen?“ erkundigte sich der Vater.

„Im neuen Schuljahr zweihundertfünfundsiebzig. Die Vorbereitungsklasse führen wir heuer zum erstenmal.“ Das Telephon läutete, Herr Kiel hob ab: „Jawohl, sogleich, danke, Herr Rektor.“

REKTOR Dr. FERDINAND GÄRTNER

Der neue Zögling blickte auf die Messingbuchstaben an der hohen Eichentür. Seine Wangen röteten sich, sein Magen knurrte, sein Herz klopfte beinahe so rasch wie die alte Sekretärin auf der Schreibmaschine. Wie mag wohl der Mann hinter der hohen Tür aussehen? Gewiß ist er lang und mager, sein schütteres Haar grau wie sein Schnurbart, seine Lippen schmal, sein Stehkragen so hoch wie der des Alten, der den Kaiser Franz Joseph einen Dickschädel nannte. Sicher trägt er eine Brille mit dicken Gläsern.

Um so angenehmer überrascht war der neue Zögling, als er seiner künftigen Höchstinstanz gegenüberstand, einem großen, kräftigen Mann um die Fünfzig, mit blauen Augen, ohne Brille. In dichten Wellen lag sein Haar über der freien Stirn, hellblond wie der gepflegte Spitzbart unter den vollen Lippen. Sein süddeutscher Dialekt unterschied sich kaum von dem der Österreicher; wie vieles verband doch die Münchner mit den Wienern: Musik, Malerei, die Gemütlichkeit und nicht zuletzt die gute Küche! „Den spritzigen Grinzinger Heurigen gibt es allerdings nur in Wien!" Der Rektor schmatzte, eingedenk des guten Tropfens. Er nahm eine Pfeife von seinem langen Schreibtisch und stopfte sie mit festem Daumen. Leutnant Stellenheim verstand sich vortrefflich mit dem jovialen Bayern, während sein Sohn die beiden goldgerahmten Farbendrucke an der holzgetäfelten Wand bewunderte: der deutsche Kaiser in Admiralsuniform und König Friedrich August von Sachsen als Feldmarschall.

„Also wie schaut es mit dem jungen Mann da aus, wie alt ist er genau?" fragte Doktor Gärtner.

„Am vierten Jänner war ich neun."

„Bist recht groß für dein Alter. Hast' Geschwister?"

„Nein, bitte."

„Und wie geht's mit dem Lernen?"

Darauf antwortete der Vater: „Das läßt einiges zu wünschen übrig. Dumm ist er nicht, aber an Fleiß und Konzentration fehlt es. Er ist bisher bei seinen Großeltern aufgewachsen, und die haben ihm alles durchgehen lassen. Es ist höchste Zeit, daß er endlich Disziplin und Pflichtgefühl lernt."

Derartige Betrachtungen kannte der Rektor. Auf seinem grünen Ledersofa waren schon viele Väter mit ihren Söhnen gesessen. Demgemäß erwiderte er wie gewöhnlich: „Ich bin überzeugt, er wird sich rasch bei uns zurechtfinden und seine Sache gut machen. Wir verlangen nichts Unmögliches von unseren Jungens. Nach getaner Arbeit können sie sich austollen, soviel sie wollen, und die freie Zeit nach Herzenslust genießen." Damit war diese Frage erledigt; nun gab es noch eine andere. Von den siebenundzwanzig Zöglingen der Vorbereitungsklasse konnten vorläufig nur fünfzehn im Institutsgebäude untergebracht werden. Mit Rücksicht darauf hatten einige Lehrer sich bereit erklärt, die zwölf Obdachlosen vorläufig bei sich zu beherbergen. Doktor Gärtner nahm eine Liste zur Hand und fand darauf Matthias Stellenheim Herrn Doktor Karl Vernon zugeteilt. Demzufolge hielt er es für zweckmäßig, daß Vater und Sohn den Lehrer aufsuchten, um alles Nähere mit ihm zu besprechen.

An der Tür gestattete Matthias sich eine Frage: „Bitte, Herr Rektor, darf ich jede Woche beichten und kommunizieren?"

Der Rektor sah ihn erstaunt an: „Jede Woche? Hast du das daheim so gehalten?"

„Ja, bitte. Ich hab' meiner Großmama versprochen, daß ich auch hier ... ich hab' sogar ein Gelübde darauf gemacht."

Doktor Gärtner strich mit breiter Hand über seinen Spitzbart: „Der Gottesdienst in unserer Hauskapelle ist protestantisch. Die Katholiken gehen unter Aufsicht eines Präfekten sonntags in die Kirche in der Berggartenstraße. Beichte und Kommunion ist zweimal im Schuljahr, zu Weihnachten und Ostern. Aber jede Woche, das wird nicht gut möglich sein."

„Mußt halt dazuschaun, daß du weniger sündigst, dann brauchst' auch nicht so oft zu beichten", meinte der Vater, worauf der Rektor ihm zustimmend die Hand schüttelte, ihm eine gute Heimreise wünschte und den neuen Zögling willkommen im Friedberg-Institut hieß.

Ein Diener führte die beiden Fremden über den leeren Spielplatz zum Lehrerhaus. Turnbarren und Kletterstangen standen vereinsamt in der Sonne; die Zöglinge waren beim Mittagstisch.

„Wann muß ich heute abends einrücken?" fragte Matthias, bereits beeinflußt von Herrn Kiels soldatischer Ausdrucksweise.

„Wenn Sie zum Abendbrot angemeldet sind, vor sieben", antwortete der Diener. „Um neun Uhr müssen sämtliche Zöglinge eingerückt sein."

„Wir werden im Hotel nachtmahlen", sagte der Vater.

Doktor Karl Vernon wohnte erste Stiege, erster Stock. Das Stubenmädchen führte die Gäste ins

Speisezimmer, das offenbar zugleich als Wohnzimmer diente. Auf dem Eßtisch unter dem verschnörkelten Messingluster lag eine graue Samtdecke. Über der Kredenz, auf deren Marmorplatte ein antiker Zinnkrug mit sechs Bechern stand, tickte eine Pendeluhr. Eine altmodische Stehlampe neigte sich über dem tiefgesessenen Lederfauteuil beim Fenster. Auf dem Boden lag ein ziemlich abgetretener Perserteppich. Die braune Tapete war reich besät mit schwungvollen Ornamenten. An der Wand hing das Porträt eines alten Mannes mit einem schmalen Kopf, scharfer Hakennase, grauem Schnurrbart, dicken Augengläsern, einem Adamsapfel, der wie der Stumpf eines Astes aus dem hageren Hals hervorstach, und mit einem langen Kinn, ähnlich dem einer skurrilen Märchenfigur. So etwa hatte sich der neue Zögling seinen Rektor vorgestellt.

Ein schlanker Mann um die Vierzig trat ein. Bis auf den fehlenden Schnurrbart war seine Ähnlichkeit mit dem Alten im breiten goldenen Rahmen verblüffend.

„Guten Tag. Mein Name ist Vernon."

„Sehr angenehm. Leutnant Stellenheim."

Auch der Knabe bekam einen Händedruck: „Bitte, ist das Ihr Papa?" rutschte es ihm unwillkürlich heraus.

„Ja, aber er lebt nicht mehr."

XVIII

Liebe Großeltern!

Bitte seid nicht böse, daß ich erst heute schreibe, aber ich habe keine Zeit gehabt früher, weil ich habe immer viel zu tun. Wir sind hier vier Zöglinge beim Herrn Doktor Vernon. Wir schlafen in einem großen Zimmer. Unsere Aufgaben schreiben wir im Wohnzimmer. Das Frühstück kriegen wir hier und die anderen Mahlzeiten essen wir im Speisesaal drüben im Institut. Wir sitzen an einer langen Tafel mit der sechsten Klasse zusammen. Die sechste Klasse ist die unterste und die erste ist die höchste. Das ist umgekehrt als wie in Österreich. Statt Klasse sagen sie auch Jahrgang. Die Mama vom Herrn Doktor Vernon wohnt auch hier. Sie ist in Paris geboren, deswegen redet sie mit einem Dialekt. Der Herr Doktor Vernon hilft uns bei den Aufgaben, aber unterrichten tut er nicht in der Vorbereitungsklasse. Erst nächstes Jahr werden wir ihn haben in Französisch und Geschichte. Hier sind fast alle Protestanten, aber der Herr Doktor Vernon und seine Mama sind katholisch. Uniformen kriegen wir erst nächstes Jahr, weil wir in der Vorbereitungsklasse noch keine Exerzierstunden haben. Unser Erzieher ist der Herr Doktor Vernon, aber draußen auf dem Spielplatz überwacht uns der Herr Präfekt Lünz, und auch in den Geselligkeitsräumen, im Speisesaal und im Schwimmbad. Er ist eigentlich der Erzieher von der sechsten Klasse. Im

Schwimmbad haben wir Freiprüfung gehabt. Ich bin durchgekommen, aber sechs sind durchgefallen. Ich habe mich noch mit keinem gestritten. Nur einer aus der Fünften hat unlängst gesagt, die österreichischen Soldaten sind feiger als wie die deutschen. Da habe ich ihm gesagt, das ist eine Lüge und mein Onkel ist Oberst und hat viele Kosaken niedergeschossen und mein Papa ist Leutnant. Da hat er zuerst eine Wut gehabt und dann ist er abgezogen. Ich weiß nicht wie er heißt. Unser Religionslehrer heißt Franz Meißner. Ich habe ihm gesagt wegen meinem Gelübde, er hat es mir nachgelassen, weil es derweil nicht anders geht. Aber der Herr Doktor Vernon erlaubt mir, daß ich jeden Monat einmal beichten und kommunizieren darf. Das Dienstmädchen führt mich am Samstag zur Beichte. Hier sagen sie aber nicht Samstag, sondern Sonnabend, auch nicht Jause, sondern Kaffeezeit. Hier sagt man überhaupt vieles anders als wie bei uns. Ich denke oft an Euch, liebe Großeltern, und ich freue mich auf die Sommerferien in Ischl. Ich hoffe, es geht Euch gut. Bitte schreibt mir bald. Ich verbleibe mit Handküssen Euer dankbarer Enkel

Matthias.

Viele Grüße an Frieda.

Die Pendeluhr über der Kredenz schlug halb sechs. Vier vollbeschriebene Seiten lagen auf dem Tisch unter dem verschnörkelten Messingluster. Matthias war allein. Seine drei Wohnkameraden hatten Ausgang. Hubert Gotlieb, Dresdner, verbrachte den Sonntag im Elternhaus, Bruno Rothmund aus Berlin bei Onkel und Tante, Peter Klauber aus Prag bei einem alten Fräulein, einer entfernten Verwandten, die er Tante nannte. Ordnungsgemäß räumte Matthias Briefpapier und Schreibzeug in sein Fach und lehnte den Brief an den Zinnkrug auf der Kredenz, aber unverschlossen, denn in der Hausordnung des Friedberg-Institutes hieß es in Paragraph VI: Der Zögling hat seine Korrespondenz — die Briefe unverschlossen — seinem verantwortlichen Erzieher zur Beförderung auszuhändigen. Dem Vorgesetzten ist es gleichfalls überlassen, die für den Zögling einlaufende Post zu überprüfen und gegebenenfalls unzulässige Mitteilungen zu beschlagnahmen.

Doktor Vernon trat ins Zimmer: „Bist du fertig mit deinem Brief?"

„Ja, bitte, dort ist er."

„Ich habe schon geglaubt, du schreibst ein ganzes Buch. Wenn du Lust hast, kannst du mit mir eine halbe Stunde spazierengehen."

„O ja, bitte."

„Deinen Brief kannst du unterwegs einwerfen."

Die Hände am Rücken, unter dem zurückgeschlagenen Mantel, den grauen Hut aus der Stirn gerückt, schlenderte der Lehrer an den sprießenden Gärten entlang: „Herr Heldrich, dein Klassenvorstand, ist mit dir recht zufrieden. Warum ist dir daheim in Wien das Lernen so schwer gefallen?"

„Ich — ich weiß eigentlich nicht."

„Herr Heldrich meint, daß du eine gute Auffassungsgabe besitzt und daß dir das Studium ziemlich leicht fällt."

Die Parkanlage am Barbarossaplatz, ein Schmuckstück des Bezirks, duftete nach Frühling. Dicht wuchsen die Primeln- und Veilchenbeete aus dem gepflegten Rasen. Die älteren Leute saßen auf den Bänken, die jüngeren promenierten unter den jungen Birken. Nur zwei Jünglinge vertrieben sich die Zeit weniger gesittet. Zum Mißvergnügen ihrer Umgebung beschmissen sie einander mit ihren roten Tellerkappen und übten sich johlend, in einer Wolke von Staub, in treffsicheren Fußtritten. Offenbar hatten sie den Paragraphen XIX der Hausordnung vergessen: Es ist Pflicht des Zöglings, an allen Orten durch vorbildliches Benehmen dem Namen des Friedberg-Institutes Ehre zu machen und, gleich einem Soldaten, mit Würde die Uniform zu tragen! Dieser Passus fiel den beiden Urlaubern erst beim Anblick des Mannes mit dem langen Kinn und der Hakennase ein. Schleunigst klaubten sie ihre Kappen auf und taten, als wäre nichts geschehen.

„Wo kommt denn ihr her?"

Beide salutierten stramm: „Wir waren im Zirkus Sarassani."

„Dort muß es ja sehr lustig gewesen sein."

„Jawohl, Herr Doktor."

„Gute Clowns?"

„Ja, sehr gute", antwortete Kreilitz aus der Vierten. „Aber am besten war Konsul der Erste."

„Wer ist das?“

„Der berühmteste Affe der ganzen Welt!“ antwortete Kreilitz’ gleichaltriger Begleiter. „Der fährt mit dem Rad über ein brennendes Seil und durch brennende Reifen. Das schaut unheimlich aus. Und dann, wenn er betrunken ist und mit den Clowns Skat spielt, das ist zum Totlachen. Dabei glaube ich, geben sie ihm gar nicht wirklich Schnaps, sondern nur Wasser, aber wie er das spielt, das ist einfach großartig!“

„Wie groß ist er?“ fragte Matthias.

„Oh, etwa so groß.“ Kreilitz zeigte in halber Brusthöhe.

„Was für eine Farbe hat er?“

„Dunkelbraun.“

Doktor Vernon nahm die Brille ab und rieb seine Augen: „Konsul der Erste — ein komischer Name für einen Affen. Also geht jetzt nach Haus und, wenn es möglich ist, macht etwas weniger Lärm und Staub.“

„Jawohl, Herr Doktor!“ Beide klappten die Fersen zusammen und salutierten.

Der Lehrer tippte die Hutkrempe und schaute auf die Uhr: „Wir werden auch langsam umkehren.“

In einigen Wohnungen brannte bereits Licht. Ein Grammophon kratzte einen Marsch. Sonntagabendstille lag über den Gassen. In der Nähe des Friedberg-Institutes wurde es lebendiger. Vereinzelt und in Gruppen rückten die roten Tellerkappen und die blauen Uniformen vom Urlaub ein. An dem schmiedeeisernen Tor, das von der Straße auf den Spielplatz ging, standen zwei Portiers, die den heimkehrenden Zöglingen ihre Urlaubsscheine abnahmen. Doktor Vernon und sein Begleiter blieben auf dem gegenüberliegenden Gehsteig unter einer Laterne stehen, gerade als eine schwarze Limousine mit livriertem Chauffeur und zwei Passagieren anhielt. Der eine, ein schlanker Junge in straffer Uniform, stieg aus, verabschiedete sich von dem Herrn im Coupé, gab seinen Passierschein lässig ab und erwiderte die herzliche Begrüßung seiner Kameraden mit überlegener Haltung. Als sich das Auto wieder in Bewegung setzte, salutierten die beiden Torwächter.

„Bitte, wer ist das?" fragte Matthias.

„Das ist der Marich. Kennst du ihn noch nicht?"

„Gesehen hab' ich ihn schon, aber gesprochen hab' ich noch nie mit ihm. In welcher Klasse ist er?"

„In der vierten. Der Herr im Auto war sein Vater. Er ist einer der Gründer des Friedberg-Institutes. Du kannst seinen Namen auf der Marmortafel im Hauptvestibül lesen: Richard Freiherr von Marich."

Matthias griff in die Manteltasche: „Meinen Brief hab' ich noch nicht aufgegeben."

„Dort ist ein Postkasten."

„Aber der Herr Doktor hat ihn noch nicht gelesen."

„Hast du viele orthographische Fehler gemacht?"

„Ich glaub' nicht."

„Dann kleb ihn zu und wirf ihn ein.“

Im Stiegenhaus sagte Doktor Vernon: „Wenn der wirklich so komisch ist, dieser Konsul der Erste, dann sollten eigentlich auch wir ihn ansehen. Warst du schon einmal im Zirkus?“

„Nein, bitte.“

„Gewiß ist nächsten Sonntag das gleiche Programm. Madame Vernon ...“ Dem Kriegszustand entsprechend, korrigierte er seinen gewohnten Fehler: „Frau Vernon geht sehr gern in den Zirkus.“

Im Wohnzimmer klebte Rothmund den neuen deutschen Markensatz mit dem Überdruck Russisch-Polen in sein Album. Klauber, gleichfalls vom Urlaub zurück, lümmelte auf der grauen Tischdecke und sah ihm zu.

„Ik hab' dir ein Stück Punschtorte mitjebracht. Nach dem Abendbrot jeb' ik's dir.“

„Danke, Rothmund“, sagte Stellenheim. „Punschtorte esse ich sehr gern.“

XIX

Matthias lebte sich in seinem neuen Heim gut ein. Die Sonntage verbrachte er mit seinem Erzieher und dessen Mutter. Sie luden ihn zum Wunderaffen in den Zirkus Sarassani ein, zu einer Dampfschifffahrt auf der Elbe, zum Nachmittagskaffee auf der Brühlschen Terrasse, und ehe Doktor Vernon ihn zum erstenmal zu einer Nachmittagsvorstellung von Schillers „Jungfrau von Orleans“ führte, erzählte er ihm den Inhalt des Stückes mit einfachen Worten. Obzwar nun sein erster Theaterbesuch nicht seiner Mutter galt, kam er begeistert nach Haus und redete tagelang davon. Bruno Rothmund, an dessen schnoddriges Berlinerisch er sich allmählich gewöhnte, war ihm der liebste seiner drei Wohnkameraden. Mit ihm tummelte er sich auf dem Sprungplatz und an den Kletterstangen; bei schlechtem Wetter spielten sie Mühle oder Domino in den Geselligkeitsräumen oder im Wohnzimmer ihres Erziehers. Peter Klauber mit dem breiten Mund und dem runden, farblosen Gesicht, ein gutmütiger, aber langweiliger Patron, war nur als Kiebitz zu gebrauchen. Hubert Gotlieb, ein altkluger Zehnjähriger, suchte reifere Gesellschaft. Dank seiner Freundschaft mit Herbert von Marich, dem Sohn des Gründers, konnte er seinen Kameraden abends im dunklen Schlafzimmer manche interessante Neuigkeit berichten, so zum Beispiel, daß Wilhelm Pautz aus der Zweiten die Sonntagnachmittage meistens mit einem der Küchenmädchen des Instituts in einem Stundenhotel verbrachte: „Ihr kennt sie, die hübsche Blonde mit dem zitterigen Busen, Rose heißt sie. Den ganzen Nachmittag sind sie splitternackt! Sogar Kaffee trinken sie so!“

Stellenheim beteiligte sich nicht an der Übertretung des Sprechverbotes im Dunkeln. Er benahm sich musterhaft zu jeder Stunde. Keiner seiner Vorgesetzten konnte ihn tadeln. Doktor Vernons Mama, die zierliche alte Dame mit dem französischen Akzent, belobte ihn sogar oft. In seinem

Schrank, wie in seinem Bücherfach im Wohnzimmer, herrschte tadellose Ordnung. Seine Kleidung wie er selbst waren Vorbilder der Sauberkeit, seine guten Manieren, seine Wahrheitsliebe beispielgebend. Er hatte ein neues Leben begonnen: Gott sollte endlich Wohlgefallen an ihm haben. In diesem Bestreben bestärkte ihn seine Großmutter aus der Ferne: Es schmerzt mich, daß du dein Gelübde nicht halten kannst, schrieb sie. Aber vernachlässige wenigstens deine Bußgebete nicht. Bestimmt kannst du dich zweimal die Woche für eine Stunde stiller Andacht von deinen Kameraden zurückziehen, ohne dabei weiter aufzufallen. Auch könntest du von deinem Taschengeld einen Teil beiseitelegen, über dessen Verwendung wir in den Sommerferien beraten werden. Die Ischler Kirchengemeinde oder zum Beispiel der Missionärfonds sind für jede Spende dankbar.

Die Daumen unter der Gürtelschnalle, die Hände unauffällig gefaltet, ging ein Knabe in Hohlfaltenanzug Dienstag und Freitag genau eine Stunde auf dem steingetäfelten Weg um den lärmenden Spielplatz und sprach mit geschlossenen Lippen zu seinem Schöpfer. Von seinem Taschengeld, eine Mark fünfzig Pfennig pro Woche, lagen bereits neun Mark in seinem Schrank. Er kaufte bloß Briefpapier und Marken im Institutsgebäude.

Nach einer Woche sportlicher Wettbewerbe bildete die Sommerparade den Abschluß des ersten Semesters. Vor dem Schulgebäude erhob sich eine Tribüne, drapiert mit den reichsdeutschen und sächsischen Farben. Ein Major in Felduniform und Pickelhaube war der Ehrengast. Zu seiner Rechten standen Rektor Gärtner und die Lehrerschaft, zu seiner Linken die Präfekten in ihren grünen Uniformen und Sandtner, ein älterer Zögling, der bei einem Eisenbahnunglück ein Bein verloren hatte. Die Schüler der Vorbereitungsklasse durften sich vor der Turnhalle als Zuschauer aufstellen. Mit Fahnen und geschulterten Gewehren defilierte die junge Armee unter Marschmusik an der Tribüne vorbei, den Blick zum Ehrengast erhoben, der regungslos salutierte. Jeder Jahrgang unterstand einem Kommandanten und vier Gruppenführern. Die Gruppenführer und die zehn Mann der Musikkapelle gehörten den drei oberen Klassen an, die Kommandanten der höchsten. Da das Friedberg-Institut keine staatliche Militärschule war, durften keine Schießübungen abgehalten werden. Die Gewehre mußten plombiert sein, die Bajonettspitzen abgerundet, die Säbel der Kommandanten stumpf.

Zum Abschluß der Parade hielt der Major eine kurze Ansprache an die sechs Kolonnen, die vor ihm in der heißen Mittagssonne standen: „Sie haben mir einen Einblick in Ihre militärische Vorschulung gegeben; ich spreche Ihnen meine Anerkennung aus. Sie sind auf dem rechten Weg, sich in künftigen Tagen unserer glorreichen Armee würdig anzuschließen. Ihre Generation wird die Früchte unseres gewaltigen Sieges ernten, sie aber auch verwalten und beschirmen müssen. Deutschland wird immer Feinde haben, denn wer reich an Ehren ist,

ist auch reich an Neidern. Darum heißt unsere Parole: in Bereitschaft sein! Das gilt für alle Zeiten, für Sie, dereinst für Ihre Söhne und Ihre Kindeskinder. Vergessen Sie das nie! Seien Sie stets eingedenk der unsterblichen Worte: Deutschland, Deutschland über alles!“ Er salutierte knapp. „Ich danke Ihnen.“

Ein Trommelwirbel; die Kapelle spielte das Deutschlandlied, jung und alt sangen mit. Wieder ein Trommelwirbel; die Befehle der Gruppenführer und Kommandanten hallten über den Platz. Abermals defilierten die strammen Reihen mit den roten Tellerkappen an der Tribüne vorbei, während der Ehrengast sich von den Herren zu seiner Rechten und Linken verabschiedete; auch dem jungen Einbeinigen reichte er die Hand.

Die Halbwüchsigen vor der Turnhalle, unter ihnen Matthias Stellenheim, waren nur mehr pochende Herzen und glühende Wangen.

Den nächsten Morgen, nach der Zeugnisverteilung, rannten Doktor Vernons Zöglinge über den Platz, Klauber etwas langsamer als die drei andern. Als erster erreichte Rothmund das Wohnzimmer, wo er seinem Erzieher mit einer schwungvollen Geste sein Zeugnis überreichte.

Doktor Vernon setzte sich an den Tisch und betrachtete die vier Ausweise: „Also Rothmund hat den Vogel abgeschossen. Ich gratuliere dir.“

„Danke, Herr Doktor“, sagte der Junge mit den roten Wangen und den lebhaften Augen.

„Bei Gotlieb könnte sich im nächsten Semester

das Genügend in Deutsch in ein Lobenswert verwandeln. Stellenheim wird sich vielleicht in Mathematik etwas mehr zusammennehmen. Aber im großen und ganzen habt ihr euere Sache gut gemacht." Er nahm den vierten Ausweis zur Hand. „Wird schon besser werden, Klauber. Es geht eben nicht immer so glatt. Du gibst dir alle Mühe, das weiß auch dein Klassenvorstand. Herr Heldrich meint, wenn du so weitermachst, wirst du es schon schaffen. Wenn dich dein Vater morgen abholt, werde ich ihm das sagen. Weißt du schon, wo du die Ferien verbringen wirst?"

„Wenn der Vati im Geschäft bleiben muß, dann bleiben wir in Prag", antwortete Peter in weichem Prager Deutsch. „Aber wenn er weg kann, dann fahren wir nach Sankt Gilgen am Wolfgangsee."

„Da kann der Klauber mich besuchen", warf Stellenheim ein. „Von Sankt Gilgen nach Ischl fahrt man bloß anderthalb Stunden mit der Bahn."

Diese Zwischenbemerkung überging Doktor Vernon und sprach weiter zu Klauber: „Es wäre gut, wenn du während der Ferien Nachhilfestunden nehmen würdest. Ich werde mit deinem Vater darüber sprechen. Ihr könnt jetzt auf den Spielplatz gehen. Nur du bleib da, Stellenheim. Ich habe mit dir zu reden."

Matthias sah ihn verwundert an: „Ja, bitte."

„Setz dich", sagte der Lehrer, als sie allein waren, und ließ sich in den Fauteuil beim Fenster nieder. „Ich muß dir leider eine traurige Nachricht übermitteln. Ich habe einen Brief von deinem Vater bekommen, in dem er mich ersucht, dir mitzuteilen, daß dein Großvater gestorben ist."

Der Knabe sah ihn schweigend an und hörte die Pendeluhr an der Wand ticken: „Wann, bitte?" fragte er nach einer Weile. „Wann ist er gestorben ... der Großpapa?"

„Vor einigen Tagen. Dein Vater schreibt nicht genau, wann. Aber er betont ausdrücklich, daß er ohne Schmerzen verschieden ist. Er ist einem Herzschlag erlegen. Er war im Kaffeehaus, so wie jeden Nachmittag; während einer Billardpartie ist er plötzlich zusammengebrochen und nicht mehr zum Bewußtsein gekommen."

Der Knabe blickte zu Boden und drehte den Schuhabsatz auf dem abgetretenen Teppich: „Da konnte er doch nicht mehr beichten. Hat er die Letzte Ölung bekommen?"

„Darüber schreibt dein Vater nichts. Meines Wissens kann die Letzte Ölung ohne vorherige Beichte erteilt werden, wenn der Sterbende bewußtlos ist."

Der Junge biß sinnend an seiner Unterlippe: „Bitte, kann ich nach Tisch in die Kirche gehen?"

„Gewiß. Käthe kann dich begleiten."

„Danke." Er stand auf, um zu gehen.

„Noch etwas." Doktor Vernon zog seine Uhr in der Westentasche auf. „Deine Großmutter geht heuer nicht auf Sommerfrische, euere Villa bleibt geschlossen. Daher ersucht mich dein Vater, dich hier in der Nähe in einem Ferienheim unterzubringen."

Nun erkannte der Knabe die Überflüssigkeit seiner früheren Bemerkung, Klauber könne ihn besuchen. Jetzt mußte er auch auf die vielbesprochene gemeinsame Heimreise mit seinem Landsmann Pirchhof aus der Zweiten verzichten. „Bitte, Herr Doktor, kann ich nicht hierbleiben, in der Wohnung? In einem Ferienheim kenne ich niemanden."

„Das läßt sich schwer machen. Madame Vernon und ich gehen auch auf Sommerfrische." Er trat ans Fenster und blickte auf die Straße. „Ich werde im Lauf des Tages mit Herrn Rektor Gärtner über die Sache sprechen."

„Aber bitte, Herr Doktor, schreiben Sie meinem Vater nicht, daß ich nicht in ein Ferienheim möchte. Wenn es nicht anders geht, dann — dann geh' ich halt."

„Mach dir keine Sorgen, wir wollen einmal abwarten, wie der Herr Rektor zu der Frage steht."

Der Knabe schlug statutengemäß vor seinem Vorgesetzten die Fersen zusammen und ging. Im Schlafzimmer warf er sich auf sein Bett, vergrub den Kopf in den Polstern und schluchzte.

XX

Die Sächsische Schweiz am Elbeufer erinnert nicht an die helvetischen Bergriesen im ewigen Schnee. Doch Madame Vernon, zufrieden mit schattigen Waldwegen und einer sauberen Unterkunft, fühlte sich restlos wohl in der Ersatzschweiz, so auch ihr Sohn und dessen Zögling, der nicht in ein Ferienheim gehen mußte. Die Pension Wolfram in Königstein beherbergte nur wenige, vorwiegend ältere Gäste. Im Garten graste ein zahmes Reh, im Speisesaal plapperte ein Papagei. Nach dem Abendbrot ließ Doktor Vernon sich mit der letzten Broschüre von Siegmund Freud im Lesezimmer nieder; seine Mutter und der Knabe spielten Mühle, wie zu Haus. Dabei erzählte er ihr einmal mit patriotischer Begeisterung, daß die alte Festung, die er von seinem Zimmer sehen konnte, angeblich eine Menge hoher französischer Offiziere in Kriegsgefangenschaft halte; eine Mitteilung, die mit auffallendem Schweigen hingenommen und daher nicht mehr wiederholt wurde. Vormittags ging der Lehrer mit seinem Zögling schwimmen. Die neue Badeanstalt an der Elbe duftete nach frischem Holz und sah wesentlich anders aus als die alte Bretterbude in Ischl. Frau Geheimrat Schleinitz aus Chemnitz und Madame Vernon, beide achtsam auf ihre neuen Sommerkleider, hielten ihr Plauderstündchen unter dem Sonnenschirm in gemessenem Abstand vom Sprungbrett.

Volle Freiheit war dem Zögling gegeben. Keine Hausordnung, keine präzise Tageseinteilung störten seine Ferien. Auch seiner Frömmigkeit waren keine Schranken auferlegt. Sooft er wollte, durfte er in der alten Dorfkirche beichten, kommunizieren und für das Seelenheil des Großvaters beten. Von dieser Erlaubnis machte er in zunehmendem Maß Gebrauch. Als der Sommer zur Neige ging, kniete er jeden Abend im Beichtstuhl und jeden Morgen vor dem Altar zur Kommunion. Sein Erzieher ließ ihm seinen Willen. Nur einmal, auf einem Ausflug nach Schmilka, fragte er ihn beim Nachmittagskaffee, warum er denn nun so oft zur Beichte gehe.

„Man weiß nie, wann man sterben muß“, erwiderte der Knabe, während er auf die Elbe schaute, die am Gasthausgarten vorbeifloß. „Darum soll man immer vorbereitet sein.“

Doktor Vernon biß von seinem frischen Sträußelkuchen ab: „Warum denkst du, ein gesunder Junge, ans Sterben? Du beginnst ja dein Leben erst.“

„Auch wenn man jung ist, kann man sterben.“ Er trank einen Schluck Milch. „Ich kann mir nicht vorstellen, daß ich einmal erwachsen sein werde.“

„Das geht vielen in deinem Alter so.“

Der Wind strich durch die Blätter der alten Buchen. Das Ehepaar am andern Tisch zahlte und ging zum Landungssteg. Das Fünf-Uhr-Boot von Dresden plagte sich stromaufwärts und ließ seine Dampfpfeife blöken; dicker schwarzer Rauch zog aus dem Schornstein zum gegenüberliegenden Ufer.

„Das ärgste muß sein, wenn man scheintot ist“, fuhr der Knabe fort. „Wenn die andern glauben, man ist schon gestorben, und einen begraben und — und dabei lebt man noch.“

Der Lehrer zerknüllte die Papierserviette und ließ sie in die leere Kaffeeschale fallen: „Ich habe noch nie von einem solchen Fall gehört. Das kommt nur in Gruselgeschichten vor. Wieso kommst du auf derartige Gedanken?“

„Die hab' ich oft."

„Seit wann?"

Die Taue klatschten auf die Landungsbrücke; der Dampfer legte an; die Schritte der aussteigenden Passagiere hallten auf dem Bretterboden.

„Ich hab' einmal ... Aber das ist ganz dumm."

„Was wolltest du sagen?"

Er kratzte verlegen an seinem Glas: „Nämlich, ich hab' einmal einen Traum gehabt, und seit damals ..." Wieder stockte er, und Doktor Vernon mußte ihn aufmuntern, weiterzusprechen. „Der Papa hat mir nur selten erlaubt, daß ich die Mama besuche, und da bin ich im geheimen zu ihr gegangen, mit meinem Fräulein. Und wie ich damals diesen Traum gehabt hab', da hab' ich im Schlaf geschrien. Die Großeltern haben mich gehört und sind hereingekommen. Da hab' ich ihnen alles gesagt — daß ich im geheimen zur Mama gegangen bin."

„Wann war das?"

„Vor zweieinhalb Jahren."

„Und kannst du dich noch erinnern, was du damals geträumt hast?"

„Das war alles so durcheinander. Lauter dummes Zeug", sagte er rasch, als wollte er nicht davon sprechen. „Aber den nächsten Tag hat alles so — so ganz anders ausgeschaut — alles war so weit weg — das Licht war auch so — so komisch, wie wenn es blau wär', aber dabei war sehr schönes Wetter, damals." Er riß einen Streifen von seiner Papierserviette und walkte ihn auf dem Tischtuch.

„Jedesmal, wenn mir das einfällt, ist es gleich wieder so — dann schaut alles wieder so aus wie damals, auch wenn schönes Wetter ist. Und dann glaub' ich, daß ich nie erwachsen sein werde, weil ich — weil ich früher sterben muß."

Das Gegenboot, stromabwärts, näherte sich der Landungsbrücke. Doktor Vernon zahlte und nahm Hut und Stock. Sie ließen sich auf dem Oberdeck nieder, wo nur wenige Leute saßen und die Brise sanft über ihre Stirnen strich. Die Tage waren schon merklich kürzer; der August ging dem Ende entgegen. Milde senkte sich der Abend über die Wiesen und Dörfer zur Linken; das rechte, felsige Ufer schimmerte rötlich im Sonnenuntergang.

Der Lehrer nahm die Brille ab und lehnte seinen Kopf nach hinten: „Man hat manchmal solche Hirngespinste, aber mit den Jahren gewöhnt man sich an sie und nimmt sie nicht mehr ernst. Hast du nicht bemerkt, sobald sie verflogen sind, erscheinen sie einem ganz sinnlos und man kann gar nicht fassen, wieso sie einen quälen konnten?"

„Ja, genau so ist es! Immer, wenn es vorbei ist, kommt es mir ganz dumm vor und dann glaub' ich, daß ich an so was nie wieder denken werde! Woher weiß das der Herr Doktor so genau?"

„Das wissen viele Leute", sagte er ganz selbstverständlich. „Das ist nicht meine Entdeckung."

„Das haben auch andere Leute, daß plötzlich alles so ganz anders ausschaut?" Er war von der Bank aufgestanden, ohne es zu bemerken. „Das haben auch andere, daß plötzlich alles so weit weg ist und daß das Licht so — so komisch ist, wie wenn es blau wär' — so — so ich weiß nicht, wie man das sagt?"

„Freilich, vielen Leuten ist manchmal so zu Mut. Hast du geglaubt, daß du der einzige bist?"

„Ja —", sagte der Knabe erstaunt.

Der Lehrer sah ihn freundlich an: „Nein, du bist kein Sonderling."

„Und wenn die andern so was haben, glauben sie dann auch, daß sie bald sterben müssen?"

„Das kommt sehr häufig vor, das ist gar nicht so ungewöhnlich, wie du denkst. Unnatürlich ist nur, wenn man sich einbildet, man ist der einzige, dem es so geht. Denn solche Gedanken haben sehr viele Menschen — manche selten — andere öfter, das ist der ganze Unterschied."

„Ich kenn' niemanden, der so was hat."

Doktor Vernon klopfte mit der Brille auf sein Knie: „In deinem Alter ist es mir häufig so gegangen, genau wie du es beschrieben hast. Plötzlich sah alles anders aus als sonst. Das Sonnenlicht kam mir so ... so fremd vor, als wäre es künstlich; wie etwa an einem eigentümlichen Herbsttag, der ... den es in Wirklichkeit gar nicht gibt. Ist es nicht so?"

„Ja, ja, genau so, ganz genau so!"

„In solchen Stunden konnte ich mir nicht vorstellen, daß ich jemals ein erwachsener Mann sein werde. Aber, wie du siehst, ist es ja doch gegangen. Du mußt nämlich wissen, mit solchen Hirngespinsten, so quälend sie im Moment auch sind, kann man hundert Jahre alt werden."

Zum erstenmal stand der Knabe vor jemandem, dem er sich mehr als verwandt fühlte. Nun hätte er furchtlos von den schwarzgekleideten Riesenbauern erzählen können, die zum Klang der Zügenglocke die unerreichbaren Felsen erreichen wollten. Auch der endlose rötliche Acker und sein erstickender Schulkamerad hätten ihn nicht erschreckt. Doch nichts von alldem kam ihm in den Sinn, obwohl die Berge am rechten Ufer bereits schwarz unter dem Abendhimmel lagen und zur Linken nur hier und dort eine Laterne die dunklen Felder erhellte.

Er setzte sich wieder und sagte nach einer Weile: „Danke, Herr Doktor, daß Sie mir das so ... so erklärt haben."

Der Lehrer schob seinen alten Strohhut aus der Stirn und schaute zu den Sternen am klaren Firmament: „Ganz gut, wenn man sich hin und wieder einmal ausspricht. Ein schöner Abend, nicht wahr?"

„O ja."

In der letzten Woche in Königstein kniete Matthias Stellenheim nur einmal im Beichtstuhl, nicht öfter, als er es daheim gelobt hatte.

XXI

Besondere Ereignisse teilte Rektor Gärtner persönlich der versammelten Zöglingschaft mit. Zu diesem Zweck war er im Lauf des Schuljahres bereits zweimal auf der Treppe vor dem Institutsgebäude erschienen, das erste Mal, um unter Jubelgeschrei einen großen deutschen Sieg zu verkünden, die Eroberung von Belleville, der hart erkämpften Festung vor Verdun; das zweite Mal, um seinen enttäuschten Jüngern den bevorstehenden Besuch der Landesschulinspektion und die damit verbundenen Verhaltungsmaßregeln bekanntzugeben. Zum dritten Mal ertönte der Gong zu ungewöhnlicher Stunde an einem regnerischen Novembertag, kurz vor dem Mittagessen. Die Zöglinge unterbrachen ihre Spiele und rannten zur Treppe; die Präfekten folgten ihnen. In dunkelblauem Anzug, ohne Hut und Mantel, stand der Rektor im rauhen Herbstwind, ein Vorbild männlicher Abhärtung, und wartete, bis die letzten Schritte verstummten. Dann blickte er ernst der Menge ins Auge und streckte sich in seiner ganzen Stattlichkeit: „Ich habe Ihnen eine Trauerbotschaft zu übermitteln. Kaiser Franz Joseph der Erste ist gestern abend im Alter von sechsundachtzig Jahren im Schloß Schönbrunn in Wien verschieden." Er senkte feierlich das Haupt, räusperte sich ergriffen und fuhr mit sonorer Stimme fort: „Der Tod des erlauchten Monarchen ist ein schwerer Verlust, sowohl für unsere österreichisch-ungarischen Waffenbrüder wie für uns Deutsche. Kaiser Franz Joseph war ein gerechter, weiser Herrscher, ein mutiger Soldat, ein aufrechter Christ, ein treuer Freund unseres Kaisers und unseres Volkes. Er wird als ein Symbol der Ritterlichkeit in die Geschichte eingehen, als ein deutscher Fürst, wie er sich selbst einmal nannte. Wir wollen seiner mit Ehrerbietung und Dankbarkeit gedenken, ganz besonders an dem Tage, an dem unsere heldenhaften Truppen unter Siegesglocken heimkehren werden.“ Nach dieser Ansprache wünschte Doktor Gärtner keinen Applaus. Er entließ seine Hörer mit einer würdevollen Geste, und während er mit festem Schritt im Institutsgebäude verschwand, hallte der übliche Lärm wieder über den Platz.

Matthias Stellenheim wunderte sich. Wie schön hatte der Rektor gesprochen und wie spurlos waren seine Worte vorübergegangen. Selbst die österreichischen Zöglinge turnten und spielten unbekümmert weiter. Peter Klauber hing zwar auf Halbmast an der Kletterstange, aber höher kam er auch an andern Tagen nicht. Gutgelaunt promenierten die Präfekten in ihren langen grünen Mänteln auf und ab, zu zweit, zu dritt, als wäre nichts geschehen. Herbert von Marich, der Sohn des Gründers, lachte sogar laut mit seinen Freunden, darunter Gotlieb, als hätte Rektor Gärtner einen Witz erzählt. In Wien lacht heute bestimmt niemand. Sicherlich knien im Stephansdom, ja in allen Kirchen in Österreich die Leute in stiller Andacht, und von den Dächern hängen Trauerfahnen. Wie wäre dem Großvater heute ums Herz, der Haus und Garten zu Kaisers Geburtstag so festlich schmückte?

Mit besonderer Erlaubnis durfte Stellenheim während der Studierzeit den Lebensweg seines verewigten Monarchen in Doktor Vernons Mittagszeitung verfolgen. Kaum hatte der Erzieher das Zimmer verlassen, brach Rothmund das Sprechverbot unverzüglich: „Was hat ihm eigentlich gefehlt? Woran ist er gestorben?"

„Lungenentzündung hat er gehabt", antwortete Matthias. „Er hat viel zuviel gearbeitet für sein Alter. Jeden Morgen ist er um fünf aufgestanden, und dann hat er den ganzen Tag gearbeitet bis in die Nacht hinein, sogar wie er krank war."

„Warum hat er nicht abgedankt, wenn er schon so alt war?" fragte Gotlieb, ohne von seinem Schreibheft aufzusehen.

„Warum hätt' er abdanken sollen? Er war noch sehr rüstig", erwiderte Stellenheim und zeigte auf ein Bild in der Zeitung: der Monarch hoch zu Roß bei der letzten Frühjahrsparade.

„War er jemals an der Front?" fragte Gotlieb. „Unser Kaiser war in der vordersten Linie. Ihr habt ja die Bilder gesehen."

„Bestimmt war unser Kaiser auch an der Front." behauptete Stellenheim.

Peter Klauber legte den Federstiel nieder: „In Prag hat ihn keiner mögen, den Franz Joseph, weil er hat mitten in der Stadt auf die Leute schießen lassen, und da waren viele Tote. Der Franz Ferdinand, der hat die Tschechen gern gehabt. Wenn er Kaiser geworden wäre, dann wäre Prag die Hauptstadt von Österreich und nicht mehr Wien."

„Aber geh, red keinen Blödsinn, Klauber", sagte Stellenheim. „Prag die Hauptstadt von Österreich! Wer hat dir so was Blödes eingeredet?"

„Das hat mir mein Vati gesagt, und mein Vati redet nichts Blödes, merk dir das! Und außerdem war die Frau vom Franz Ferdinand eine Tschechin, und deswegen hat der Franz Joseph beide umbringen lassen in Sarajevo, damit du's nur weißt!"

Matthias schlug mit der Faust auf den Tisch: „Das ist eine gemeine Lüge! Wenn du ... wenn du so was sagst, kannst du aufgehängt werden. Das ist ein Hochverrat und ... und eine schwere Sünde!"

„Ach du, immer mit deinen Sünden. Du kannst ja das nächste Mal, wenn du beichten gehst, auch für den Klauber beichten", bemerkte Gotlieb.

„Halt dein Maul, du ... du Heide! Mit dir red' ich überhaupt nie mehr!"

„Das wird mich schwer kränken. Du hast ja einen Vogel. Das bemerken auch schon andere. Glaubst du vielleicht, es sieht dich keiner, wenn du um den Platz herumgehst und vor dich hinplapperst wie ein armer Irrer?"

„Wer sagt das?!" Matthias sprang vom Sessel auf. „Wer sagt, daß ich einen Vogel hab'?!"

„Ich denke, du sprichst nicht mehr mit mir. Aber jetzt sage ich dir etwas; euer Kaiser war nie in seinem Leben an der Front. Erstens hat er sich nicht getraut und zweitens war er schon viel zu alt und zitterig." Einen Zittergreis konnte er gut nachmachen. „Er hat auch vom Krieg nichts verstanden. Wenn unser Kaiser einen Plan hatte, dann hat eurer justament das Gegenteil gemacht und dabei hat er immer alles verpatzt, und dann habt ihr zuletzt mächtig Dresche gekriegt, so wie unlängst von den Russen, und wir mußten euch dann aus der Patsche ziehen."

Rothmund schabte mit dem Taschenmesser am Deckel seines neuen Holzpennals: „Ach, du oller Quatschkop, das hat dir sowieso wieder alles der Marich erzählt. Alles, was der dir aufbindet, plapperst du nach, du Dusel."

„Freilich, ich hab' ja gesehen, wie sie vorhin alle zusammengestanden sind und gelacht haben draußen auf dem Platz, diese ... diese gemeinen Schufte!" Matthias verkrampfte die Finger in sein dickes Lesebuch, entschlossen, es dem Sachsen an den Kopf zu schleudern; da trat Doktor Vernon ins Zimmer und es wurde still.

„Man darf euch keinen Augenblick allein lassen. Könnt ihr euch nicht in der freien Zeit ausplaudern?" Während er sich wieder in seinen Fauteuil niederließ, gab Stellenheim ihm mit Dank die Mittagszeitung zurück.

Um 3 Uhr 45 endete die erste Hälfte der Studierzeit. Wer ein Glas Tee und ein Marmeladebrot wollte, mußte sich im Institutsgebäude an dem langen Tisch vor der Küche anstellen. Bald darauf herrschte auf dem Spielplatz wieder voller Betrieb. Die Zöglinge der oberen Jahrgänge schleppten für den Bau der Rodelbahn Bretter und Balken aus den Kellerräumen der Turnhalle. Herr Krehler, ein altes Hausfaktotum mit blauer Schürze, unentwegt Eisennägel kauend, überwachte die jungen Arbeiter und duldete Zuschauer nur in gemessenem Abstand.

Rothmund, knapp nach Erhalt eines Eßpaketes von seinem Onkel, vergönnte sich eine dicke Salamistulle: „Willst du abbeißen?"

Matthias schüttelte den Kopf und starrte auf die offene Falltür, die in den Keller der Turnhalle führte. Sooft Marich aus der Versenkung auftauchte, zuckte er zusammen. Der schlanke Junge mit dem pechschwarzen Haar sah nicht besonders stark aus. Viele seiner Kameraden waren breitschultriger als er, ihre Muskeln unter den aufgekrempelten Hemdärmeln größer als seine. Dennoch half er die schwersten Balken tragen und wurde demgemäß von Herrn Krehler mehrmals wohlwollend auf die Schulter geklopft. Sein Bewunderer, Hubert Gottlieb, der auf einem der Turnbarren saß, versuchte, ihn mit witzigen Zurufen zu amüsieren.

„So ein falscher Hund", meinte Rothmund. „Wie er sich bei ihm einschmeichelt."

„Aber red' nicht. Wie er vorhin auf unsern Kaiser geschimpft hat und wie er ihn nachgeäfft hat, da hast du auch gelacht", erwiderte Stellenheim.

„Ich habe bloß jelacht, weil er so 'n dofes Gesicht jemacht hat. Warum versohlst du ihn nicht tüchtig? Du bist doch stärker als er."

„Glaubst du, ich hab' Angst vor ihm?" Wieder ein Blick zur Falltür. „Ich fürcht' mich nicht einmal vor dem Marich."

„Schluß für heute! Feierabend!" rief Herr Krehler heiser. Sein Wort war Befehl; die letzten Balken wurden abgeladen, die Falltür fiel zu, die junge Arbeiterschaft holte ihre Röcke von den Turnbarren, während die vier Bogenlampen über dem Platz aufflammten. Die Uhr am Schulgebäude zeigte viertel fünf.

Stellenheim trennte sich von Rothmund und näherte sich ein wenig zögernd dem Lehrerhaus, vor dem eine Gruppe von vorwiegend älteren Zöglingen stand, in der Mitte Herbert von Marich, der die Schwielen auf seinen Händen herzeigte; sogar Gotlieb, der Jüngste unter ihnen, durfte sie befühlen, eine Auszeichnung, von der er reichlich Gebrauch machte, bis er plötzlich seinen Wohnkameraden erblickte: „Was stehst du da herum? Was willst du?"

Ohne ihm zu antworten, trat Matthias entschlossen näher: „Bitte, Marich, hast du einen Moment Zeit?"

Der junge Freiherr schaute auf: „Was willst du?"

„Bitte, kann ich dich einen Augenblick sprechen. Ich möchte dich etwas fragen, wenn du Zeit hast", sagte er höflich, wie es dem Zivilisten gegenüber einer straffen Uniform ziemte.

Marich musterte ihn von oben bis unten: „Wie heißt du überhaupt?"

Er nahm die Kappe ab: „Matthias Stellenheim."

„Stell dich doch mit dem nicht hin!"

„Halt die Schnauze, Gotlieb", erwiderte sein Gönner über die Schulter. „Also, Stellenheim, was willst du? Sprich."

Obgleich einer der größten seiner Klasse, reichte Matthias dem jungen Freiherrn bloß bis zur Nase: „Kann ich mit dir allein sprechen?"

„Wozu denn? Wir haben doch keine Geheimnisse."

„Vielleicht will er dir einen Wiener Walzer ins

Ohr singen", meinte der kahlgeschorene Hübeneiner aus der Ersten.

„Nein, das will ich nicht", sagte Stellenheim und fühlte, daß seine Kehle etwas trocken wurde. „Ich wollte dich nur fragen, Marich, ob du ... ob du über unseren Kaiser geschimpft hast? Denn der Gotlieb redet dir immer alles nach."

„Das ist eine gemeine Lüge!" protestierte Gotlieb.

„Schnauze halten", wies Marich ihn abermals zurecht und wandte sich wieder Stellenheim zu. „Unsern Kaiser? Ich habe über unsern Kaiser geschimpft?"

„Nicht über Kaiser Wilhelm, ich meine Kaiser Franz Joseph."

„Ach, den alten Franzl Joseph meinst du! Das ist etwas anderes. Der ist nicht unser Kaiser, sondern deiner. Das heißt, jetzt ist er überhaupt keiner mehr, weil er doch endlich das Zeitliche gesegnet hat. Ist dir das nicht klar?"

„Bitte, red nicht so, Marich", erwiderte Stellenheim. Daß ihm dabei die Stimme umkippte, erhöhte die allgemeine Heiterkeit.

„Ach, du willst mir wohl vorschreiben, wie ich reden soll? Interessant. Bitte schön, ich will mich natürlich gerne danach richten. Aber möchtest du nicht gefälligst sagen, was du eigentlich von mir willst?"

„Ich wollte nur wissen, ob du gesagt hast, daß unser Kaiser, ich meine der Kaiser Franz Joseph ... daß er nichts vom Krieg verstanden hat und daß er immer alles verpatzt hat und ... und daß wir immer Dresche gekriegt haben ... unsere Soldaten? Hast du das gesagt?"

Marich, die Beine gespreizt, die Fäuste in den Hüften, war die Liebenswürdigkeit selber: „Jawohl, ich habe mir erlaubt, das zu behaupten. Hast du am Ende etwas dagegen?"

„Wenn du das gesagt hast, dann bist du ein Lügner! Ja, ein Lügner! Der Herr Rektor, der weiß mehr als du, und der hat ganz anders geredet!"

„Kleb ihm doch eine, Mensch!" sagte Frohwirt aus der Zweiten.

Marich, zwar etwas erblaßt, lächelte gekünstelt: „Laß ihn nur ausreden, unterbrich ihn nicht. Also weiter, weiter, laß dich nicht stören, sprich dich nur aus."

„Glaubst du, ich fürcht' mich vor dir? Du sollst dich schämen; was du über unsern Kaiser gesagt hast, ist eine Gemeinheit, und ... und daß wir immer Dresche kriegen, ist eine Lüge, und eine gemeine auch noch dazu! Mein Onkel ist Oberst und mein Papa ist Leutnant. Und was bist denn du?! Glaubst du, du bist schon wer, weil dein Papa der Freiherr von Marich ist und ... und weil dir alle schön tun? Mir imponierst du nicht!"

Schon nahm Marich die Fäuste von den Hüften, doch sein Freund Frohwirt räusperte sich noch rechtzeitig, mit einem Blick auf die drei Präfekten, die bei der nächsten Bank miteinander plauderten.

Wilhelm Pautz, der Kavalier des Küchenmädchens, leckte an seinem Schnurrbartflaum: „Du hast

Schwein, mein Junge. Aber jetzt verzieh dich gefälligst!"

„Ich geh', wann's mir paßt", erwiderte Matthias.

Marich verschränkte die Arme und zog die Wangen ein: „Hör mal, du Dreckschnösel, dein alter Franzl Joseph war ein Idiot, ein Rindvieh, ein feiger Hund, und eure ganze Armee ist einen großen Scheißdreck wert, mitsamt deinem Onkel und deinem Herrn Papa! Verstanden?!"

Dem jungen Österreicher wurde leer im Kopf. Ihm schwindelte. Er sah den Stärkeren und seine Freunde und fühlte sich zu schwach gegen die Übermacht: „Na wart, Marich. Wart nur. Gott wird dich strafen. Er wird dich bitter strafen. Du hast auf einen Toten geschimpft. Wart nur, was dir geschieht. Der liebe Gott wird dich verfluchen."

Auf eine religiöse Wendung der Debatte war keiner gefaßt gewesen. Wer hätte den ernsten Knaben mit dem Trauerflor eines solchen Witzes für fähig gehalten? Schallendes Gelächter brach um ihn aus. Er aber, angefeuert von dem Hohn, blickte zum Abendhimmel und schrie aus voller Kehle, so laut, daß es die Rufe der nahen Schleuderballspieler übertönte: „Lieber Gott, verfluche den Marich! Bitte, verfluche ihn, lieber Gott!"

Sein Appell an den Himmel entfesselte ein Inferno an Heiterkeit. Einige setzten sich glatt auf den Boden, andere, wie Gotlieb, fielen platt auf den Bauch, stützten ihre Seiten und quietschten vor Vergnügen. Der muntere Kreis bekam Zuwachs: die Schleuderballspieler kamen gerannt, Turnbarren und

Kletterstangen leerten sich, Tomahawk und Tennisschläger lagen herrenlos im Staub. Sogar die drei Präfekten, einer davon Herr Lünz, wollten mitlachen.

„Und so was lauft frei herum! So ein armer Irrer!" schrie Marich, außerstande, das verstärkte Publikum zu übertönen.

Der Mittelpunkt der Heiterkeit stand wie angewurzelt, die Kappe in den Händen, und starrte in die Menge.

Die Uhr am Schulgebäude schlug halb sechs. „Antreten!" riefen die Präfekten.

XXII

Paul Oberdal aus der Zweiten, ein Sohn der Musen, bewährte sich auf dem Exerzierplatz als Tambourmajor, beim Gottesdienst in der Kapelle als Organist, und, gleich seinem Vorbild Richard Wagner, als Dichter und Komponist in einer Person. Reime schüttelte er aus dem Ärmel; alles was er brauchte, war die richtige Inspiration. Sein jüngster Wurf, einfach in Wort und Melodie, erwies sich als ein durchschlagender Erfolg, der rasch populär wurde.

Der gute heilige Stellenheim
Kann noch so manches werden,
Ein Priester oder Bischof gar,
Der frömmste Mann auf Erden.

Vielleicht wächst eines Tages ihm
Ein Busen gar, ein fester,
Und aus dem heiligen Stellenheim
Wird eine Klosterschwester.

Der neue Heilige machte seiner Zunft alle Ehre. Er schloß sich von der Umwelt ab, nahm an Spielen nicht mehr teil und verbrachte seine freie Zeit mit Vorliebe auf dem steingetäfelten Weg hinter den Bänken, ungeachtet der Knallerbsen, auf die er häufig trat, sowie der leeren Schachteln, Apfelsinenschalen oder anderer Überreste aus verzehrten Eßpaketen, die von den Bäumen auf ihn herunterregneten. Abwechslungshalber folgten ihm zwölf Pilger mit Holzratschen und Rosenkränzen aus Dörrpflaumen, die Schritt für Schritt wie aus einem Mund rülpsten, um zuletzt die Kerne ihrer Rosenkränze dem Heiligen im grauen Wintermantel ins Genick zu spucken. Eine solche Prozession gab es freilich nicht alle Tage, denn erstens erforderte sie Vorproben und zweitens erweckte sie die Aufmerksamkeit der Präfekten: „Schluß, Schluß, genug mit diesen Albernheiten! Macht, daß ihr weiterkommt, dumme Jungen!“ Aber der gutmütige Herr Frühhof, Dickerchen genannt, war nicht ernstlich böse.

Matthias Stellenheim ließ sich von seinen Spöttern nicht verscheuchen. Stundenlang schritt er den Weg, den er vordem nur zweimal die Woche in stiller Andacht gegangen war. Wie zum Trotz bot er ihnen seinen Anblick, als wollte er sie zu neuen

Missetaten verleiten. Er zündelte mit ihrem Hohn, es reizte ihn, sich als Freiwild auszusetzen. Um wieviel mehr haben die Apostel erduldet, und gar erst der Herr selber. Nur schweigen, nicht sich wehren. Je mehr die Ketzer sich versündigen, um so gnädiger sieht der Himmel auf den Verfolgten herab. Was liegt daran, daß leere Schachteln und andere Abfälle auf ihn fallen? Nur der graue Wintermantel und die Kappe werden beschmutzt, doch nicht ihr Träger. Wer aber wünschte sich, am Jüngsten Tag in Oberdals oder Marichs Haut zu stecken, wenn bei der Verlesung ihrer Namen der Engel mit dem feurigen Schwert nach unten zeigen wird? Was schert den Gläubigen eine Prozession von Frevlern, die Schritt für Schritt den sicheren Weg zur Hölle geht, während ihm bloß ein paar Pflaumenkerne ins Genick fliegen? Die meisten sind ohnehin daneben gegangen.

„Warum läßt du dich verkohlen? Warum jehst du immer da herum? Aus Dafke?“ fragte Rothmund. „Wirst sehen, wenn du wieder mittust mit den andern, so wie früher, dann lassen sie dich in Ruhe.“

„Glaubst du, mir liegt was dran, wenn sie sich über mich lustig machen? Das ist mir ganz egal. Ich geh’, wo’s mir paßt.“

Peter Klauber, schuldbewußt, widerrief seine Anschuldigung gegen den verstorbenen Kaiser: „Weißt du, es muß ja nicht wahr sein, daß er den Franz Ferdinand umbringen lassen hat. Sicher ist das nur so ein Gerede gewesen.“

„Aber du brauchst so einen Blödsinn nicht nachzuquatschen.“

„Ich tu’s sowieso nicht mehr. Aber warum läßt du dich von denen immer sekkieren? Sag’s doch dem Doktor Vernon, zeig sie einfach an.“

„O nein. Mir macht das nichts. Die werden schon sehen, was ihnen geschieht.“

Stellenheim war nicht der einzige stille Wanderer auf dem Weg hinter den Bänken. Eine ganz bestimmte Gruppe, derzeit ihrer sieben, verbrachte dort stets die freie Zeit. Der Älteste war mehr als vierzehn, der Jüngste noch nicht elf. Sie gingen zu dritt, zu viert, manchmal alle zusammen, eine freudlose Herde mit blassen, übernächtigen Gesichtern und müden Schultern, von denen schlaff die Uniformen hingen. Sie sahen älter aus als andere in ihren Jahren. Teilnahmslos gegen die Spiele ihrer Kameraden, trotteten sie meistens schweigend dahin; daß einer lächelte, kam selten vor. Auf der Kegelbahn und bei den Turngeräten wurden sie nicht geduldet. Mit Widerwillen saßen ihre Mitschüler im Klassenzimmer neben ihnen. Auch im Speisesaal und in den Geselligkeitsräumen begegneten sie nur verächtlichen Blicken. Die Waschräume durften sie morgens erst dann betreten, nachdem die andern sie verlassen hatten; so erging es ihnen auch im Schwimmbassin. Im Schlafsaal standen ihre Betten in der Ecke hinter einem braunen Holzverschlag. Kautschuklaken lagen unter ihren Leintüchern. Und darum reichte ihnen keiner die Hand. Niemand redete zu ihnen. Nur hin und wieder wurde der Jüngste unter ihnen, dem noch der Reiz der Neuheit anhaftete, so im Vorbeigehen ein Dreckschwein genannt.

Diese sieben Ausgestoßenen hatten ein schlimmeres Los als Matthias Stellenheim, der freiwillig und seiner Reinheit bewußt, sich von der Umwelt abschloß. Darum, und da er nun ein Heiliger war, taten sie ihm leid.

XXIII

Doktor Vernon war der beliebteste von den Lehrern. Die Jugend verzieh ihm sogar sein gallisches Blut und daß er Französisch unterrichtete. Seine Parteilosigkeit gegen Freundes- und Feindesländer in der Geschichtsstunde wurde ihm nicht verargt, denn seine Vorträge waren nie trocken, nie langweilig. Königen, Staatsmännern, Päpsten, Feldherren und Kurtisanen gab er Gesichter und Körper und ließ sie so überzeugend sprechen und handeln, als hätte er sie persönlich gekannt. Als er einmal in der vierten Klasse Bonapartes Hundert Tage mit dramatischer Spannung schilderte, meldete sich einer seiner mitgerissenen Hörer mit der Frage: „Bitte, Herr Doktor, können Sie nachmachen, wie Napoleon französisch gesprochen hat?“ Worauf er die Antwort bekam: „Leider nicht, denn er hatte einen korsischen Akzent.“

Auch mit seinen vier Zöglingen lebte Doktor Vernon in Eintracht. Beim Frühstück erzählte er ihnen gerne die für sie geeigneten Nachrichten der Morgenzeitung, nachmittags half er ihnen bei den Aufgaben, abends, wenn sie aus dem Speisesaal zurückkamen, besprach er mit ihnen ihre Tageserlebnisse oder löste seine Mama für eine Weile am Mühlebrett ab. Über ihren Fortschritt in der Schule hörte er nur Gutes; sogar mit Peter Klauber ging es allmählich bergauf. Auch über ihr Betragen auf dem Spielplatz und im Speisesaal kam keine Klage. Nur einmal berichtete ihm Präfekt Lünz während der Zehnuhrpause im Rauchzimmer einen sonderbaren Fall, der den lieben Gott und Matthias Stellenheim betraf.

„Natürlich sind die Jungens vor Lachen auf dem Bauch gelegen und jetzt ziehen sie ihn durch den Kakao. Am ärgsten treibt es Marich, der Lausejunge. Sie tun ihm nichts Böses, sie verkohlen ihn bloß mächtig. Ich denke, Sie sollten einmal mit ihm sprechen. Mir kommt vor, er hat einen religiösen Fimmel oder, weiß der Teufel, was das ist."

„Ob da mit Worten viel getan ist, weiß ich nicht", erwiderte Doktor Vernon. „Er ist sehr streng katholisch erzogen; das sitzt tief. Der Junge hat es überhaupt nicht gar so leicht. Gestern bekam er die Nachricht, daß er zu Weihnachten hierbleiben muß, weil sein Vater nach Warschau versetzt wurde. Für alle Fälle danke ich Ihnen, Herr Kollege. Ich will mir die Sache durch den Kopf gehen lassen."

Nach der Geschichtsstunde in der Vierten ersuchte er Marich, ihm zu folgen. Er redete mit ihm eine Weile auf einem der stilleren Seitengänge im

Schulhaus und sagte zuletzt vertrauensvoll: „Sie sind doch ein vernünftiger Junge, ich verlasse mich auf Sie."

Marich schlug die Fersen zusammen: „Jawohl, Herr Doktor."

Das Lied vom heiligen Stellenheim verstummte. Er mochte gehen und stehen, wo er wollte, weder fielen ihm Abfälle auf den Kopf, noch trat er auf Knallerbsen. Auch mit den Prozessionen war es vorbei. Der Heilige kam aus der Mode. Es gab andere Zeitvertreibe. Der Eislaufplatz wurde angelegt und, obgleich noch vergebens, ausgiebig bewässert. Anfangs Dezember fanden die ersten Schneeballschlachten statt und die Eröffnung der Rodelbahn.

Wieder ertönte der Gong zu außergewöhnlicher Zeit. Zöglinge und Präfekten versammelten sich rasch vor dem Institutsgebäude. Der Rektor trat ins Freie, fuhr sich mit kräftiger Hand durch die Locken und begrüßte sein Auditorium mit einem verheißungsvollen Lächeln: „Infolge Kohlenmangels werden die Weihnachtsferien um volle zwei Wochen verlängert!" Nach dieser Verlautbarung konnte er sich eine lange Pause vergönnen. Mehrmals mußte er beschwichtigend die Hand heben, ehe der Jubel allmählich verebbte. „Ich habe noch eine andere gute Nachricht für Sie. Das Ansuchen Ihrer Vertrauensmänner, vom ersten bis siebenten Februar Wettbewerbe auf dem Eislaufplatz abzuhalten, wurde bewilligt!" Damit hatte er seine Siegesrede nach der Eroberung von Belleville bei weitem überboten. Ein Beifallssturm begleitete seinen Abgang.

Die Stimmung war elektrisiert. Überall bildeten sich Gruppen. Neue Wasserstrahlen entluden sich auf den Eislaufplatz, in Anbetracht seiner festlichen Bestimmung. Schleunigst wurden die Statuten für die Sportwoche ausgearbeitet, Schiedsrichter und ein Komitee gewählt, die für Disziplin verantwortlichen Aufseher bestimmt und der Musikkapelle die nötigen Weisungen erteilt.

In Doktor Vernons Wohnung wurde das bevorstehende Ereignis nach dem Abendbrot eingehend besprochen. Die Vorbereitungsklasse, so hieß es bereits, sollte sich, zum Unterschied von den älteren Jahrgängen, bloß im Schnellaufen produzieren; aber auch das erforderte Übung. Rothmund wollte während der Weihnachtsferien in Berlin tüchtig trainieren, Gotlieb auf dem neuen Dresdner Eislaufplatz, und Klauber auf einem kleinen, direkt gegenüber seinem Wohnhaus in Prag. Nur eine Frage stand noch offen: in den städtischen Parkanlagen wurden Gitter und Zäune abgetragen, die Sammelwagen der Armee fuhren von Haus zu Haus um altes Eisen. Stahl, Kupfer und Nickel zählten längst zu den Edelmetallen: wo gab es noch einen Laden, der Schlittschuhe verkaufte? Rothmund baute auf die Beziehungen seines Vetters, der in einem großen Warenhaus in Berlin angestellt war. Aber wie sollten Gotlieb und Klauber sich helfen?

„Und du, Matthias?“ fragte Madame Vernon ihren Gegner am Mühlebrett.

„Ich brauch’ keine, ich mach’ nicht mit.“

„Weshalb nicht?“

„Ich hab’ keine Lust.“

„Warum willst du dich ausschließen? Vielleicht gewinnst gerade du den ersten Preis. Das kann man nie wissen.“

„Mir liegt nichts daran“, erwiderte er und machte den nächsten Zug.

Die alte Dame wollte unbedingt seinen sportlichen Ehrgeiz erwecken, aber ihr Zureden stimmte ihn nicht um.

„Wenn es ihm keinen Spaß macht, warum soll er sich zwingen?“ sagte Doktor Vernon. „Es muß ja nicht jeder schlittschuhlaufen, es gibt genügend andere Unterhaltungen.“

Die Pendeluhr schlug neun; das Mühlebrett wurde weggeräumt; drei Knaben klappten die Fersen zusammen und wünschten Gute Nacht, wogegen der vierte noch um ein Wort mit seinem Erzieher ersuchte.

„Ich wollte mich nur bedanken“, sagte Matthias, nachdem Madame Vernon und seine Kameraden das Zimmer verlassen hatten.

„Bedanken? Wofür?“

„Weil der Herr Doktor mit dem Marich gesprochen hat.“

„Wer hat dir das erzählt?“

„Das ... das haben mir viele gesagt. Bitte, woher hat der Herr Doktor gewußt, daß ... daß sie mich sekkiert haben?“

„Das habe ich in der Zeitung gelesen“, antwortete der Lehrer. „Lassen sie dich jetzt in Ruhe?“

„Ja, bitte."

„Na also, dann ist ja alles wieder gut."

„Ja, bitte." Nun klappte auch er die Fersen zusammen. „Gute Nacht, Herr Doktor."

„Gute Nacht, mein Junge."

Den nächsten Vormittag hatte Doktor Vernon bloß zwei Unterrichtsstunden. Schon um halb zwölf ging er in einige Kaufläden auf der Prager Straße, aber verließ jeden unverrichteter Dinge. Auch der alte Trödler gegenüber dem Hauptbahnhof konnte zu seinem Bedauern kein Geschäft mit ihm machen, sondern ihm bloß eine Adresse geben, wobei er betonte: „Aber das ist weit draußen!"

Als Doktor Vernon nach zwei Uhr nach Hause kam, wurde er mit einer Rüge empfangen: „C'est trop bête, Charles, que tu viens aujourd'hui si tard, et précisément le jour, où nous avons de la viande; elle est reduite en bouillie maintenant."

Er widersprach nicht; er legte seiner Mutter bloß nahe, ihn auf deutsch auszuzanken, um den Patriotismus des Dienstmädchens nicht zu verletzen.

Während der Studierzeit, als er wie gewöhnlich in seinem Fauteuil unter der Stehlampe saß, klappte er nach einer Weile sein Buch zu und sagte: „Heute vormittag hatte ich draußen in Trachau zu tun, und zufälligerweise kam ich an einer Eisenhandlung vorbei. Wir sprachen gestern so viel von Schlittschuhen, deshalb ging ich für alle Fälle hinein ..."

„Hatten sie welche?" unterbrach Gotlieb ihn.

„Ja, aber nur ein Paar in euerer Größe."

„Bitte, wo ist das Geschäft? Ich schreibe meinem Vater gleich, er soll sie mir kaufen."

„Die sind schon weg, aber ich bin überzeugt, du wirst wo anders ein Paar auftreiben. Stellenheim hingegen bleibt zu Weihnachten hier und kann sich keine beschaffen; und, wer weiß, vielleicht überlegt er es sich und geht doch unter die Eisläufer. Während der Ferien könnte er sich draußen auf dem Platz genügend ausbreiten. Bis dahin ist er bestimmt schon zugefroren." Er ging an die Kredenz und öffnete ein Paket. „Probier sie an, damit wir sehen, ob sie dir passen."

„Ja ... aber ... ich ... ich ..."

„Komm, schraub sie an!"

Sprachlos hielt Matthias die Schlittschuhe in den Händen, als wären sie aus den Wolken gefallen. Langsam setzte er sich und schraubte sie an seine Schuhe: „Die ... die passen mir gut ... sogar sehr gut passen die", stammelte er, als er fahrtbereit auf dem Teppich stand. „Bitte, was ... was kosten die?"

„Sei froh, daß sie dir passen und frag nicht. Das sind noch gute, solide aus der Friedenszeit."

„Aber das ... das kann ich doch nicht annehmen", meinte er, während seine Kameraden die Friedensware aus nächster Nähe bestaunten.

„Dann geben wir sie einfach zurück", sagte der Lehrer.

„Ich kaufe sie!" platzte Gotlieb heraus.

„Einen Schmarrn! Die gehören mir!" protestierte Stellenheim. „Bitte, Herr Doktor, sind sie auch rostfrei?"

„Bestimmt."

Matthias setzte sich wieder und hob die Füße vom Boden: „Die sind auch ganz leicht."

„Na also, dann ist ja alles gut", sagte Doktor Vernon und zog wieder einmal die Uhr in seiner Westentasche auf.

XXIV

Nur Dienstag und Freitag, so wie früher, ging Matthias Stellenheim in stiller Andacht auf dem Weg hinter den Bänken; das genügte für seine Berichte an die Großmutter. Als seine drei Wohnkameraden von den Weihnachtsferien einrückten, fanden sie ihn als unermüdlichen Eisläufer und in bester Laune; sogar Gotlieb schüttelte er die Hand. Mit Ausnahme von Schlauppach aus Stuttgart konnte keiner seiner Mitschüler auf dem Eislaufplatz mit ihm Schritt halten. Die einen waren langsamer als er, die andern bewegten sich mit Vorliebe auf allen vieren.

Tiefer Winter lag über dem Spielplatz. Zum Gaudium der Zöglingschaft produzierte sich Dickerchen, Präfekt Frühhof, als flotter Rodler, sein Kollege Schürmann als Schlittschuhläufer. Vor der Turnhalle wurde die Schiedsrichtertribüne mit zwei Fahnenmasten für die nahe Sportwoche errichtet. Das Komitee amtierte schon fleißig auf Zimmer Nr. 30 und schlug Bekanntmachungen am schwarzen Brett an. Auf die vermutlichen Sieger wurden

Wetten abgeschlossen. Die Leihgebühr für Schlittschuhe stieg von Tag zu Tag; Gotlieb verlangte für seine bereits zwei Mark für dreißig Minuten.

Ein Trompetenstoß verkündete die große Stunde. Spiegelglatt lag der Eislaufplatz in der Nachmittagssonne. Die Aufseher, die Stärksten aus der Ersten und Zweiten, mit Stock und weißer Armbinde, wiesen jedem Jahrgang seinen Aufstellungsort zu. Tambourmajor Oberdal samt seinen zehn Mann machten neben der Schiedsrichtertribüne halt. Die Präfekten patrouillierten hinter den Zuschauern auf und ab. Mit freiem Haupt trat Rektor Gärtner aus dem Institutsgebäude, schritt über den Platz, begleitet von einem langen Trommelwirbel, während Zöglinge und Präfekten stramm standen.

Nachdem die Kapelle das Deutschlandlied und den Turnermarsch gespielt hatte, bestiegen die fünf Schiedsrichter die Tribüne, über der eine reichsdeutsche und eine sächsische Fahne wehten. Der kahlgeschorene Hübeneiner aus der Ersten führte den Sprechtrichter an den Mund: „Ruhe! Ruhe! Ehe wir beginnen, gestatte ich mir im Namen der Zöglingschaft dem Herrn Rektor für die Bewilligung der Sportwoche zu danken." Drei einstimmige Hurrarufe, die Doktor Gärtner, im Kreis der Präfekten, freundlich quittierte. Hübeneiner sprach weiter: „Die Teilnehmer an den Wettbewerben werden dem Alphabet nach aufgerufen. Jeder Jahrgang erhält zwei Preise; der erste Preis ist ein rotes Band, der zweite ein blaues. Der Schiedsspruch erfolgt durch Stimmenmehrheit und ist unwiderruflich. Den Weisungen der Aufseher ist strengstens zu gehorchen. Zuwiderhandelnde werden vom Wettbewerb ausgeschlossen. Wir ersuchen um strengste Disziplin!“ Sein Kollege Herbert von Marich reichte ihm ein Blatt Papier. „Wir beginnen mit der Vorbereitungsklasse. Die sechzehn Zöglinge, die sich zum Wettbewerb gemeldet haben, mögen antreten.“ Im nächsten Augenblick standen sie in einer Reihe vor der Schiedsrichtertribüne. Hübeneiner nickte zufrieden: „Für die Vorbereitungsklasse ist nur Schnellaufen vorgesehen. Jeder hat den Platz sechsmal zu überqueren und jedesmal die beiden Pflöcke, diesen hier und den am drüberen Ende, mit der Hand zu berühren. Für die Einhaltung dieser Regel sind die beiden Pflockwächter verantwortlich. Wer einmal niederfällt, darf den Lauf fortsetzen, aber beim zweiten Mal scheidet er aus. Das Startkommando lautet, Achtung! Fertig! Los!“ Er warf einen Blick auf die Liste. „Der erste Läufer ist Fritz Altringen!“ Er wartete, bis der Genannte seine Schlittschuhe angeschraubt hatte und an den Start trat. „Fritz Altringen! — Achtung! — Fertig! — Los!“

Der Startwächter schnellte seine weiße Fahne nieder. Der Rektor und die Präfekten kamen näher. Altringen hielt sich passabel. Einmal fiel er nieder, stand aber bald wieder auf den Beinen und erfüllte seine Aufgabe in gemäßigtem Tempo. Der nächste, Füssel, hatte zweimal Pech und mußte abtreten. Gotlieb wankte zwar mehrmals bedenklich, einmal erwischte er noch rechtzeitig den einen Pflock, wurde aber zuletzt mit wohlwollendem Beifall belohnt. Peter Klauber lag schon vor dem Abfahrtssignal auf dem Bauch, erhob sich, zuckte unvorsichtigerweise die Achseln, als wollte er das allgemeine Gelächter von sich abschütteln, und rutschte dabei ein zweites Mal aus. Das war selbst ihm zu viel. Sein freiwilliger Abgang entfesselte weit mehr Applaus als die Leistung seines Vorgängers. Rothmund, bedeutend sicherer, doch nicht flink, ignorierte die Zurufe: „Mach mal, Mensch! Schneller! Schneller!“ Gute Haltung erschien ihm wichtiger als Geschwindigkeit. Langsam senkte der Startwächter bei seinem Einlauf die weiße Fahne; Schiedsrichter Pautz schaute gelangweilt auf die Stoppuhr, zeigte sie seinen Amtsgenossen, die das Ergebnis rasch notierten und sich dem nächsten zuwandten.

„Norbert Schlauppach! — Achtung! — Fertig! — Los!“

Der kleine, zähe Stuttgarter wurde ernst genommen. Einige fanden es sogar der Mühe wert, seine Leistung mit der Uhr zu verfolgen. Wie ein elektrisierter Käfer sauste der Knirps im grünen Sweater zwischen den beiden Pflöcken hin und her, im rötlichen Schein der Wintersonne. Zum Unterschied von Rothmund beeindruckten ihn die Zurufe des Publikums: „Bravo Schlauppach! Bravo! Geh los, Mensch! Flotter! Flotter!“ Siegesgewiß wollte er sich selbst übertreffen. Schon hatte er beinahe fünfmal den Platz überquert, ohne Wanken, ohne Fall. Nun noch einmal den Pflock berühren und dann los auf das Endziel! Doch gerade in diesem Augenblick ließ er sich von seinen Bewunderern zu sehr anfeuern und übertrieb seine Eile.

„Er hat den Pflock nicht berührt!" rief einer, und andere stimmten ihm bei.

„Doch, er hat ihn berührt! Freilich hat er ihn berührt!" behauptete die Gegenseite.

„Das ist nicht wahr! Er hat bloß die Hand ausgestreckt, aber er hat ihn nicht erreicht!"

Der Wortwechsel wurde gereizter und griff um sich. Die Aufseher forderten: „Ruhe! Ruhe! Vollkommene Ruhe!"

Der Pflockwächter stotterte verwirrt: „Mir kommt vor, er ... er hat ihn berührt. Ich ... ich glaube ..."

„Ich glaube! Mensch, du bist nicht in der Kirche!"

„Er hat ihn nicht berührt!" brüllte einer.

„Lüge! Er hat ihn berührt! Ich hab's gesehen!"

Der Pflockwächter war verstummt. Der Schnellläufer machte sich nichts wissen und rannte ins Ziel. Unter stürmischem Applaus blitzte die weiße Fahne neben ihm nieder.

„Vier Minuten dreiunddreißig!" schrie einer.

„Vier Minuten sechsunddreißig!"

„Wirf deine Uhr in den Abtritt!"

„Ruhe! Ruhe! Vollkommene Ruhe!" mahnten die Aufseher. „Die Schiedsrichter entscheiden, sonst niemand!"

„Er hat den Pflock nicht berührt! Er soll wiederholen!"

„Ja, er soll wiederholen!"

„Schnauze halten!“ Die Aufseher wurden deutlicher. Einer hob sogar den Stock, wich aber dem einschreitenden Präfekten, der den Meuterern mit sofortigem Abmarsch in den Studiersaal drohte.

Der Pflockwächter wurde zur Schiedsrichtertribüne gerufen. Seine Aussage lautete: „Ja, er hat ihn berührt.“ Damit war der Fall erledigt. Der nächste Wettbewerber, Sönker, setzte sich schon beim ersten Überqueren des Platzes zweimal nieder: „Abtreten!“

„Matthias Stellenheim!“

Ein leises Kichern sickerte durch die Reihen. Einigen fiel das Lied vom heiligen Stellenheim wieder ein. Aber die Aufseher hatten scharfe Ohren: „Ruhe! Ruhe! Keine Witze!“

„Matthias Stellenheim! — Achtung! — Fertig — Los!“

Er gab nicht gleich zu Anfang sein Bestes. Schlauppachs Triumph machte ihn nicht unsicher. Mit festem Griff erreichte er zum erstenmal den Pflock, den der Wächter nun mit verdoppeltem Pflichtbewußtsein im Auge hielt.

„Bravo Stellenheim! Bravo!“ Mit dem Kichern war es vorbei. „Leg los, Mensch! Vorwärts! Vorwärts!“

Nur Geduld, dachte der Läufer. Schlauppach war atemlos und sichtbar erschöpft ins Ziel gerannt, weil er zu früh sein Letztes gegeben hatte. Ihm sollte das nicht passieren. Deutlich berührte er den zweiten Pflock vor der Schiedsrichtertribüne; der Wächter nickte befriedigt.

„Bravo Stellenheim! Bravo!“

Nachdem er den Platz zum drittenmal überquert hatte, rief einer aus der Menge: „Zwei Minuten achtzehn!“ ein anderer sogar: „Zwei Minuten fünfzehn!“ Die Aufseher mahnten: „Schnauze halten!“

Die fünf Schiedsrichter standen regungslos unter den Fahnen. Vor der Turnhalle kaute der Rektor seine Zigarre, im Gespräch mit einigen Präfekten.

Zum letztenmal griff der Läufer nach dem streng bewachten Pflock. Und nun los aufs Ziel! Nicht länger sparte er mit seinen Kräften. Nun legte er sich ins Zeug, auf Doktor Vernons Schlittschuhen. Jetzt sollten der Rektor und die Präfekten etwas zu sehen kriegen, und Schiedsrichter Marich und Tambourmajor Oberdal und Gotlieb! Sein Herz schlug rasch vor freudiger Erregung, nicht vor Erschöpfung. Ihm fehlte es nicht an Atem. Jetzt gab er sein Letztes.

„Bravo Stellenheim! Bravo Stellenheim! Bravo Stellenheim!“

Schade, daß Doktor Vernon das nicht hören konnte; ein Pech, daß er gerade heute das Zimmer hüten mußte.

„Vier Minuten zehn Sekunden!“

„Ruhe! Ruhe!“

„Bravo Stellenheim! Bravo Stellenheim! Bravo Stellenheim!“

Der Startwächter hob die weiße Fahne; der Rektor nahm die Zigarre aus dem Mund. Pautz, den Daumen druckbereit auf der Stoppuhr, und seine Amtsgenossen schärften den Blick. Die Zuschauer verstummten. Die weiße Fahne schnellte zu Boden. Einstimmiger Beifall, neidloser Jubel aus allen Kehlen! Der Heilige war vergessen, ein Sieger geboren, dem kein Geringerer als sein Rektor auf die Schulter klopfte: „Bravo, mein Junge, gut hast du's gemacht!“ Mit strahlendem Gesicht schraubte der Läufer seine Schlittschuhe ab. Wer würde jetzt noch wagen, ein Spottlied auf ihn zu singen? Nur ein Idiot kann sich einen Sieger als Klosterschwester mit einem Busen vorstellen. Fein blamiert, Herr Dichterkomponist Oberdal!

Die restlichen Wettbewerber boten keine Überraschung. Der Stuttgarter und der Wiener blieben unübertroffen. Ehe die Richter sich zur Beratung in die Turnhalle zurückzogen, befahl Hübeneiner den sechzehn Läufern, in einer Reihe vor der Tribüne den Schiedsspruch zu erwarten. Im Publikum wurden neue Wetten abgeschlossen und die bestehenden zum Teil verdoppelt. Einige, die zwischen Stellenheim und Schlauppach schwankten, setzten auf den ersteren als Champion, in der Vermutung, der fragwürdige Zwischenfall beim Pflock könnte den Schiedsspruch zuungunsten des letzteren beeinträchtigen. Der Rektor wartete die Rückkehr der Richter nicht ab. Während er im Gespräch mit Präfekt Frühhof zum Institutsgebäude ging, erschien einer von Graf Zeppelins Luftriesen über den Dächern und warf seinen mächtigen Schatten auf den Platz. Mit dröhnendem Motor schwebte er dahin, teilnahmslos gegen die vielen roten Tellerkappen, die ihn grüßten.

Die Schiedsrichter bestiegen wieder die Tribüne. Hübeneiner, einen Zettel in der Hand, führte feierlich den Sprechtrichter an den Mund: „Ruhe! Ruhe! Nur die beiden Preisträger werden bekanntgegeben. Die übrigen Resultate werden morgen vormittag am schwarzen Brett angeschlagen. Das rote Band, der erste Preis, wurde nach einer Laufzeit von vier Minuten einunddreißig Sekunden Norbert Schlauppach zugesprochen. Das blaue Band, den zweiten Preis, erhält Matthias Stellenheim nach einer Laufzeit von vier Minuten neunundreißig Sekunden. Die Sieger mögen sich zur Preisverteilung auf die Tribüne begeben."

Beifall von rechts und links; Protestkundgebungen vom andern Ende des Platzes: „Der Schlauppach hat den Pflock nicht berührt!"

„Doch, er hat ihn berührt!" behauptete die Gegenpartei.

„Einen Dreck hat er ihn berührt! Die Hand hat er ausgestreckt, das heißt nicht berühren!"

„Pfui Pflockwächter!"

„Pfui Schiedsrichter!"

„Ruhe! Schnauze halten!" riefen die Aufseher.

„Schlauppach soll wiederholen!"

„Beide sollen wiederholen!"

„Erster Preis Stellenheim! Erster Preis Stellenheim!"

„Erster Preis Schlauppach! Erster Preis Schlauppach!"

„Schnauze halten! Habt ihr verstanden?!" Die Aufseher, entschlossen, die Revolte zu ersticken, stießen auf Widerstand. Einem wurde der Stock entwunden und gegen ihn selber geschwungen. Nun griffen die Präfekten, ihrer vier, energisch ein. Die Aufwiegler wurden von den Wettbewerben ausgeschlossen und marschierten in die Studiersäle ab.

Die Schiedsrichter schenkten den Radaumachern keine Beachtung. Mit aller Ruhe legte Wilhelm Pautz das breite rote Seidenband um Schlauppachs Hals; das blaue wurde von Herbert von Marich verliehen. Ein Trommelwirbel begleitete die Zeremonie; anschließend spielte die Kapelle nochmals das Deutschlandlied, wieder standen alle stramm. Danach salutierten die Schiedsrichter und verließen die Tribüne. Die Fahnen wurden niedergelassen, die Zuschauer zerstreuten sich, der Eislaufplatz stand wieder allen offen.

Der Träger des zweiten Preises nahm sein blaues Band ab und rollte es zusammen. Die Glückwünsche seiner Kameraden, die Anerkennung des Präfekten Lünz: „Siehst du, es geht auch anders!" ließen ihn kalt. Er zog seinen roten Sweater straff und ging entschlossen auf die Turnhalle zu, wo die fünf Schiedsrichter konferierten. Marich lehnte lässig an einem der Turnbarren, Hübeneiner machte mit gewichtiger Miene Notizen auf seinem Block, Pautz schwang die Stoppuhr am Lederband und leckte an seinem Schnurrbartflaum; die andern zwei studierten eine Liste.

„Was willst denn du schon wieder?" fragte Pautz.

„Bitte, ich möchte nur fragen, ob der Schlauppach und ich noch einmal wettlaufen dürfen, weil ...

vielleicht hat er den Pflock doch nicht berührt."

Hübeneiner zog die Stirn hoch und sah seine Kollegen mit großen Augen an: „Habt ihr das gehört? Mir scheint, der ist übergeschnappt. Du meinst also, wir sollen deinetwegen den ganzen Zimt nochmals von vorne anfangen?"

„O nein, bloß der Schlauppach und ich sollen wiederholen. Ihr habt doch gehört, daß viele geschrien haben, er hat den Pflock nicht berührt."

„Hör mal, uns kümmert nicht, was ein paar Idioten brüllen. Der Pflockwächter hat gesehen, daß er ihn berührt hat; damit ist der Fall erledigt."

„Aber der Pflockwächter kann sich auch irren. Ich will ja nur . . ."

„Subtrahier dich, Mensch!" sprach Pautz. „Hier ist kein Kindergarten. Sei froh, daß du das blaue Band hast und zieh ab!"

„Du brauchst nicht gleich so . . . so zu reden, auch wenn du ein Schiedsrichter bist. Ihr habt nicht gesehen, ob er den Pflock berührt hat, ihr wart viel zu weit weg."

Marich, die Hände in den Manteltaschen, lehnte nach wie vor am Turnbarren: „Wie lange wollt ihr euch noch mit dem Schnösel hinstellen? Habt ihr so viel Geduld?"

Matthias hielt seine Schlittschuhe fest unterm Arm: „Mit dir hab' ich nicht gesprochen. Du glaubst, weil du mir das Band umgehängt hast, darauf fall' ich dir herein?"

Langsam löste sich der junge Freiherr vom Turngerät: „Wie meinst du das?"

„Hau ab, Mensch!“ riet Hübeneiner.

Doch der junge Zivilist blieb: „Ich weiß sehr gut, warum ihr den Schlauppach das rote Band gegeben habt; weil er ein Deutscher ist. Wenn er ein Österreicher wär', dann hättet ihr bestimmt gesagt, er hat den Pflock nicht berührt, und dann hättet ihr ihm nicht den ersten Preis gegeben. Und wer weiß, ob er überhaupt schneller gelaufen ist als ich? Beim Probelaufen hat er fast immer gegen mich verloren. Weil ihr sagt, er ist schneller gelaufen, deshalb muß es noch lange nicht wahr sein. Ihr haltet ja alle zusammen! Ich kenn' euch!“

„Jetzt hau aber ab, du Drecklöffel!“ Pautz vergaß Amt und Würde. „Sonst kriegst du eine in die Fresse, daß dir Hören und Sehen vergeht.“

„O nein, er soll nur bleiben.“ Marich näherte sich ihm. „Du meinst also, daß du schneller warst als Schlauppach und daß wir Betrüger sind. Das willst du offenbar sagen, hm?“ Mit gespreizten Beinen stand er vor ihm, die Fäuste in den Hüften, genau wie damals vor Wochen.

Er spürte Marichs Atem, aber wich nicht zurück. Die eine Hand um das blaue Band gekrampft, die andere um die Schlittschuhe, zwang er sich, zu bleiben: „Du gehst mich gar nichts an. Du bist für mich überhaupt kein Schiedsrichter, weil du gegen mich bist! Mir machst du nichts vor!“

Marichs Schläfen zuckten: „Also, ich bin parteiisch? Ich bin kein Schiedsrichter für dich, du österreichischer Schweinehund?“

Matthias schlug das Herz bis zum Hals hinauf:

„Ich ... ich hab' doch nur gefragt, ob ... ob der Schlauppach und ich noch einmal laufen dürfen ... weil ...“

Zu spät kam seine Furcht. Diesmal verschränkte Marich die Arme nicht, als er die Fäuste von den Hüften nahm.

Doktor Vernon, der den französischen Aufsatz der fünften Klasse korrigierte, wollte sich eben dem Inhalationsapparat zuwenden, der hinter ihm auf dem Nachttisch zu zischen begann, als es heftig an seiner Zimmertür klopfte. Atemlos berichtete Rothmund: „Marich hat Stellenheim niederjeschlagen ... ich ... ich weiß nicht weswejen. Er ist mit dem Kopf auf den Turnbarren jefallen. Ich ... ich weiß nicht, was ihm jeschehen ist ... er ... er blutet mächtig!“ Rasch vergaß Doktor Vernon seine Erkältung und den Inhalationsapparat. In Hose und rotem Wollschlafrock rannte er aus der Wohnung, sein Zögling hinter ihm. Unten auf dem Spielplatz bekamen sie schnell Gefolgschaft. Schleuder- und Fußballspieler, Diskus- und Tomahawkwerfer ließen alles liegen und stehen, im Nu leerte sich der Eislaufplatz, aus allen Ecken kamen die Neugierigen gerannt, selbst die sieben Geächteten, die an der Sportwoche nicht teilnahmen, galoppierten heran. Vor der Turnhalle schafften bereits einige Präfekten Ordnung im Gedränge. Herr Frühhof verhörte den Täter und seine vier Zeugen. Herr Lünz nahm Stellenheim das blutige Taschentuch vom Gesicht und borgte ihm seines.

Der Lehrer im roten Schlafrock brach sich Bahn

durch die Menge: „Laß sehen", sagte er ruhig. „Hast du Schmerzen?" Sein Zögling zitterte und schluchzte; er blutete heftig aus der Nase; sein rechtes Auge war verschwollen. Doktor Vernon gab ihm das Taschentuch zurück und ersuchte Präfekt Lünz: „Bitte, führen Sie ihn auf die Krankenabteilung. Ich komme gleich nach." Mit dem letzten Wort wandte er sich jäh um, dorthin, wo das Verhör stattfand. Mit einem Griff schob er Herrn Frühhof beiseite, mit dem zweiten packte er den jungen Freiherrn an der Brust und preßte ihn an die Mauer der Turnhalle. Seine Beteuerungen, er sei nicht schuld, Stellenheim hätte ihn und die andern Schiedsrichter beleidigt, halfen nichts.

„Cochon! — Cochon! — Sale Cochon!" hallte es über den Platz, während Lehrer und Schüler auf dem Zementboden landeten und eine Brille zerbrach.

Der versammelten Zöglingschaft blieb der Atem weg; mit offenen Mündern standen sie da. Welch ein Schauspiel! Ein Lehrer war plötzlich wieder Schuljunge geworden, wälzte sich mit einem andern auf dem Boden und drosch ihn windelweich, wie einst im Mai! Und was er dabei rief, wer kannte diese Worte nicht? Seine schlechtesten Schüler, die von Molière und Racine nichts wissen wollten, die faulsten Vokabelschreiber, ja, selbst die Anfänger aus der Sechsten verstanden mit einemmal Französisch. Sprachlos, wie die Jugend, standen die Präfekten herum. Nur Herr Frühhof bemühte sich mit aller Kraft, den neuerwachten Studenten der Sorbonne von seinem Opfer loszureißen, doch vergebens.

„Salaud! — Salaud!“

Ein Wort, das die wenigsten verstanden, aber einige wiederholten es, um es im Wörterbuch zu suchen. Nach etlicher Mühe befreiten endlich vier Präfekten den wimmernden Zögling von seinem Geschichts- und Französischlehrer. Ein unsterblicher Tag in den Annalen des Friedberg-Institutes.

Doktor Vernon klaubte die Überreste seiner Brille auf, rieb seine kurzsichtigen Augen und ging langsam zum Institutsgebäude.

„Hole Herrn Doktor Vernons Mantel und trage ihn auf die Krankenabteilung“, befahl Präfekt Schürmann dem Zögling Gotlieb, der wie versteinert vor ihm stand. „Na, mach mal! Lauf!“

Neben einem der Turnbarren lagen zwei Schlittschuhe und ein blaues Band. Rothmund bückte sich.

XXV

Denselben Nachmittag standen Herbert von Marich mit einem Pflaster auf der linken Hand und Matthias Stellenheim mit einem dicken Verband über Auge und Nase vor dem Schreibtisch ihres Rektors. Majestätisch, wie Kaiser Wilhelm und König Friedrich August in den goldenen Rahmen, blickte Doktor Gärtner auf die beiden Schuldigen.

„Was immer auch Stellenheim gesagt hat, Sie hatten kein Recht, ihn zu schlagen. Gerade Sie als Schiedsrichter waren verpflichtet, durch vorbildliches Benehmen ein gutes Beispiel zu geben. Überdies ist es eines Deutschen unwürdig, sich an einem Schwächeren zu vergreifen. Ich bin überzeugt, auch Ihr Vater wird Ihre Handlungsweise verurteilen."

„Herr Doktor Vernon ist viel stärker als ich und hat mich trotzdem geschlagen", erwiderte der Sohn des Freiherrn mit blassen Lippen und warf trotzig sein Haar aus der Stirn.

„Herr Doktor Vernon war offenbar sehr erregt. Er trägt schließlich die Verantwortung für seine Zöglinge und er wußte ja im ersten Augenblick nicht, was Stellenheim geschehen ist."

Marich zog die Wangen ein: „Er hat mich nicht nur geschlagen, er hat mich auch beschimpft, er hat mich Schwein genannt, noch dazu schmutziges Schwein. Er hat noch ein anderes Schimpfwort gebraucht, aber das habe ich nicht verstanden."

Der Rektor legte einen verrosteten Granatsplitter auf die Papiere zu seiner Rechten: „Sie kennen Herrn Doktor Vernon nun schon seit drei Jahren, es ist gewiß nicht seine Art, handgreiflich zu werden und Schimpfworte zu gebrauchen. Er hat ganz einfach in der Erregung die Nerven verloren. Sind Sie sich darüber im klaren, daß die Sache sehr schlimm hätte ausgehen können? Herr Sanitätsrat Kemp hat im ersten Moment befürchtet, Stellenheims Nasenbein sei gebrochen. Das hätte ihn für sein ganzes Leben verunstaltet. Wäre Ihnen das gleichgültig gewesen?"

Marich zupfte an seinem Pflaster: „Außerdem hat Herr Doktor Vernon französische Schimpfworte gebraucht. Es heißt doch ausdrücklich, während des

Krieges darf nur im Unterricht französisch gesprochen werden. Und, bitte, ich erinnere mich auch, unlängst in der Geschichtsstunde hat Herr Doktor Vernon behauptet, daß Friedrich der Große ein Freund der Franzosen war und daß an seinem Hof in Potsdam meistens französisch geredet wurde. Er hat auch gesagt, daß der beste Freund von Friedrich dem Großen ein französischer Dichter war; ich weiß im Moment nicht, wie er hieß."

„Sie meinen Voltaire."

„Ja", antwortete Marich verwundert.

„Herr Doktor Vernon ist Historiker und hält sich an Tatsachen."

„Aber im Geschichtsbuch steht kein Wort davon."

„Im Geschichtsbuch ist nicht für alles Platz, aber etliche andere Bücher berichten davon." Doktor Gärtner lehnte sich zurück und betrachtete sein langes elfenbeinernes Papiermesser. „Ich will Ihnen etwas sagen, Marich, wir haben es nicht nötig, die Lügenpropaganda unserer Feinde nachzuäffen und geschichtliche Tatsachen zu verfälschen. Nur der Schwächling belügt sich, aber unser Deutschland ist stark, mächtig und kämpft für die Wahrheit. Wäre es nicht unsinnig, einem Napoleon seine Verdienste abzusprechen, bloß weil er Franzose war? Ein Reich, das Männer wie Hindenburg, Ludendorff und Makkensen zu seinen Söhnen zählen darf, braucht wahrhaftig keine Nation um ihre vergangenen Größen zu beneiden, um so weniger, als unsere Feinde heute keinen Napoleon besitzen und wir dafür sorgen werden, daß keiner mehr kommt."

Auf die politischen Betrachtungen des Rektors war Marich nicht eingestellt: „Herr Doktor Vernon hat Stellenheim stets bevorzugt. Er hat ihn ins Theater und in Jugendkonzerte geführt und immer für ihn bezahlt; das wissen alle. Er hat ihm auch Schlittschuhe geschenkt."

Doktor Gärtner warf das Papiermesser auf den Schreibtisch: „Wie können Sie sich unterstehen, einen Vorgesetzten zu kritisieren?! Was sind das für Manieren?!" Er erhob sich und schritt auf dem dikken grauen Filzbelag auf und ab. „Und wie können Sie wagen, die patriotische Gesinnung Ihres Lehrers anzuzweifeln?! Herr Doktor Vernon ist ein guter Deutscher so wie alle Elsässer, merken Sie sich das ein für allemal! Und was dich anbelangt, Stellenheim, du scheinst ein recht loses Mundwerk zu haben. Du machst überhaupt ziemlich viel von dir reden, mir ist schon so verschiednes über dich zu Ohren gekommen. Dein Benehmen ist äußerst ungewöhnlich und erregt Anstoß. Das muß sich ändern, und zwar gründlich. Niemand wollte dir unrecht tun. Du hast den zweiten Preis bekommen, damit hättest du reichlich zufrieden sein können. Aber du willst offenbar immer der Mittelpunkt sein."

Matthias stand stramm, die Hände an der Hosennaht: „Bitte, Herr Rektor, ich ... ich will nicht der Mittelpunkt sein, das ... das will ich wirklich nicht", erwiderte er, so gut er es mit dem Verband konnte.

Doktor Gärtner strich sich über den Spitzbart: „Ich hätte gute Lust, die Sportwoche abzubrechen, aber diese Enttäuschung will ich eueren Kameraden nicht bereiten. Hingegen werden Sie, Marich, Ihr Schiedsrichteramt niederlegen und auch an den Wettbewerben nicht teilnehmen. Stellenheim wird das blaue Band abliefern und damit auf den zweiten Preis, der ihm nicht genügt hat, verzichten. Außerdem habt ihr beide eine Woche Absonderung." Er griff nach seiner Pfeife. „Jetzt reicht einander die Hände und begrabt euere Feindschaft."

Marich gehorchte mit sichtbarem Widerwillen.

„So, und nun könnt ihr gehen."

XXVI

Mit Spannung erwartete die vierte Klasse ihren Geschichtslehrer. Wie wird er sich benehmen? Wird er tun, als wäre nichts geschehen? Wird er mit Marich reden oder gar die Unverschämtheit aufbringen, ihn zu prüfen, nachdem er ihn Tags zuvor außer ein Schwein auch einen Dreckskerl genannt hatte, wie das Wörterbuch verriet. Eine Woge der Empörung gischte durch den Schulraum: während Brüder und Väter in Verdun und an der Marne ihr Blut vergießen, brüllt ein Lehrer einem deutschen Studenten die gemeinsten französischen Schimpfworte ins Gesicht! Und so einer nennt sich Erzieher? Warum zeigt er seine Kräfte nicht im Feld? Fünfzigjährige rücken ein, und so ein Drückeberger, kaum vierzig, sitzt mit seiner französischen Frau Mama im warmen Stübchen, bloß weil er Augengläser trägt? Aber wenn es darum geht, einen Schwächeren auf gemeinste Weise zu verdreschen, dann sieht er auf einmal auch ohne Brille!

„Setzen!" sagte Doktor Vernon mit klarer Stimme. Der Ausflug im roten Schlafrock schien seiner Erkältung gut getan zu haben. Nachdem er die Namen der Fehlenden eingeschrieben hatte, schlug er das Klassenbuch zu, stand auf und ging langsam an den Fenstern entlang zur fünften Bank. „Tut Ihnen die Hand noch weh?"

Alle Augen blickten auf Marich, der sitzenblieb und mit zugekniffenem Mund regungslos vor sich hinsah.

„Ich muß zugeben, ich würde mich an Ihrer Stelle genau so benehmen", sagte der Lehrer und ließ sich auf der lauwarmen Zentralheizung nieder. „Aber ich hoffe, Sie haben nicht die Absicht, mich für alle Zeiten zu hassen. Das täte mir leid, denn bisher haben wir einander doch recht gut verstanden. Ich will Ihnen nicht verschweigen, daß ich den gestrigen Vorfall bedauere, ich denke, wir sollten ihn nicht zu ernst nehmen, sondern ihn möglichst bald vergessen."

Marich schwieg. Auch seine Kameraden rührten sich nicht. Kein Laut kam von den Bänken. Sechsunddreißig Musterknaben.

Doktor Vernon kehrte aufs Katheder zurück. Ausnahmsweise überließ er sich nicht seinem Gedächtnis, sondern trug aus dem Lehrbuch vor. Er prüfte nicht, und keiner meldete sich zu Wort. In einer Stunde erledigte er den Dreißigjährigen Krieg samt dem Westfälischen Frieden. Am Ende versprach er, das nächste Mal mehr ins Detail zu gehen.

Kaum war er draußen, überstürzten sich die Meinungen: „Jetzt hat er es mit der Angst gekriegt! Wie nervös er bloß war, wie er unentwegt an seiner Brille herumgefummelt hat! Ja, an eine neue Brille muß man sich gewöhnen! Ganz käsig war er im Gesicht, die ganze Zeit hat er ins Buch gestarrt! Bravo, Marich, recht hast du, mit einem solchen Hund redet man nicht! Ja, ja, jetzt sollst du die Sache möglichst bald vergessen, weil er weiß, daß er fliegt, wenn dein alter Herr es will! Bestimmt hat Gärtner ihm gesagt, er muß sich vor uns allen bei dir entschuldigen. Er war noch gestern abend bei ihm in der Kanzlei, der Hafner hat ihn herauskommen gesehen! Sicher hat ihm der Olle tüchtig Saures gegeben!"

Marich saß stumm in der Bank, nahm keinerlei Stellung zu den Ansichten seiner Kameraden, sondern hielt Absonderung, wie der Rektor es befohlen hatte. Genau so verhielt er sich zwei Tage später, als er vom Sonntagsurlaub einrückte und von seinen Freunden mit Fragen bestürmt wurde. Er zuckte geheimnisvoll die Achseln, ohne mit einer Silbe zu verraten, wie sein alter Herr über den Fall denke und was er zu tun beabsichtige. Sanitätsrat Kemp nahm ihm das Pflaster ab und entließ ihn als geheilt. Teilnahmslos gegen die Darbietungen der Schlittschuhläufer ging er auf dem Spielplatz auf und ab oder er blieb mit Genehmigung seines Präfekten allein im Studiersaal.

Matthias Stellenheim hatte sein blaues Band im Komiteezimmer abgegeben, dennoch sah er von weitem mit verbundenem Gesicht den Wettbewerben zu und applaudierte wie die andern, wenn ein geschickter Bogenläufer es verdiente. Rothmund, der oft in seiner Nähe stand, wurde von vielen verachtet, weil er für ihn um Hilfe gerannt war.

Einer der beiden Landesschulinspektoren vom vergangenen Jahr wurde im Haus gesehen, ebenso Marichs Vater, gerade als er die Rektorskanzlei verließ. Gerüchte gingen von Mund zu Mund: Vernon kommt vor eine Disziplinaruntersuchung! Er wird strafweise einrücken müssen! Quatsch, er ist doch untauglich, was sollten sie mit ihm anfangen? Allerhand, beim Militär gibt's eine Menge zu tun, zum Beispiel Latrinen putzen; den Weg ins Scheißhaus finden auch die Kurzsichtigen! Dort kann er französisch reden, so viel er will. Gegen solche Stimmen kamen die wenigen, die noch zu ihrem Lieblingslehrer hielten, nicht auf. Ihnen wurde Schlappheit und Mangel an Patriotismus vorgeworfen. Begriffen sie nicht, daß die Ehre eines jungen Deutschen und der gute Ruf des Hauses auf dem Spiel standen? Wie konnten sie sich für einen Mann einsetzen, der nicht nur gemein und feige war, sondern ganz offensichtlich auch ein Franzosenfreund, wie die meisten von diesen hinterlistigen Elsässern? So sprachen die Jüngeren, die Reiferen hingegen sahen den Fall in einem andern Licht. In den oberen Jahrgängen wurde eine heikle Frage aufgeworfen: aus welchem Grund kann ein Mann, der sonst so ruhig ist, sich plötzlich so völlig vergessen? Hätte er auch die Nerven verloren, wenn es um einen andern seiner Zöglinge gegangen wäre, etwa um Klauber? Oder bedeutet Stellenheim ihm mehr als alle andern? Wie kommt es, daß ein Mann in seinen Jahren unverheiratet ist und, außer mit seiner alten Mutter, mit keiner Frau gesehen wird? Ist es nicht unterhaltender, ein hübsches Mädchen zu Sonntagskonzerten oder ins Theater zu führen als einen zehnjährigen Knaben? Doch wer weiß, Stellenheim ist gut gewachsen, groß für sein Alter; nicht zu leugnen, ein hübscher Junge. Sollte sein Erzieher, mit dem er die Sommer- und die Weihnachtsferien verbrachte, ihm näher gekommen sein, als das Gesetz es gestattet? Solche Fälle gibt es häufig, überall, sogar in der Marine!

Unbekümmert um die feindliche Haltung seiner Schüler ging Doktor Vernon ruhig im Klassenzimmer auf und ab, unterrichtete wieder, wie gewohnt, aus dem Stegreif und prüfte Marich in freundlichem Ton wie alle andern. Auch zu Haus war sein Benehmen unverändert. Er half seinen Zöglingen bei den Aufgaben, erkundigte sich nach ihrem Fortschritt in der Schule, nach dem Verlauf der Sportwoche und unterhielt sich mit ihnen über ihre Tageserlebnisse. Hin und wieder durfte sogar Stellenheim ein paar Worte einwerfen; auf das Mühlebrett mußte er allerdings, seiner Strafe gemäß, noch einige Tage verzichten.

Der Paragraph XII der Hausordnung, der dem Zögling Zeitungslektüre im Friedberg-Institut untersagte, wurde von den älteren Jahrgängen häufig übertreten. Zum erstenmal aber kam es vor, daß ein Zeitungsausschnitt in zahlreichen Exemplaren von Hand zu Hand ging. „Nicht beschmutzen, nicht zerknittern, Schnauze halten und weitergeben!“ lautete die Parole. Im Studiersaal der Dritten konfiszierte der Präfekt einen solchen Wisch, dessen Inhalt er offensichtlich schon kannte, und warf ihn wortlos, ohne Verhör, in den Papierkorb.

Gotlieb, ein langsamer Leser, entzifferte die Meldung des Dresdner Mittagsblattes nachts im Schlafzimmer. Als er endlich damit fertig war, kamen seine Kameraden dran, Stellenheim, sein Bettnachbar, als erster. Er lieh ihm sogar seine Taschenlampe, betonte aber ausdrücklich, daß eine elektrische Batterie eine Mark zwanzig koste.

Schändlicher Übergriff eines Lehrers

In einer Knabenerziehungsanstalt unserer Stadt ereignete sich vor wenigen Tagen ein höchst unliebsamer Vorfall. Ein Fachlehrer für Französisch und Geschichte mischte sich in einen Streit zweier Zöglinge, ergriff dabei die Partei seines Günstlings und mißhandelte den andern Jungen dermaßen, daß er ärztlicher Pflege bedurfte. Überdies beschimpfte er den wehrlosen Knaben auf die niedrigste Weise in Anwesenheit der versammelten Zöglinge und Präfekten. Äußerst bemerkenswert ist, daß jener sogenannte Pädagoge bei dieser Gelegenheit die gemeinsten Worte der französischen Sprache gebrauchte, Ausdrücke, deren Wiedergabe Sitte und Anstand verbieten. Es ist zu erwarten, daß sowohl die Institutsleitung wie auch das Unterrichtsministerium diesen Fall einer eingehenden Untersuchung unterziehen werden. Die deutsche Jugend muß vor einem Erzieher solcher Art beschützt werden.

„Genug, Mensch, gib es weiter. Du verbrennst meine ganze Batterie", flüsterte Gotlieb, ehe er sich mit Stellenheim auf zwanzig Pfennig Abnützungsgebühr für weitere fünf Minuten einigte.

„So eine gemeine Lüge", sagte Matthias, als er den Ausschnitt an Rothmund weitergab. „Der Marich hat nur einen Kratzer auf der Hand gehabt, aber ich muß noch immer auf die Krankenabteilung gehen und dabei bin ich noch ganz blau im Gesicht. Ich bin überzeugt, dem Doktor Vernon ist das ganz egal, was die zusammenschreiben. Wenn er es liest, wird er höchstens lachen." Obgleich er so sprach, schlief er lange nicht ein.

Den nächsten Morgen saß Madame Vernon stumm am Frühstückstisch. Ihr Sohn las ausnahmsweise mehrere Zeitungen, ohne sich mit seinen Zöglingen zu unterhalten.

In der Zehnuhrpause verbreitete sich eine sensationelle Nachricht: „Der alte Wohlmut hat Vernon von acht bis neun in der Dritten vertreten! Die Fünfte hatte von neun bis zehn statt Französisch eine Exerzierstunde!"

Nach dem Unterricht rannten Doktor Vernons Zöglinge eiligst nach Haus. Bald nach ihnen kam ihr Erzieher ins Wohnzimmer, erkundigte sich wie gewöhnlich nach dem Verlauf des Unterrichts, worauf Klauber gestehen mußte, daß er Lehrer Heldrich die Frage nach der Einwohnerzahl von Hamburg schuldig geblieben war, wogegen Rothmund sie beantworten konnte.

Doktor Vernon stand unter dem Porträt des alten Herrn, dem er so ähnlich sah; sein Blick umschloß die vier Knaben: „Hört einmal zu, Jungens", sagte er. „Ich hoffte, die erhitzten Gemüter würden sich wieder abkühlen, aber es ist anders gekommen. Eure Kameraden wollen sich anscheinend nicht mehr mit mir versöhnen, und Zuneigung läßt sich bekanntlich nicht erzwingen. Überdies haben die Zeitungen den Fall aufgegriffen und fordern meinen Austritt aus dem Friedberg-Institut. Ihr werdet also jetzt einen andern Erzieher bekommen, und zwar einen sehr verständnisvollen, mit dem ihr bestimmt gut auskommen werdet. Ihr kennt ja Herrn Lehrer Wohlmut. Ich habe bereits mit ihm über euch gesprochen. Er hat einen überflüssigen Raum, den er euch als Schlafzimmer überläßt. In wenigen Wochen ist das Schuljahr zu Ende, dann übersiedelt ihr ohnehin ins Institut."

„Der Herr Doktor geht weg?" fragte Klauber in seinem weichen Prager Deutsch.

„Ja. Es soll doch wieder Ruhe ins Haus kommen."

„So rasch ... schon heute geht der Herr Doktor weg?"

„In zwei Tagen, bis alles gepackt ist. Die Möbel müssen ins Lagerhaus, es gibt noch einiges zu tun."

„Wohin geht der Herr Doktor?" wollte Rothmund wissen.

„Wahrscheinlich zuerst nach Berlin."

„Wird der Herr Doktor wieder an einer Schule unterrichten?" fragte Gotlieb.

„Möglicherweise. Das wird sich finden."

Käthe kam, um den Mittagstisch zu decken.

„Ich denke, ihr sollt anfangen, eure Sachen zu packen", sagte Doktor Vernon. „Herr Krehler ist bereits dabei, eure Betten und Schränke hinüberzuschaffen."

Den ersten Tag ohne Verband, stand Matthias Stellenheim mit verschwollenem Gesicht wie erstarrt vor seinem Erzieher, unfähig, ein Wort zu sagen. Als letzter folgte er langsam seinen Kameraden ins Schlafzimmer, blieb ratlos vor seinem Kasten stehen und biß an seiner Faust. Plötzlich faßte er einen Entschluß; er öffnete den Schrank, griff rasch in das mittlere Fach und verließ seine Kameraden und den tüchtigen Herrn Krehler.

„Herein!" sagte Doktor Vernon.

Entschlossen trat Matthias in Doktor Vernons Zimmer, dessen Fenster auf den Spielplatz ging: „Bitte, verzeihen Sie, daß ich störe."

Der Lehrer legte die Feder nieder: „Du störst mich nicht. Komm, setz dich."

„Danke", sagte er höflich, aber blieb neben dem Schreibtisch stehen. „Ich weiß, ich bin schuld, daß Sie weggehen, ich hab' das alles angerichtet."

„Unsinn. Den Marich hab' doch ich verprügelt und nicht du", erwiderte der Erzieher.

„Trotzdem bin ich schuld, aber ... aber jetzt ist es zu spät." Einen Moment zögerte er, dann griff er in die Brusttasche und legte ein Kuvert auf den

Schreibtisch. „Sie dürfen nicht beleidigt sein, Sie müssen das annehmen."

„Was ist das?" Der Lehrer öffnete den Briefumschlag und fand acht Banknoten darin. „Achtzig Mark hast du erspart?"

„Ja, zwei Mark hab' ich noch."

„Was, du willst mir dein ganzes Vermögen vermachen? Ich dachte, das sollte der Missionärfonds bekommen oder die Ischler Kirchengemeinde."

„Ich kann ja wieder zu sparen anfangen. Aber Sie werden jetzt viele Ausgaben haben. Die Möbel müssen ins Lagerhaus — und die Reise nach Berlin —, das kostet eine Menge. Jetzt ist ja alles so teuer. Und wer weiß, ob Sie gleich eine Stelle in einer anderen Schule finden?"

„Verstehe mich recht, ich bin keineswegs beleidigt, daß du mir helfen willst, im Gegenteil, so soll es ja unter guten Freunden sein. Aber ich wüßte wirklich nicht, was ich mit deinem Geld anfangen sollte. Madame Vernon und ich können ganz gut eine Weile durchhalten, selbst wenn ich nicht gleich wieder verdiene."

„Trotzdem müssen Sie es nehmen. Sie können es ja beiseitelegen."

Nochmals versuchte der Lehrer, ihn von der Sinnlosigkeit seines Wunsches zu überzeugen, aber vergebens; der Junge ließ nicht locker. Wie oft war er Doktor Vernons Gast gewesen, auf Ausflügen, bei Jugendkonzerten, auf der Brühlschen Terrasse, im Theater. Hatte nicht auch er das Recht, zu schenken?

„Also gut, du Dickschädel", sagte Doktor Vernon endlich und steckte zwei der Banknoten in das Kuvert. „Das nehme ich in Verwahrung, und sollte ich einmal pleite sein, dann kommen deine zwanzig Mark an die Reihe."

„Bitte, nehmen Sie das Ganze."

„Ausgeschlossen." Damit schob er das Kuvert in die Schreibtischlade. „Wenn wir einander wiedersehen, zahle ich dir deine Anleihe zurück, natürlich nur, wenn ich in der Lage bin."

„Glauben Sie, daß wir uns wiedersehen werden?"

„Bestimmt."

„Aber ich muß doch sechs Jahre hierbleiben."

„Die vergehen rascher, als du denkst. Unter wirklichen Freunden spielt eine Trennung keine Rolle. Ich weiß noch nicht, wie lange ich in Berlin bleiben werde, aber für alle Fälle werde ich dir meine Adresse schreiben, damit du weißt, wo ich bin."

„Aber, bitte, vergessen Sie nicht."

„Nein, sicher nicht."

„Ich antworte Ihnen dann gleich."

„Gut, mein Junge. Und wenn du etwas auf dem Herzen hast, laß es mich wissen."

„Ja, bitte."

Auf dem Spielplatz ertönte der Gong. Doktor Vernon gab dem Jungen seine sechzig Mark zurück und dankte ihm für die Anleihe.

Nach dem Mittagessen nahm er von seinen Zöglingen Abschied. Seine Mutter schaute auf die vier leeren Bücherfächer und spielte an dem schwarzen Samtband, das lockerer als gewöhnlich um ihren

Hals lag. Ihre Wangen waren blaß, ihre sonst so wißbegierigen Augen müde.

„Eigentlich sind wir recht gut miteinander ausgekommen", sagte Doktor Vernon, die Daumen in der Westentasche. „Vorhin habe ich noch mit Herrn Lehrer Heldrich gesprochen. Er meint, ihr werdet recht ordentliche Zeugnisse bekommen. Peter muß sich in Deutsch noch etwas zusammennehmen. Vielleicht helft ihr ihm ein wenig. Es wäre auch kameradschaftlich, wenn ihr den Matthias ab und zu auf Urlaub mitnehmen würdet, damit er nicht jeden Sonntag im Institut bleiben muß."

„Ich habe ihn schon einige Male eingeladen, aber er hat nie kommen wollen", sagte Rothmund.

„Bisher war er sonntags immer mit uns zusammen", sagte der Lehrer mit einem Blick auf seine Mutter. „Aber jetzt wird er bestimmt deine Einladung annehmen, nicht wahr, Matthias?"

„Ja."

„Es wäre unvernünftig von dir, dich wieder von deinen Kameraden abzusondern, so wie du es unlängst gemacht hast. Tue das nicht."

„Nein", antwortete er mit dem Blick zum Fenster; draußen schien die Sonne.

Doktor Vernon nahm die Daumen aus der Westentasche: „Lebt wohl, Jungens. Laßt es euch gut gehen und bleibt gesund."

Die Knaben stammelten ihr Lebewohl und ihren Dank für alles. Der rührselige Peter rieb sich die Augen mit der Faust; auch Rothmund und Gotlieb wurden schwach; nur Matthias konnte nicht weinen.

„Lebt wohl, Kinder“, sagte Madame Vernon. „Bleibt so, wie ihr seid, und macht euren Eltern ...“ sie sah Peter an: „und du deinem Vater viel Freude.“

Matthias griff als letzter nach ihrer Hand und küßte sie als unverbesserlicher Wiener: „Bitte, verzeihen Sie mir, gnädige Frau, ich ... ich hab’ das wirklich nicht ... es ... es tut mir so leid ...“

„Mache dir keine Gedanken, mein Kind. Alles wird wieder gut. Lasse von dir hören, wie es dir geht. Gott schütze dich.“

„Und ... gnädige Frau, danke noch vielmals für ... für alles.“

Im Vorzimmer stand Käthe mit ihrem Taschentuch und strich den Knaben über die Köpfe. Langsam gingen sie auf dem abgetretenen Läufer, über den sie so oft gerannt waren. Doktor Vernon begleitete sie zur Tür.

XXVII

Die Welle der Empörung war verebbt, Marichs Ehre wiederhergestellt, was er im Kreis seiner Freunde sichtbar genoß. Mit seiner Verschwiegenheit war es vorbei, nun konnte er offen reden: „Der olle Gärtner wollte nämlich den französischen Schweinehund decken, aber das ist ihm nicht gelungen. Solche Mengenkes gibt’s nicht bei meinem alten Herrn. Der hat seine Beziehungen. Der Herausgeber der Mittagszeitung ist einer seiner besten Freunde.“ Für das weitere Schicksal seines früheren

Lehrers hatte der junge Freiherr keinerlei Interesse. Wo er sich aufhielt, ob er wieder eine Anstellung finden oder aber sein Diplom verlieren würde, war ihm vollkommen schnuppe. Und was den kleinen österreichischen Schnösel anbelangte, der hatte seine verdiente Dresche gekriegt, wozu sich mit einem solchen Niemand noch länger befassen?

Der Eislaufplatz zerrann, die Rodelbahn wurde abgetragen, Balken und Bretter wanderten in die Kellerräume der Turnhalle zurück. Die Präfekten knöpfelten ihre Mäntel auf, es wurde wärmer. Herr Krehler strich die Bänke.

Eines Nachmittags, als der weißhaarige Lehrer Wohlmut an seinem Schreibtisch den deutschen Aufsatz der dritten Klasse korrigierte und seine vier Zöglinge an dem Tisch ihm gegenüber studierten, kam seine alte Wirtschafterin ins Zimmer und flüsterte ihm etwas ins Ohr. Er nickte und schob die Brille über seine buschigen Augenbrauen: „Stellenheim, du sollst zum Herrn Rektor kommen. Der Diener wartet draußen auf dich."

Matthias legte die Feder nieder: „Warum, bitte?"

„Ich weiß nicht, was der Herr Rektor von dir will. Also geh, mein Junge."

Matthias schlug die Fersen zusammen. Die Augen seiner Kameraden folgten ihm zur Tür.

Rektor Gärtner war nicht allein. Auf dem grünen Ledersofa saß ein Herr mit einem spärlichen weißblonden Scheitel und einem glattrasierten rosa Gesicht. Klein wie er selbst waren seine äußeren Merkmale: Mund, Nase, Hände und Füße. Er trug

Jackett, Knöpfelschuhe und eine breite Krawatte mit einer goldenen Nadel. Sein Zwicker hing an einer dünnen Kette.

„Na also, mein Junge, schaust ja wieder ziemlich normal aus“, meinte der Rektor. „Die Nase ist zwar noch ein wenig bläulich, aber bist du heiratest, ist alles wieder gut. Nimm Platz.“ Er deutete auf den Stuhl, der vor dem Schreibtisch stand, und zündete die Lampe an. „Der Herr Landesschulinspektor wird einige Fragen an dich richten, die du wahrheitsgemäß beantworten mußt. Sei nicht schüchtern, sprich frei von der Leber weg, wir sind ja unter uns.“

Der elegante Besucher neigte sich vor und sprach in gewähltem Ton: „Ihr früherer Erzieher, Herr Doktor Vernon, hatte Sie offenbar besonders ins Herz geschlossen. Sie haben die Sommer- und Weihnachtsferien mit ihm verbracht. Er machte Ihnen auch Geschenke, wenn ich nicht irre. Was haben Sie von ihm bekommen?“

„Ein Paar Schlittschuhe.“

„War das alles?“

„Ja, bitte.“

„Wenn er Sie ausführte, ins Theater und in Konzerte, bezahlte er für Sie?“

„Ja. Wenn ich selbst bezahlen wollte, hat er gesagt, ich soll mir mein Taschengeld aufheben.“

„Das war sehr freundlich von ihm. Ich kann mir denken, daß Sie seine Zuneigung zu schätzen wußten. Gewiß hat er Sie auch hin und wieder liebkost, so etwa wie Ihre Eltern, nicht wahr?“

„Meine Eltern sind — sie wohnen nicht zusammen. Ich hab' bei meinen Großeltern gewohnt."

„So, so." Der Inspektor entdeckte einen Faden auf seiner Hose. „Hat Herr Doktor Vernon Ihnen einmal einen Kuß gegeben?"

Der Knabe sah ihn mit offenem Mund an und lachte verlegen: „N . . . nein."

„Warum kommt Ihnen das so sonderbar vor? Er war Ihnen doch sehr zugetan. Er hat Sie doch gewiß hin und wieder gestreichelt, Sie herzlich an sich gedrückt, nicht wahr?"

Der Knabe schaute auf den Rektor, der sich die Pfeife schmecken ließ: „Nein, das hat er nie getan."

„Hat er sich in den Ferien nicht manchmal abends zu Ihnen aufs Bett gesetzt, ehe Sie einschliefen?"

„Nein, nie."

„Sie haben den Sommer gemeinsam in Königstein verbracht. Haben Sie viel geschwommen?"

„Fast jeden Tag."

„Wo haben Sie sich entkleidet, in einer Badeanstalt oder im Freien?"

„In der Badeanstalt."

„Benutzten Herr Doktor Vernon und Sie gemeinsam eine Kabine?"

„Nein, wir haben zwei Kabinen gehabt. In Königstein ist ja eine neue große Schwimmanstalt, da ist Platz genug." Was sollten diese Fragen? Was hatten sie mit der Prügelszene auf dem Spielplatz zu tun, was mit Marich und den französischen Schimpfworten?

Der Inspektor setzte den Zwicker auf seine kleine, spitze Nase, erhob sich, ging schnurgerade auf den Zögling zu, packte ihn mit beiden Händen an den Schultern und sprach nicht mehr in sanftem Ton, sondern mit hoher, schneidender Stimme: „Überlegen Sie, was Sie sprechen. Die Unwahrheit würde üble Folgen für Sie haben. Lügen haben kurze Beine. Zuletzt kommt ja doch die Wahrheit an den Tag. Beantworten Sie meine Frage: hat Herr Doktor Vernon Sie jemals berührt, besser gesagt, betastet, zum Beispiel während Sie sich entkleideten — im Nachthemd — oder in der Schwimmhose, hm?"

Der Knabe errötete: „Wa ... warum fragen Sie das, Herr ..."

„Oder hat er sich jemals in Ihrer Gegenwart entkleidet? Haben Sie Herrn Doktor Vernon einmal, ja vielleicht sogar öfter unbekleidet gesehen, ohne Hemd, ohne Unterwäsche?" Seine kleinen Hände krampften sich in die Schultern des Jungen. „Antworten Sie!"

Abermals schaute er hilfesuchend auf seinen schweigenden Rektor: „Bitte, warum fragt der — der Herr Landesschulinspektor so was? Von so was spricht man doch nicht. Das ist doch ..."

„Was? Was ist das?" bedrängte ihn der Gast. „Was wollten Sie jetzt sagen? Sprechen Sie!"

„Das ist eine — eine Unkeuschheit."

„Ich sehe, Sie haben mich verstanden. Sie begreifen recht gut, was ich von Ihnen wissen will. Also antworten Sie gefälligst! Hat Herr Doktor

Vernon sich jemals vor Ihnen entkleidet oder hat er Ihren Körper in unzüchtiger Weise berührt, ja oder nein? Heraus damit! Vorwärts!"

„Nie! Nie! Nie hat er so was getan!" schrie der Knabe und schlug dabei so heftig mit den Fäusten auf die Knie, daß der Inspektor ihn losließ. „Was glauben Sie von Herrn Doktor Vernon?! Herr Doktor Vernon ist ein Katholik und ich — ich auch! So was dürfen Sie nicht fragen!"

„Na, na, beruhig dich, du Hitzkopf", sagte endlich der Rektor und klopfte ihm auf die Schulter. „Der Herr Landesschulinspektor glaubt dir ja. Brauchst dich nicht so aufzuregen. Ihr Wiener seid immer gleich so temperamentvoll."

Der Inspektor ließ den Zwicker an der Goldkette vom Zeigefinger pendeln: „Wie ich sehe, sind Sie ein frommer Junge. Ich habe keinen Grund, an Ihren Worten zu zweifeln. Somit betrachte ich den Fall als erledigt."

Auf dem Weg zur Tür riet Doktor Gärtner dem Zögling, tüchtig zu büffeln, um seinen Vater mit einem schönen Abschlußzeugnis zu überraschen: „Fährst du über die Semesterferien nach Haus?"

„Nein, der Papa hat geschrieben, ich soll hier bleiben."

„Für die wenigen Tage lohnt sich die Reise wohl kaum."

Als der Junge zum Abschied die Fersen zusammenschlug, erschien ihm der holzgetäfelte Raum verändert, größer, kahler, düsterer. Eine lange Rauchwolke lag über dem Schreibtisch.

„Leben Sie wohl, junger Mann", sagte der Inspektor. „Ihre Kameraden brauchen von unserer Unterredung nichts zu erfahren. Ich nehme an, Sie sind alt genug, um ein Gespräch für sich behalten zu können, nicht wahr?"

„Ja." Er ging so rasch aus dem Zimmer, daß er vergaß, die Tür hinter sich zu schließen; das alte Fräulein an der Schreibmaschine rief ihm vergebens nach.

Lehrer Wohlmut klassifizierte gerade den letzten der Aufsätze, als sein Zögling zurückkam: „Hat der Herr Rektor mit dir gesprochen?"

„Ja, bitte."

„Es ist hoffentlich nichts Schlimmes vorgefallen?"

„Nein, bitte."

An Stellenheims Wortkargheit bereits gewohnt, schob der alte Herr die Brille wieder auf die Nase: „Na schön, dann setz dich."

Auch den drei neugierigen Knaben am Tisch wurde nichts verraten. Klaubers und Gotliebs Fragen im Flüsterton blieben unbeantwortet, ebenso Rothmunds Zettel: Was war?

„Seid still und macht eure Aufgaben", sagte Lehrer Wohlmut.

XXVIII

Infolge der Kohlennot konnten die Zöglinge im neuen Schuljahr nur einmal im Monat das Schwimmbassin benutzen. Die Frühstückssuppe wurde dünner, das Maisbrot brüchiger, die Marmelade bitterer, die seltenen Fleischportionen so klein, daß Oberdal ein Lied darauf schrieb. Fast täglich dampften Wruken und Salzkartoffeln auf den Tellern. Die neuen grauen Uniformen aus Ersatzstoff gingen im Regen ein, trockneten langsam und blieben spröd.

Nicht aus der Not geboren war eine andere Neuerung. Jeden Sonnabend um drei Uhr erschien der Rektor auf seiner Rednerbühne vor dem Institutsgebäude mit einem Stoß Zettel: Beschwerden der Lehrer und Präfekten sowie Ansuchen und Vorschläge der Zöglinge. Manche jugendliche Anregungen verlas er hauptsächlich ihrer unfreiwilligen Komik wegen und würzte sie meistens noch mit einem Zusatz in bayrischer Mundart. Der Rektor hörte gern lachen, die andern und sich selber. Eines Tages verbreitete sich die Nachricht, daß das Oberhaupt der Anstalt Vater geworden war, und zwar gerade am 21. März. Ein solcher Frühlingsbeginn drückte Oberdal unverzüglich die Feder in die Hand. Gründlich probierte er sein neuestes Wort- und Tongedicht mit seinen zwölf Chorsängern aus der Kapelle; und als der ahnungslose Rektor Sonnabend sein gewohntes Forum betrat, begrüßte ihn ein Festgesang:

„Wer hat die Freudenbotschaft nicht vernommen?
Wem schlägt das Herz nicht höher in der Brust?
Der Lenz ist diesmal nicht allein gekommen,
Oh, welche Wonne, welche hehre Lust!

Am Tage, da der Frühling neu erwachte,
Zog auch ein deutscher Knabe mit ihm ein.
Die Sonne, die bei seinem Einzug lachte,
Ist Deutschlands Sonne, und so ist sie sein.
Mög' immer er sie treu im Herzen tragen,
Sein ganzes Leben, bis zur letzten Stund',
Und schon in frühen Jahren stets sich sagen,
Deutsch sein heißt mutig und gesund.
Doch unser Lied gilt nicht nur ihm, dem Jungen,
Nicht ihm allein erklingt der Festchoral,
Auch seinen Eltern sei er laut gesungen,
Und will's das Glück, dann nicht zum letztenmal.
Hoch sollen beide leben, das ehrenwerte Paar,
In diesen Freudentagen und immer immerdar.
Steht stramm vor unserm Rektor mit schneidigem Salut
Als seine stets Getreuen im Friedberg-Institut!"

Während Zöglinge und Präfekten stramm salutierten, trat Oberdal vor den Rektor und überreichte ihm das zusammengerollte Manuskript, das eine breite schwarz-weiß-rote Schleife zierte. Mit herzlichen Worten dankte Doktor Gärtner seinen jungen Freunden für die unerwartete Ovation, auch im Namen seiner Gattin. Behutsam steckte er Oberdals Opus in die Tasche, mit dem Versprechen, es daheim in Muße zu studieren. Danach ging er zur Tagesordnung über; zuerst eine Verlautbarung: „Das Friedberg-Institut hat vor wenigen Tagen ein Landgut in der Niederlausitz gekauft und ist somit in der Lage, dreißig Zöglingen zu den jeweiligen Ferien eine schöne Erholungsstätte zu bieten. Die Prospekte sind bereits im Druck und werden Ihren nächsten Anverwandten ehestens zugehen." Und nun kamen die Eingaben an die Reihe. Mit flottem, befeuchtetem Daumen erledigte er einen Zettel nach dem andern, in bester Laune. Bloß eine Mitteilung des Präfekten des fünften Jahrgangs verstimmte ihn. Er blickte auf die Gruppe der Ausgestoßenen, die sich auch hier von den andern absonderte (sie war von sieben Mitgliedern auf sechs gesunken), und faßte einen unter ihnen scharf ins Auge: „Ist es nicht schandbar, daß ein Junge von zwölf Jahren, der noch dazu den stolzen Namen Herzog trägt, nachts ins Bett pinkelt? Hat Ihnen der Verweis Ihres Präfekten nicht genügt? Mußten Sie Ihre unmännliche Fahrlässigkeit, um es milde auszudrücken, unbedingt wiederholen? Ist Ihnen nun wohler, da Sie endlich in der Bettnässerecke gelandet sind und wie ein Säugling, oder besser gesagt, ein Säuling, auf Kautschuk ruhen?" Allgemeine Heiterkeit. „Wie lange gedenken eigentlich diese sechs feuchten Herren noch ins Bett zu schullen?" Abermals Gelächter. „Macht es Ihnen ein so großes Vergnügen, fast jeden Morgen Ihre besudelten Leintücher auszuwaschen? Ist das ein so erhebender Genuß? Wann werden Sie endlich auf die Idee kommen, daß man nicht unbedingt seine Schlafstätte als Pissoir ..." Das Fremdwort wurde rasch durch ein heimisches ersetzt: „... ich meine, als Pißbude benützen muß?" Anhaltender Beifall. Auch die Präfekten im Hintergrund lachten über ihren Chef, am lautesten Herr Feist, der neue Mann aus Berlin, Erzieher des sechsten Jahrgangs.

Angeekelt blickte der Rektor auf den sechsköpfigen Schandfleck des Hauses: „Was soll bloß aus Ihnen werden? Haben Sie keinen Funken von Schamgefühl? Wahrhaftig, es ist nicht verwunderlich, daß Ihre Kameraden Sie meiden. Begreifen Sie denn nicht endlich, daß Sie immer tiefer und tiefer sinken? Genosse Fürtner ist bereits vierzehn, man bedenke bloß, und schon zwei volle Jahre Mitglied des Bettnässerklubs! Ein warnendes Beispiel, mein lieber Herzog! Bessern Sie sich schleunigst! Nehmen Sie sich zusammen! Sie kennen die Bewährungsfrist. Ich vermute, es dürfte Ihnen wohl gelingen, einen Monat lang nicht ins Bett zu pinkeln. Zeigen Sie Ihre Willenskraft! Sie sind doch ein junger Deutscher!" Damit beendete der Rektor diesen Fall, schob den diesbezüglichen Report zuunterst und nahm den nächsten vor: „Unser guter Rosner ist ein zerstreuter Herr. Beim letzten Sonntagsgottesdienst hat er sein Gebetbuch mit einem Detektivroman verwechselt. Ein Wunder, daß Sie Ihre Schundlektüre nicht laut vorgelesen haben. Sie können sich bei Herrn Präfekten Schürmann bedanken, daß er Sie mit einem Urlaubsverbot durchrutschen ließ."

Nochmals bedankte sich Doktor Gärtner für Oberdals Überraschung, bevor er von seinen Jüngern herzlich Abschied nahm und, begleitet von drei Hurrarufen, die Rednerbühne verließ. Die sechs Ausgestoßenen jubelten pflichtschuldig mit, ehe sie auf ihren gewohnten Weg hinter den frischgestrichenen Bänken zurückkehrten.

XXIX

Präfekt Feist, ein vollblütiger Mann um die Fünfzig, verlangte strengste Disziplin von seinen siebenunddreißig Zöglingen. Er schrie nie, bei ihm gab es kein Donnerwetter; statt dessen stülpte er bloß die Unterlippe über die rostbraunen Borsten unter seiner Nase, wippte auf den Zehenspitzen und ließ dabei die Schlüssel in der Hosentasche klirren. Viele seiner Zöglinge mußten lernen, morgens mit dem Glockenzeichen aus dem Bett zu springen, das Bettzeug ordentlich auseinanderzunehmen, ihre Abneigung gegen die kalte Dusche zu überwinden und im Schlafsaal strengstes Silentium zu wahren.

Ein Vorbild an Disziplin war Matthias Stellenheim. Uniform und Schuhe waren mustergültig geputzt, in Kommode und Schreibpult herrschte peinlichste Ordnung, als erster sprang er morgens aus dem Bett und hielt sich kerzengerade unter der kalten Dusche. Solche Tugenden wußte sein Präfekt zu schätzen. Daher empfing er ihn mit Wohlwollen, als er einmal im Studiersaal mit einem violetten Kuvert in der Hand vor seinem Schreibtisch erschien.

„Bitte, Herr Präfekt, ich habe einen Brief von meiner Mama bekommen . . .“

„Sie meinen, von Ihrer Mutter.“

„Ja, von meiner Mutter."

„Klingt doch viel schöner. Wozu Fremdworte? Die deutsche Sprache ist reich genug."

„Ja, bitte. Meine Mutter schreibt, daß sie nach Südamerika fährt . . ."

„Ja, nach Argentinien, ich habe den Brief gelesen. Ein sehr schöner, inniger Brief", sprach Herr Feist mit gedämpfter Stimme, mit Rücksicht auf die Studierzeit.

„Bitte, ich wollte nur fragen, kann denn eine Österreicherin jetzt im Krieg nach Argentinien fahren?"

„Warum nicht? Auch deutsche Staatsbürger reisen nach Argentinien. Argentinien ist ein neutrales Land. Gewiß hat das Operntheater in Buenos Aires Ihre Mutter mit den nötigen Papieren ausgestattet, so daß sie jederzeit beweisen kann, daß sie sich lediglich auf einer Berufsreise befindet."

„Bitte, kann man nach Argentinien auch schreiben, jetzt im Krieg?"

„Gewiß."

„Weiß der Herr Präfekt, wie hoch das Porto ist?"

„Fünfundzwanzig Pfennig, wie für alle Auslandsbriefe." Damit hielt er das Gespräch für beendet und nickte, in der Erwartung, zwei Fersen zusammenklappen zu hören.

„Bitte, Herr Präfekt, darf ich noch etwas fragen?"

„Was denn?"

„Nämlich . . . wie ich in der Vorbereitungsklasse war, da hab' ich bei Herrn Doktor Vernon gewohnt, zusammen mit dem Gotlieb, dem Klauber und dem Rothmund. Und bevor der Herr Doktor Vernon aus dem Friedberg-Institut weggegangen ist, da hat er mir versprochen, daß er mir schreiben wird. Das war schon vor sieben Wochen, und bis jetzt hab' ich noch immer keinen Brief oder ... oder eine Karte von ihm bekommen."

Der Präfekt stützte die Ellbogen auf den Schreibtisch und rieb sich die Hände: „So, so. Na und?"

„Ich hab' nur gemeint, vielleicht weiß der Herr Präfekt die Adresse von Herrn Doktor Vernon, dann ... dann könnte ich ihm nämlich schreiben."

Herr Feist strich mit flacher Hand über seine frisch gestutzte Bürstenfrisur: „Ich will Ihnen einen Rat geben, Stellenheim; Sie bekommen Post von Ihren Eltern, Ihrer Großmutter, und soweit ich mich besinne, auch von Ihrem Vetter. Begnügen Sie sich damit."

Der Zögling trat ganz nahe an den Schreibtisch: „Bitte, Herr Präfekt, alle Briefe, die ich bekomme, sind geöffnet. Deshalb wollte ich fragen, ob der Herr Doktor Vernon mir vielleicht schon geschrieben hat und ob der Herr Präfekt den Brief vielleicht konfisziert hat, oder der Herr Rektor?"

Der Präfekt stülpte die Unterlippe über die Borsten unter der Nase: „Ah, da sieh mal an, Sie sind ein schlauer Herr! Also das wollten Sie eigentlich wissen?"

„Bitte ... ich ... wollte nur ..."

Herr Feist sah ihn prüfend an und sprach nicht mehr mit gedämpfter Stimme: „Recht geschickt haben Sie das eingefädelt, das muß man Ihnen lassen. Haben mich ganz schön aufs Glatteis geführt. Zuerst so ein paar harmlose Fragen über die Frau Mutter und Argentinien und dann aufs eigentliche Thema, was?"

Er errötete: „Ich... ich... hab' nur..." Seine Kameraden an den Pulten blickten auf.

Der Präfekt lehnte sich zurück und zog seinen grünen Rock straff: „Es dürfte Ihnen wohl bekannt sein, daß die Post des Zöglings der Kontrolle seines Erziehers untersteht. Ich kann mich nicht besinnen, in der Hausordnung gelesen zu haben, daß es dem Zögling zukommt, von seinem Vorgesetzten Rechenschaft zu fordern. Haben Sie vielleicht eine Sonderausgabe der Hausordnung, hm?"

„Nein, bitte."

„Haben Sie schon einmal gehört, daß ein Soldat den Offizier über seine Entscheidungen befragt? Ist das in Österreich Sitte?"

„Nein, bitte", antwortete er, während seine Kameraden lachten.

„Na also. Bei uns in Deutschland ist das bestimmt nicht der Brauch. Dessen können Sie sicher sein. Abtreten!"

Der Zögling schlug die Fersen zusammen, kehrte an seinen Platz zurück und schob den violetten Abschiedsgruß seiner Mutter unter den Pultdeckel. Nun wußte er, warum schon der alte Lehrer Wohlmut ihm alle seine Briefe geöffnet überreicht hatte.

XXX

Eingedenk der Worte Doktor Vernons nahm Matthias die Sonntagseinladung zu Klaubers Tante an. Das hagere alte Fräulein, umgeben von Spitzen und Glasvitrinen, redete unentwegt von Peters verstorbener Mutter, dem „so früh dahingegangenen seelensguten Geschöpf". Wie gut hatte es Peters Freund, dem der liebe Gott Vater und Mutter erhalten. Wußte er das auch zu schätzen? Nach dem Mittagessen durften die beiden Knaben im Garten Kirschen pflücken, aber wohlgemerkt, schön still; im Militärspital nebenan lagen etliche Schwerverwundete. Rücksichtsvoll leise trugen die Jungen die Leiter über den kleinen Rasen, stellten sie geräuschlos auf, redeten im Flüsterton und verstummten, sooft ein Arzt in weißem Mantel oder eine Pflegerin an einem der offenen Fenster erschien.

Mit einemmal brachen gellende Schreie durch die Sonntagsstille. Sie klangen so blutig, als brüllten die Zerfleischten eines Schlachtfeldes aus der Kehle eines einzigen Mannes. Die Hunde ringsum begannen zu bellen, die Leute auf der Gasse blieben stehen, die Nachbarn stürzten an die Gartenzäune, Klaubers Tante erschien im Haustor. Hastig schloß eine Pflegerin das Fenster im ersten Stock und ließ die Jalousie herunter. Dann wurde es still. Erblaßt standen die beiden Knaben auf der Leiter.

An einem andern Sonntag führten Rothmund und dessen Onkel den jungen Wiener zuerst zum Fußballwettspiel Dresden gegen Leipzig, danach in ein feines Restaurant zum Abendbrot. Gotlieb redete zwar mehrmals von einer Einladung, machte sie aber nicht zur Wirklichkeit, offenbar um nicht bei Marich in Ungnade zu fallen. Matthias drängte ihn nicht. Obgleich er wieder mit ihm redete, legte er auf Privatverkehr keinen Wert.

Für Marich und seinen Klüngel war Stellenheim Luft; sie schauten über ihn hinweg. Nur in der Exerzierstunde mußten zwei von ihnen seinen Anblick in Kauf nehmen: Frohwirt, sein Gruppenführer, und Pautz, sein Kommandant, der infolge seiner Rangerhöhung von dem blonden Küchenmädchen nichts mehr wissen wollte. „Mit der nackten Kaffeezeit ist es vorbei!" berichtete Gotlieb.

Die rote Tellerkappe auf dem Kopf, marschierte Rekrut Stellenheim stramm, mit geschultertem Gewehr, nicht mehr im Spiel wie seinerzeit bei seinem Vetter; nun hieß es ernstlich gehorchen. Nur wenige Wochen fehlten bis zur Sommerparade. Frohwirt, ein ehrgeiziger Gruppenführer, schulte seine neun Mann systematisch. Den Begriffsstützigen und den Trägen verordnete er fünfzig bis hundert Kniebeugen oder einen ausgiebigen Dauerlauf. Das konnte Stellenheim nicht passieren. Sein Marschschritt, seine Gewehrgriffe, sein Gehorsam auf dem Exerzierplatz machten ihm alle Ehre. Anders benahm er sich im Klassenzimmer und im Studiersaal. Präfekt Feist tadelte ihn häufig, wenn er ins Leere starrte, statt seine Aufgaben zu machen. Lehrer Heldrich fand ihn unaufmerksam im Unterricht und unvorbereitet bei den Prüfungen.

„Was ist mit Ihnen los, Stellenheim?“ fragte der Klassenvorstand, als er ihn eines Tages beiseite nahm. „Sie sind ein kluger Junge, das haben Sie im vorigen Schuljahr bewiesen. Herr Doktor Vernon wäre bestimmt enttäuscht, wenn er wüßte, wie nachlässig Sie auf einmal geworden sind. Warum sind Sie so zerstreut? Bedrückt Sie etwas?“

„Bitte, ich werde mich zusammennehmen, ganz bestimmt“, versicherte der Schüler und schöpfte Atem zu einer Frage: „Bitte, weiß der Herr Lehrer zufällig, wo der Herr Doktor Vernon jetzt ist?“

Herr Heldrich überlegte einen Moment und antwortete mit Bedauern: „Das kann ich Ihnen leider nicht sagen.“

Der Knabe schlug die Fersen zusammen und ging.

Quälende Zweifel bedrängten Matthias Stellenheim. Beim Exerzieren, Turnen und Laufen gelang es ihm zeitweise, sie zu verscheuchen, doch sobald er still saß, brachen sie über ihn herein und erschwerten ihm das Lernen. Ist Gott gerecht, gütig, milde, so wie Er auf den Bildern aussieht? Warum bestraft Er die Guten und belohnt die Schlechten? Warum fügt Er es, daß Doktor Vernon und seine alte Mutter mit Schimpf und Schande gehen mußten, während Marich, der den toten Kaiser einen Idioten, ein Rindvieh, einen feigen Hund nannte, in allen Ehren herumspaziert? Warum läßt Er es zu, daß ein Landesschulinspektor die schamlosesten Fragen an einen katholischen Zögling richtet und der Rektor ruhig zuhört? Warum hört Er nicht, daß ein Soldat so laut vor Schmerzen brüllt, daß die Leute aus den Häusern stürzen? Wo sind seine Wunder und Zeichen? Wenn Er wirklich Lahme gehen und Blinde sehen gemacht hat, warum gibt Er dem einbeinigen Sandtner nicht sein zweites Bein zurück, damit er wieder turnen und exerzieren kann? Warum erbarmt Er sich nicht der sechs Ausgestoßenen, damit sie endlich aus der scheußlichen Bettnässerecke herauskommen? Warum hat Er Klaubers Mutter so jung sterben lassen und ihn so dumm und häßlich gemacht, daß alle ihn verspotten? Nicht einmal schwimmen kann er mit elf Jahren; kein Wunder, daß er fortwährend getaucht wird.

Die Sonne schien warm in den Studiersaal. Es war zehn Minuten vor acht. Präfekt Feist erhob sich vom Schreibtisch: „Auf!" Mit einem Ruck standen seine Zöglinge neben den Pulten, die Schultaschen unter dem linken Arm. „Vorwärts marsch!" Auf dem breiten Korridor, der vom Institut ins Schulgebäude führte, vereinten sich alle Jahrgänge in strammem Marschschritt.

Es gibt keinen Gott. Es gibt keinen Gott! Es gibt keinen Gott! Alles Lüge! Der Himmel ist leer. Nur Wolken, sonst nichts. Niemand ist dort oben, nicht Tante Josephine, nicht der Großvater. Wer tot ist, ist tot und verfault unter der Erde. Das wissen auch die Priester, sie verstellen sich bloß; unter sich reden sie bestimmt ganz anders. Die Kommunion, der Leib des Herrn? Eine kleine Oblate, der Leib des Herrn? Und wer will, kann ihn schlucken? Hundert Leiber des Herrn? Tausend, hunderttausend, Millionen Leiber des Herrn?

„Schritt halten, Stellenheim!“

Verzeih mir, lieber Gott, verzeih mir! Hilf mir, laß mich nicht solche fürchterliche Gedanken haben! Du bist gerecht, du bist unfehlbar und allmächtig! Bestimmt hat der Soldat im Spital einmal eine schwere Sünde begangen, dafür muß er jetzt büßen. Sicher hast du nicht grundlos Sandtner ein Bein verlieren lassen. Doktor Vernon hast du bestraft, weil er Marich im Zorn geschlagen und beschimpft hat. Aber verzeih ihm, ich bitte dich, lieber Gott. Vergib ihm, laß ihn nicht im Stich. Gewiß bereut er seine Schuld.

„Können Sie nicht Schritt halten, Stellenheim? Was ist los mit Ihnen? Was ist das für ein Gelatsche?“

Ich will ein Opfer bringen, lieber Gott. Ich will Buße tun. Ich werde im Sommer nicht nach Haus fahren, ich werde meinem Vater schreiben, er soll mich ins Ferienheim gehen lassen. Ich weiß, es gibt viel größere Opfer, aber mir fällt kein anderes ein. Gib mir ein Zeichen, wenn du willst, daß ich ein größeres Opfer bringen soll, damit es mir einfällt. Nur laß mich nicht mehr denken, daß alles Lüge ist, daß der Himmel leer ist, daß du ... daß du gar nicht ...

„Achtung! Halt!“ befahl Präfekt Feist vor dem Klassenzimmer. „Links um!“ Er überblickte seine zwei Reihen. „Abtreten!“

XXXI

Seit der Kriegserklärung der Vereinigten Staaten von Nordamerika servierte das Friedberg-Institut nur mehr zweimal im Monat Fleisch, und auch dann schmeckte es nicht frisch. Rücksichtslos gegen die Kohlennot fegte der Novemberwind über den Platz. Wer wollte, durfte eine zweite Bettdecke von daheim mitbringen und in den Lehr- und Studiersälen im Mantel sitzen. Trotzdem waren Sanitätsrat Kemp und Schwester Grete reichlich beschäftigt mit Influenzafällen, verdorbenen Mägen und Blutarmut. Bloß der Patriotismus der Jugend blieb unbesiegbar. Zwar schrieb Oberdal einige heitere Liedchen auf die diversen Entbehrungen, doch keiner murrte, keiner machte schlapp.

Der Rektor verstand es, die Jugend auch ohne Kohle zu erwärmen. Die Erholungsstunden im Freien wurden auf Kosten der Studierzeit verlängert, die Weihnachtsferien diesmal sogar um vier Wochen. „Es wird nicht mehr lange dauern, ein paar Monate, ja vielleicht nur Wochen, und Sie werden für alle Entbehrungen vielfach entschädigt werden!“ behauptete Doktor Gärtner in seiner Sonnabendrede. „Nur noch ein wenig Geduld, meine jungen Freunde! Vor euch liegen die schönsten, glorreichsten Tage Deutschlands! Doch wehe unseren Gegnern! Bald kommt an sie die Reihe, zu entbehren, zu darben! Wir Deutsche sind demütig vor Gott, Kaiser und Vaterland, doch unerbittlich gegen unsere Feinde!“ So verschaffte sich der populäre

Redner auch mit leeren Schüsseln und kalten Räumen stürmischen Applaus.

Bloß einer seiner Zuhörer jubelte nicht mit. Matthias Stellenheim erhoffte nichts von Siegesglocken. Blaß und mager lief er rastlos kreuz und quer über den Platz, teilnahmslos gegen die Spiele seiner Kameraden. Die sommerlichen Bußwochen im Ferienheim erwiesen sich mehr und mehr als fruchtlos. Neue, noch frevelhaftere Gedanken als die früheren verfolgten ihn mit wachsender Zähigkeit, und dabei durfte er nun nur zweimal im Jahr zur Beichte gehen. Sein Vater, in Warschau zum Oberleutnant avanciert, beantwortete das letzte Semesterzeugnis aus dem Friedberg-Institut mit einem warnenden Feldpostbrief. Auch die Großmutter machte sich große Sorgen und ließ es an frommen Ermahnungen nicht fehlen. Nur aus Buenos Aires kam hin und wieder ein frohes Lebenszeichen: „Hier ist wahrhaftig das reinste Paradies. Jeder hat sein eigenes Haus, Auto und Dienerschaft. Das wär' was für meinen Buben! Wie armselig ist Wien im Vergleich zu dieser grandiosen Stadt! Wenn ich abends von der Bühne in den Zuschauerraum blicke, bin ich förmlich geblendet von den unzähligen Diamanten und Perlen."

Präfekt Feist, mehr beeindruckt von dem Feldpostbrief aus Warschau als von den Berichten aus Buenos Aires, bestrafte den nachlässigen Zögling wiederholte Male mit Urlaubsverbot und Absonderung, aber das traf ihn nicht, denn er sonderte sich ohnehin freiwillig von den andern ab und nahm von seinen Kameraden keine Sonntagseinladungen mehr an. Am Ende seiner Weisheit angelangt, meinte Herr Feist eines Tages: „Vielleicht ist mit Ihrer Gesundheit etwas nicht in Ordnung. Sie sehen elend aus. Melden Sie sich bei Herrn Sanitätsrat Kemp."

Der Arzt untersuchte ihn gewissenhaft, fand ihn etwas unterernährt und verordnete ihm Eisenpillen gegen Blutarmut. Aber auch davon wurde ihm nicht wohler, nicht friedlicher zumute. Was als Zweifel begonnen, war zu einer unbändigen Versuchung geworden, zu einem peinigenden Zwang, losgelöst von Vernunft und Willensstärke. Mit gefalteten Händen lag er nachts im Bett und mußte Ihn, zu dem er beten wollte und nicht konnte, einen elenden Schuft, einen Hund, einen elenden Hund, ein gemeines Schwein und nur Gott weiß, was alles noch nennen. Gleichzeitig wartete er schweißbedeckt, daß eine unsichtbare Hand ihm die Lästerzunge aus dem Schlund reiße oder die Augen aus den Höhlen. Schlaflosigkeit machte ihn erfinderisch, sie bot ihm eine reiche Auswahl an Vergeltungen für seinen Frevel. Bald war er Sandtner, auf einem Holzbein humpelnd, bald ein verstümmelter, brüllender Soldat im Militärspital. Er sah sich lebendig im Grab liegen, schreiend gegen den Sargdeckel schlagen und endlich ersticken, da weder Gott noch Mensch ihn mehr erhörte. So wälzte er sich lange auf seinem heißen Kissen, bis ihm erschöpft die Augen zufielen.

Grüne Vorhänge umschlossen die Präfektenkanzel, die sich in der Mitte des Schlafsaales erhob. Ein verdächtiges Geräusch, und der diensthabende Erzieher griff nach dem Lichtschalter, schob rasch den Vorhang beiseite, um den Ruhestörer zu entdecken. Mehrere Male im Verlauf der Nacht stieg er von seinem Aussichtsturm hinunter, um mit gezückter Taschenlampe durch den Saal zu patrouillieren. Die beiden aus der Ersten, die in einem Bett ertappt wurden, mußten das Institut verlassen. Auf dem Deckenbogen stand in großen gotischen Lettern geschrieben:

Weckt dich der erste Sonnenstrahl aus finsterer Nacht,
Gedenke Deutschlands ewiger Größe,
Vertraue Deutschlands eiserner Macht.

Um sechs Uhr morgens läutete schrill die Glocke. Unter Aufsicht des Nachtpräfekten wurde das Bettzeug ausgelegt, in den Waschräumen geduscht und die Uniform in den Putzräumen gesäubert. Wenn die übrigen Präfekten mit dem zweiten Glockenzeichen in den Saal kamen, standen ihre Zöglinge stramm vor den Betten, bereit für die Morgeninspektion. Präfekt Feist nahm seinen Dienst zu jeder Tageszeit genau. Das Haar noch feucht, das ausrasierte Gesicht gerötet, schritt er die Front ab und faßte jeden scharf ins Auge.

„Leinsdorf, Schuhe nachputzen, sind noch grau. Köhlebein, nach dem Frühstück zum Barbier. Haare schneiden, und zwar gründlich. Gotlieb, ein Knopf baumelt. Haben Sie das nicht bemerkt?“

„Nein, bitte.“

„Schlimm genug. Nach dem Frühstück in die Schneiderei. Kiesau, zeigen Sie Ihre Ohren. Zurück in den Waschraum. Breisach, zeigen Sie Ihre Zähne. Gut. Aber Haare straffer niederbürsten.“

Rohrer trat vor: „Bitte, mir tut ein Zahn weh.“

„Erkundigen Sie sich bei Schwester Grete, wann der Zahnarzt ins Haus kommt. Was wollen Sie, Rothmund?“

„Bitte, ich kann schon seit zwei Tagen nicht auf die große Seite gehen.“

„Haben Sie deshalb den Haken an Ihrem Kragen offen?“

„Nein, bitte.“

„Dann machen Sie ihn gefälligst zu. Nach dem Frühstück melden Sie sich bei Herrn Sanitätsrat Kemp in der Ordination. Schlauppach, gerade stehen. Zum Ausruhen hatten Sie acht Stunden Zeit.“ Herr Feist, kein Freund überflüssiger Worte, faßte sich kurz und präzise. Daher marschierte sein Jahrgang gewöhnlich als erster in den Speisesaal. Nur einmal zog er als letzter ein. Daran war Peter Klauber schuld.

„Na, Herr von Klauber, was geht in Ihrem Kopfe vor?“ fragte der Präfekt, als er mit einer Grimasse höchsten Erstaunens vor Peters Bett haltmachte. „Sind wohl ein Sonderling geworden, haben Ihre eigenen Sitten, hm?“

Peter zog verlegen den Mund in die Breite und rührte sich nicht, obgleich seine Kameraden ihm zuflüsterten: „Bettzeug!“

„Ruhe, wenn ich bitten darf.“ Der Vorgesetzte ließ seine feuchte Bürstenfrisur unter der Handfläche zurückschnellen. „Mir scheint, taub ist er auch.“

Stramm stand Peter da, mit seinem blassen, runden Gesicht und einem befangenen, albernen Lächeln; eine Karikatur des Mondes.

„Sagen Sie mal, haben Sie einen Vogel? Was ist mit Ihnen los?“ Der Präfekt klirrte mit den Schlüsseln in der Hosentasche. „Legen Sie Ihr Bettzeug aus, vorwärts!“

Langsam dreht Peter sich um, zog die obere Decke ab, breitete sie umständlich über den Sessel und tat nichts weiter.

Wie von einer plötzlichen Eingebung erfaßt, trat Herr Feist mit einem Schritt an das Bett, zog die zweite Decke, die von Peters Tante, mit einem Griff vom Leintuch, warf sie zu Boden und schnalzte mit der Zunge: „Sieh mal an! Das ist ja niedlich! Da will man freilich sein Bettzeug nicht lüften. Das läßt sich verstehen.“ Die Unterlippe übers Bärtchen gestülpt, wippte er auf den Fußspitzen. „Eine reizende Bescherung. Haben wohl vergessen, daß es einen Abtritt gibt, verrichten das lieber im Bett, ist wohl bequemer, hm?“

Peter stand in dem schmalen Gang zwischen Bett und Kommode und glotzte seinen Erzieher an: „Bitte ... ich ... ich kann nichts dafür. Ich ... ich hab' es nicht absichtlich getan. Ich hab' dabei geschlafen.“

„Ach, Sie haben dabei geschlafen? Wie originell! Ich dachte, Sie hätten dabei Violine gespielt.“ Ausnahmsweise wies der Präfekt seine lachenden Zöglinge nicht zurecht, sondern lud sie sogar ein, sich die Sache von der Nähe anzugucken. „Na, wie gefällt euch das?“ Alle Augen folgten seinem Zeigefinger.

„Pfui!“

„Schäm dich, Klauber!“

„Dreckfink!“

„Schwein!“

„Pfui, Bettnässer!“

Peter, gewohnt an den Hohn seiner Kameraden, zuckte die Achseln: „Das kommt davon, weil ... weil sie mich immer tauchen tun im Schwimmbad. Deshalb hab' ich ... hab' ich davon geträumt und ... und da ist es passiert.“

„Was mauscheln Sie da zusammen? Was haben Sie? Geträumt haben Sie? Die Sache wird ja immer interessanter. Sie müssen wohl geträumt haben, daß Sie ein Springbrunnen sind, was?“

„Nein, bitte“, sagte Peter unter allgemeinem Gelächter. „Ich hab' geträumt, daß ... daß sie mich wieder alle getaucht haben ... und da hab' ich immerfort Wasser schlucken müssen ... und ...“

„Und wie Sie aufgewacht sind, bemerkten Sie, daß Sie das ganze Wasser wieder herausgelassen hatten. Ein höchst sinnvoller Traum, paßt vortrefflich zu Ihrer rühmlichen Tat. Und mit einer solchen läppischen Ausrede wollen Sie Ihr schweinisches Benehmen rechtfertigen?“

„Bitte, das ist keine Ausrede. Ich hab' das wirklich geträumt.“

„Unterlassen Sie diese dummen Antworten. Stehen Sie gefälligst gerade, wenn ein Vorgesetzter zu Ihnen spricht. Sie können sicher sein, man wird Sie nicht mehr tauchen. Ich bin überzeugt, Ihre Kameraden werden es sich reiflich überlegen, Sie überhaupt noch anzufassen." Er musterte ihn von oben bis unten. „Und so eine Jammergestalt trägt 'ne Uniform!"

In der Absicht, der Darbietung ein Ende zu machen, kam Peter auf die einfache Idee, das Leintuch abzuziehen.

„Lassen Sie das! Dazu haben Sie Gelegenheit, während wir im Speisesaal sind. Das Frühstück entfällt für Sie heute. Flüssigkeit bekommt Ihnen nicht. Sie haben eine Woche Absonderung und ein Urlaubsverbot. Und sollten Sie ein zweites Mal einen derartigen Traum haben, dann können Sie in der Bettnässerecke weiterträumen, verstanden?" Danach befahl er Klauber, Wasser und Seife für seine Säuberungsarbeit zu benutzen und sich hernach in den Studiersaal an sein Pult zu begeben. „Antreten! Vorwärts marsch!"

Darum erschien der sechste Jahrgang einmal als letzter im Speisesaal, und ein Gedeck an der langen Tafel blieb unbenutzt. Vis-à-vis davon saß Matthias Stellenheim, starrte auf den leeren Stuhl und brachte keinen Bissen herunter. Ihm war, als könne er nie wieder essen und trinken. Nicht länger erschreckten ihn die Schreie eines verwundeten Kriegers oder ein amputiertes Bein. Der Soldat im Spital wird sicher einen Orden kriegen, Sandtner wird bei der Sommerparade auf der Ehrentribüne wieder die Hand des Majors drücken. Wer aber reicht Fürtner, Herzog und den andern Ausgestoßenen die

Hand? Wer gibt ihnen einen Orden? Und wie leicht kann man einer von ihnen werden, im Schlaf, im Traum, wenn man nichts von sich weiß, wenn man ganz wehrlos daliegt. Zwei Jahre schon schläft Fürtner hinter dem Holzverschlag; wer weiß, wie lange noch? Was soll aus ihm werden? Wie wird es ihm im Militärdienst ergehen? Ein feiner Soldat! Wird ihn jemals eine Frau heiraten? Ein feiner Ehemann! Wird er jemals ein Kind haben? Ein jämmerlicher Vater! Was steht ihm bevor, außer Schimpf und Schande?

Nur das nicht, lieber, lieber Gott im Himmel! Laß mich die ärgsten Schmerzen erleiden, wie Tante Josephine oder wie der Soldat. Laß mich ein Bein verlieren wie Sandtner, oder eine Hand, beide Hände, beide Beine! Laß mich sterben! Nur das nicht, Heiland, Allmächtiger, Gütiger, nur das nicht!

XXXII

Während die andern im kalten Schlafsaal ihre zwei Decken über die Ohren zogen, lag Matthias Stellenheim unbedeckt in seinem Bett nahe dem offenen Fenster, um nicht zu schlafen, nicht zu träumen. Nur wenn er den Präfekten mit der Taschenlampe kommen sah, schlüpfte er rasch unter die Decke und wurde so vom Schlaf übermannt. Um so unerbittlicher ließ er sich frieren, wenn er mit Schrecken erwachte; eine rauhe Kur, die nicht ohne Folgen blieb. Bald fröstelte es ihn auch bei

Tag und er spürte ein heftiges Brennen im Hals, das ihm das Schlucken mehr und mehr erschwerte. Auch der Mangel an Schlaf machte sich bemerkbar. Im Studiersaal wurde er mehrmals von seinem Erzieher an den Haaren aufgeweckt. Tiefer und tiefer versank er in seiner Furcht und dabei bemerkte er nicht, daß ihm kein Lästerwort mehr in den Sinn kam.

Eines Tages sagte Präfekt Feist bei der Musterung: „Stellenheim hat sich um drei Uhr bei Herrn Rektor in der Kanzlei zu melden."

Als der Zögling im Vorraum wartete, warf das alte Fräulein an der Schreibmaschine einen Blick auf ihn: „Mir kommt vor, Sie sind sehr mager geworden. Fehlt Ihnen etwas?"

„O nein."

Im Stiegenhaus räusperte sich ein kräftiger Mann. Rektor Doktor Gärtner trat ein, forderte den Zögling auf, ihm zu folgen, und ließ sich an seinem Schreibtisch nieder: „Setzen Sie sich. Ich muß mit Ihnen ein ernstes Wort sprechen. Sie geben uns viel zu schaffen, Sie sind ein schwieriger junger Mann. Herr Präfekt Feist weiß sich keinen Rat mehr mit Ihnen. Im Studiersaal haben Sie die Schlafkrankheit und in den Erholungsstunden rennen Sie wie ein Verrückter hin und her. Auch Herr Lehrer Heldrich, der Ihnen so gut gesinnt ist, ist um Ihr Fortkommen ernstlich besorgt. Wir haben Ende November; im März ist das Schuljahr um. Was wird Ihr Vater sagen, wenn Sie das Schuljahr wiederholen müssen? Ich möchte bloß wissen, was ist mit Ihnen eigentlich los? Haben Sie etwas auf dem Herzen? Drückt Sie etwas?"

„Nein, bitte."

„Ihr Klassenvorstand meint, Sie machen sich Gedanken darüber, daß Sie von Herrn Doktor Vernon nichts hören. Sie müssen vernünftig sein, Herr Doktor Vernon wurde benachrichtigt, er möge einstweilen mit keinem unserer Zöglinge korrespondieren. Aber diese Verfügung kann sich eines Tages ändern, das muß nicht immer so bleiben. Jedenfalls ... Wollten Sie etwas sagen?"

„Ich wollte nur fragen, ob der Herr Rektor weiß, wo Herr Doktor Vernon jetzt ist?"

Doktor Gärtner zog mit seinem elfenbeinernen Papiermesser Furchen auf dem Löschblatt: „Er ist wieder in Straßburg mit seiner Mutter, dort ist er ja zu Haus."

„Bitte, hat er einen Posten in einer Schule?"

„Er gibt Privatstunden." Das Telephon läutete, er hob ab und sprach mit jemandem, den er Herr Vorstand nannte.

Dem Zögling rieselte es kalt über den Rücken, er würgte den angesammelten Speichel mühsam hinunter und sah die Bilder der beiden Monarchen verschwommen an der holzgetäfelten Wand. Doktor Vernon wieder daheim in Straßburg — ein beruhigender Gedanke. Aber warum unterrichtet er nicht in einer Schule? Wurde er in keiner aufgenommen? Ach, Unsinn, wer weiß in Straßburg, was in Dresden war? Gewiß verdient er mehr mit Privatstunden und muß sich weniger plagen.

Der Rektor war mit der Verschiebung der Versammlung auf Mittwoch einverstanden, ließ die Gattin des Herrn Vorstands bestens grüßen und hing an. „Also, Stellenheim", wandte er sich wieder dem Knaben zu und bediente sich seines jovialen Tones: „Ich hab' deinem Klassenvorstand versprochen, dich zur Vernunft zu bringen. Es wär' doch ein Jammer, wenn ein intelligenter Junge wie du sitzenbliebe. Du hast noch drei Monate Zeit, da läßt sich eine Menge schaffen. Streck die Ärmel auf, setz dich auf deinen Allerwertesten und sag dir: so, jetzt leg' ich mich ins Zeug, jetzt sollen sie sehen, was der Stellenheim kann, wenn er will! Zeig's ihnen, zum Donnerwetter!" Mit Schwung stand er auf und streckte dem Zögling seine breite Hand entgegen: „Gib mir dein Wort, daß du dich bessern wirst, und zwar schleunigst!"

Mitgerissen vom Feuer des Rektors, sprang der Knabe auf und schlug ein: „Jawohl, Herr Rektor!"

„Du weißt, was ein Manneswort bedeutet!"

„Jawohl, Herr Rektor!"

„Ich verlasse mich auf dich. Und jetzt geh in den Studiersaal und leg los! Fährst du zu Weihnachten nach Haus zu deiner Großmutter?"

„Jawohl, bitte."

„Mit wem reist du?"

„Mit Pirchhof."

„Du bist sehr blaß und mager. Hat Herr Sanitätsrat Kemp dich schon einmal gründlich untersucht?"

„Ja, bitte. Ich muß Eisenpillen nehmen, jeden

Tag zweimal, weil ich blutarm bin. Aber sonst fehlt mir nichts."

„Na, dann is' gut. Also leb wohl, mein Junge, und mach's gut!" Mit einem herzhaften Schlag auf die Schulter war der Zögling entlassen.

Als er in den Studiersaal kam, hoben seine Kameraden die Köpfe, worauf Präfekt Feist ihnen riet, sie lieber in die Bücher zu stecken und Stellenheim in der freien Zeit zu bewundern. Matthias öffnete rasch den Pultdeckel, griff nach der französischen Grammatik, dem Schulheft und steckte eine neue Feder in den Stiel. Wieder lief es ihm kalt über den Rücken. Er holte seinen Mantel vom Rechen und benutzte nun das Taschentuch, statt den Speichel gewaltsam herunterzuwürgen. Ein plötzlicher Einfall ließ ihn seine Schmerzen für einen Augenblick vergessen: zu Lebzeiten seines Großvaters waren oft Briefe mit der unvollständigen Adresse: Herrn Friedrich Stellenheim, Bad Ischl, Österreich, angekommen. Könnte nicht vielleicht auch ein Brief, adressiert an Herrn Doktor Karl Vernon, Straßburg, Deutschland, sein Ziel erreichen? Von daheim kann ein Zögling schreiben, wem er will. In den Weihnachtsferien gibt es keine Hausordnung und keine Briefzensur. Nun aber an die Arbeit! Ein Ehrenwort ist kein Scherz. Er starrte in das Französischbuch, doch die Buchstaben verschwommen ihm vor den Augen. Sein Taschentuch wurde nässer, seine Kehle trockener. Wie hinter einem Schleier sah er Präfekt Feist am Schreibtisch. In seinem heißen Kopf pochte es heftig. In seinem Hals brannte es wie

Feuer. Ein Schüttelfrost erfaßte ihn und ließ ihn nicht locker.

Heute nacht wird es nicht leicht sein, ohne Decke zu liegen, und morgens die kalte Dusche — ach was, die Soldaten im Feld müssen mehr aushalten.

XXXIII

Der nächste Morgen brachte Regen, gemischt mit Schneeflocken. Grau und tief hing der Himmel über dem Exerzierplatz. Die Schuluhr hatte acht geschlagen. In den Klassenzimmern brannte Licht.

„Gewehr bei Fuß! Rührt euch!" befahl der sechzehnjährige Gruppenführer Frohwirt seinen neun Mann, Gruppe Nr. 3, die vor der Turnhalle stand. Gruppe Nr. 1 übte vor dem Schulhaus, Nr. 2 in der Nähe des Sprungplatzes, Nr. 4 vor dem Institutsgebäude. Das Klatschen der Gewehrgriffe und der Marschschritt vermischten sich mit den hellen Stimmen der Befehlshaber. Die jüngsten Rekruten in Mänteln aus sprödem Ersatzstoff sahen weniger schneidig aus als Kommandant Pautz, dessen Uniform nach Maß angefertigt war; ein Vorrecht derer, die Säbel trugen.

„Stillgestanden!" Gruppenführer Frohwirt nahm die Tellerkappe von seinem glattgebürsteten blonden Scheitel und schwang die Regentropfen von ihr ab. Seine Augen waren morgens entzündet und verklebt, seine Nase bedeckten zahlreiche Sommersprossen zu allen Jahreszeiten. „Schultert das Gewehr! Klauber wiederholen! Gewehr bei Fuß! Schultert das Gewehr! Beim erstenmal treffen Sie es wohl nicht? Brauchen eine Sondereinladung, was? Ganze Kompanie rechts um! Paradeschritt! Vorwärts marsch!“ Die Hand lässig auf dem Bajonettgriff, schlenderte er neben seinen Mannen. „Achtung! Halt! Was ist mit Ihnen los, Stellenheim? Noch nicht ausgeschlafen? Wie sehen Sie überhaupt aus? Setzen Sie Ihre Kappe gerade. Und das Bajonett hängt Ihnen am Hintern. Wachen Sie auf, ja? Achtung! Paradeschritt! Vorwärts marsch! Achtung! Links schwenkt!“

Sie marschieren das Lehrerhaus entlang, an dem Fenster vorbei, das nicht mehr Doktor Vernon gehörte. Der Schneeregen fiel dichter. Die Gruppen Nr. 2 und 4, miteinander vereint, übten Laufschritt mit geschultertem Gewehr unter Aufsicht des Kommandanten. Gruppe Nr. 1, darunter Gotlieb und Rothmund, überkletterte in voller Ausrüstung eine Schanze. Ein dumpfes Surren verriet den Zeppelin, der hoch über den Wolken flog.

„Achtung! Halt!“ befahl Frohwirt. „Links um! Rührt euch! Stellenheim vortreten! Sagen Sie, machen Sie das absichtlich? Mir scheint, Sie wissen nicht, wo Sie sind. So können Sie in Österreich herumlatschen, aber nicht hier bei uns! Wie stehen Sie da? Rührt euch, gilt für die andern, nicht für Sie.“ Er kratzte sich am Kinn und sah ihn prüfend an. „Oder fehlt Ihnen etwas, sind Sie krank?“

„Nein, zu Befehl!“ antwortete Matthias laut, um seine Heiserkeit zu unterdrücken.

„Was machen Sie dann für Zicken? Brauchen wohl einen Separatunterricht? Meinetwegen, können Sie haben. Stellenheim, Achtung! Links um! Paradeschritt! Vorwärts marsch!“ Mit verschränkten Armen, die Zunge gegen die Wange gepreßt, sah er ihm nach. „Halt!“ Er folgte ihm mit breitspurigem Schritt, die Faust hart um den Bajonettgriff. Als er vor ihm stand, schob er die Kappe aus der Stirn. „Wollen Sie mich uzen? Können Sie Ihre Drecksknie nicht biegen? Haben Sie keine Knochen im Leibe? Sie latschen ja herum wie ein alter Jude!“ Wiederum sah er ihn forschend an. „Ich habe Sie gefragt, ob Sie krank sind?“

„Nein, zu Befehl!“

„Dann Mantel ausziehen! Hundert tiefe Kniebeugen! Breisach, Sie zählen, dort vor der Bank!“

„Zu Befehl!“ Breisach trat vor und führte seinen Sträfling an Ort und Stelle. Stellenheim lehnte sein Gewehr an den Baum, Mantel und Bajonett legte er auf die Bank. Mit dem Gesicht zum Lehrerhaus stützte er die Hände in die Hüften und wartete auf Breisachs Befehl.

„Tiefe Kniebeuge! Eins! Zwei! Drei! ...“

Ihnen gegenüber, an einem offenen Parterrefenster, schüttelte ein Stubenmädchen das Staubtuch aus.

„Sechs! Sieben! Tiefer!“

Die junge Magd blieb stehen und sah dem Turner zu.

„Zehn! Elf! Tiefer!“

„Ich ... ich kann nicht.“

„Freilich kannst du. Tu nicht so. Wenn der

Frohwirt herschaut, krieg' ich einen Rüffel. Jetzt kommt gerade der Pautz über den Platz. Also mach mal! Zwölf! Dreizehn! Vierzehn!"

Bei fünfzehn zuckte die Magd zusammen und streckte mit einem Ruck die Arme aus, als wollte sie jemanden auffangen, ehe er fiel. Sechzehn zählte Breisach nicht mehr. Statt dessen schrie er, entgegen jeder militärischen Disziplin: „Frohwirt! Pautz! Kommt her, rasch!"

Das hörte Stellenheim nicht mehr. Kommandant und Gruppenführer hoben ihn auf und trugen ihn auf die Krankenabteilung.

XXXIV

Eintritt verboten! stand auf der Tür des Infektionszimmers, in dem Matthias Stellenheim mit Angina lag. Am vierten Abend zeichnete Schwester Grete noch immer 40,2 auf seiner Fieberkurve ein. Er schlief fast unentwegt; in den Dämmerstunden und nachts murmelte er unverständliches Zeug. Sanitätsrat Kemp wollte ein Konzilium einberufen, Rektor Gärtner an Frau Jetti Stellenheim telegraphieren, sollte innerhalb von vierundzwanzig Stunden keine Besserung eintreten. Doch statt dessen wurde die Großmutter des Patienten am sechsten Tag benachrichtigt, daß er, wie erwartet, die Krise gut überstanden habe und somit keinerlei Grund zu weiterer Besorgnis gebe. Postwendend legte sie ihrem Enkel nahe, er möge ihrem Beispiel folgen und dem Allmächtigen für seine gnädige Hilfe inständigst danken.

Matthias fühlte sich heimisch in seinem kleinen Zimmer. Wie von weit her hörte er den Lärm vom Spielplatz durch das geschlossene Fenster; er sah die ersten weißen Schneeflocken und ruhte behaglich unter seinen zwei warmen Decken. Er schlief, bis man ihn weckte, er aß und trank, soviel man ihm gab, ohne zu bemerken, wie gesund er sich als Kranker benahm. Trotzdem untersuchte der Sanitätsrat ihn jeden Tag gründlich, besonders in der Herzgegend; eines Morgens besuchte er ihn mit einem Kollegen. Professor Fidelius, zwei Schmisse im Gesicht, die alte Burschenherrlichkeit noch in den Gliedern, horchte und klopfte Brust und Rücken des Patienten gewissenhaft ab.

„Haben Sie manchmal das Bedürfnis, tief Atem zu schöpfen, tiefer als Sie können?"

„Nein, bitte."

„Spüren Sie eine leichte Beklemmung, eine Art Druck um die Brust?"

„Nein, bitte."

„Haben Sie schon früher einmal eine Angina mit hohem Fieber gehabt?"

„Nein, nur Halsentzündung hab' ich ein paarmal gehabt."

„Ermüden Sie leicht beim Turnen oder Laufen?"

„O nein, ich bin der drittbeste Läufer in meiner Klasse."

Der Professor steckte sein Stethoskop wieder ins Futteral: „Sie müssen sich vollkommen ruhig verhalten. Flach liegen, womöglich auf dem Rücken, keine unnützen Bewegungen machen. Das ist langweilig, besonders für einen Jungen in Ihrem Alter, aber Sie wollen doch bald gesund werden."

„Bitte, was fehlt mir denn noch?"

„Ihr Herz ist etwas angegriffen, aber das wird sich wieder geben, Sie sind ja noch jung. Die Hauptsache ist, ruhig liegen und ein wenig Geduld haben."

„Werd' ich zu Weihnachten nach Haus fahren können?"

„Das wird wohl nicht möglich sein."

Nach dieser Visite durfte der Patient sich nicht mehr aufsetzen, sondern mußte sich ganz Schwester Gretes Hilfe überlassen. Sie fütterte ihn zu den Mahlzeiten, gab ihm dreimal täglich fünfzehn bittere Tropfen, wechselte regelmäßig den Eisbeutel auf seiner Brust und rollte den Sauerstoffapparat an sein Bett, als er unter Atemnot litt.

XXXV

Das neue Schuljahr hatte begonnen. Auf den Kastanienbäumen sprießten die ersten Knospen. Schleuderball und Tomahawk flogen hoch in der Luft. Flott rollten die Kugeln über die Kegelbahn. Auf dem Sprungplatz, an den Turnbarren und Kletterstangen herrschte Hochbetrieb. Die Präfekten schritten in alter Frische über den Platz. Peter Klauber hingegen trottete blaß und gleichgültig mit

Fürtner und dessen Gefährten auf dem Weg hinter den Bänken. Armer dummer Peter, dachte der Rekonvaleszent am Fenster im vierten Stock und konnte nicht begreifen, daß er vor Monaten das gleiche Los befürchtet hatte.

Professor Fidelius und Sanitätsrat Kemp gestatteten ihm bereits Besuche. Rektor Gärtner fand ihn zwar noch recht blaß und mager, zweifelte aber keineswegs an seiner völligen Genesung. Präfekt Feist brachte ihm die besten Grüße von seinen Kameraden: „Kopf hoch, Junge! So ein kleiner Herzklaps vergeht wieder, je weniger man daran denkt, desto rascher!" Lehrer Heldrich, der fast täglich kam, brachte einmal seinen Schüler Rothmund mit. Bruno wußte eine Menge zu erzählen, vor allem von dem bevorstehenden Staatsereignis, dem Besuch Kaiser Wilhelms in Dresden. Bei Ankunft des Monarchen sollten sämtliche Schulen am Hauptbahnhof und in der Prager Straße Spalier stehen, das Friedberg-Institut sogar neben einem sächsischen Infanterieregiment. Mit solcher Ungeduld erwartete der junge Berliner seinen preußischen Landesherrn, daß sein Klassenvorstand ihn wohlwollend beschwichtigte: „Er kommt doch schließlich nicht zu dir auf Besuch, sondern zu König Friedrich August. Also rege dich nicht so auf, laß auch Stellenheim ein wenig zu Wort kommen. Ich höre, du willst uns verlassen, stimmt das?"

„Ja, in vier Wochen", antwortete Matthias.

„Du fährst nach Haus?" fragte sein Kamerad.

„Ja, weil der Herr Professor Fidelius erlaubt

nicht, daß ich in die Schule gehe. Ich darf einstweilen nur zu Haus lernen."

Schwester Grete schloß das Fenster. Lehrer Heldrich verstand ihr freundliches Nicken und verabschiedete sich mit seinem Begleiter.

Zwei Wochen später durfte der Rekonvaleszent nach mehr als vier Monaten die ersten Schritte im Freien machen. Als Schwester Grete ihn im Rollstuhl auf den Spielplatz fuhr, schlug die Uhr am Schulhaus halb vier. Vor der Turnhalle stieg er aus, steckte die Hände tief in den feldgrauen Mantel und blickte um sich. Die laue Frühlingsluft strich über seine Stirn; die Amseln zwitscherten auf den blühenden Kastanienbäumen. Er fühlte sich so seltsam leicht, als taute es in seinem Kopf und um sein Herz: „Glauben Sie, Schwester, werd' ich wieder so herumrennen können wie früher?"

„Bestimmt, du mußt nur Geduld haben. Fühlst du dich sehr schwach?"

„Ein bißl." Er schaute zu den Fenstern seines ehemaligen Studiersaales, dann zu denen seines einstigen Heims im Lehrerhaus. Langsam ging er ein paar Schritte, mit dem Blick zum Institutsgebäude, auf die Rednerbühne des Rektors: „Komisch, mir kommt es so vor, als wenn ich seit Jahren nicht mehr hier gewesen wär'."

„So geht es einem meistens, wenn man längere Zeit krank war. Du warst doch sicher gerne hier, nicht wahr?"

Er blieb stehen und überlegte: „Bei Herrn Doktor Vernon war ich gern."

„Nur bei Herrn Doktor Vernon?“

„Auf der Krankenabteilung auch.“

Die Pflegerin sah ihn verwundert an: „Und sonst nicht?“

Er zuckte die Achseln und ging schweigend weiter.

XXXVI

Einige Stunden vor Eintreffen des Hofzuges kam eine alte Frau in Dresden an. Gebeugt schritt sie mit ihrem kleinen Handkoffer über den langen Perron, als wäre er ein Teil einer endlosen Wallfahrt. Verwundert blieb sie am Ausgang stehen, unter Fahnen und Girlanden, vor zwei mächtigen bekränzten Bildern des preußischen und des sächsischen Monarchen. Eine Droschke brachte sie zum Hotel Deutscher Hof, wo sie nach dem Zimmerpreis fragte und ihr Gepäck abgab, ehe sie weiterfuhr. Auf der beflaggten Prager Straße sicherten sich bereits die ersten Zuschauer ihre Plätze auf dem Gehsteig. Von allen Fahrzeugen und Pferden flatterten die reichsdeutschen und sächsischen Farben. Ein sonniger Frühlingsmorgen erwartete den Landesherrn. Auch das Friedberg-Institut paßte sich dem Festtag an. Bis zu den Köpfen der Passanten reichten die zahlreichen breiten Fahnen an der Straßenfront des Gebäudes. Befangen stieg die alte Frau aus dem Wagen und bald danach drückte sie lange Schwester Gretes Hand.

„Ich danke Ihnen für alles, was Sie für meinen

Enkel getan haben. Glauben Sie, wird er wieder ganz gesund werden? Mit mir können Sie offen sprechen."

„Herr Professor Fidelius und Herr Sanitätsrat Kemp hoffen das Beste. Er ist ja noch jung und in der Entwicklung, da kann sich mit der Zeit manches wieder einrenken, natürlich geht das nicht von heute auf morgen. Der Herr Sanitätsrat wird bald da sein, er wird Sie bestimmt genau informieren."

Mit frisch geschnittenem Haar und in gebügelter Uniform saß Matthias beim offenen Fenster, als seine Großmutter ins Zimmer trat. Innig schloß sie ihn in ihre Arme und machte ihm das Kreuz. Schwester Grete half ihr aus dem Mantel, schob einen zweiten Stuhl ans Fenster und zog sich diskret zurück. Unten auf dem Spielplatz sammelte sich die junge Armee zum Ausmarsch.

„Weißt', wenn man so auf seine alten Tag' zum erstenmal ins Ausland kommt, da wird einem ein bißl schwindlig. Aber die Stadt ist schön, so sauber und alles geht wie am Schnürl. Na ja, tüchtig sind sie, die Deutschen, das muß man ihnen lassen." Sie zog die schwarzen Zwirnhandschuhe aus und setzte sich ihm gegenüber. „Groß bist' g'worden, nur blaß bist' noch und mager, aber wir werden dich schon aufpäppeln zu Haus, so gut es in diesen Zeiten halt geht. Ich wollt' schon viel früher herkommen, aber der Herr Sanitätsrat hat geschrieben, du sollst keine Besuche haben." Sie nahm ein kleines Etui aus der Handtasche. „Da hast', mein

Kind, das hab' ich dir aus Mariazell mitgebracht, ich war zu Ostern dort."

„Dank' dir, Großmama, der ist schön, der ist wirklich sehr schön!" Voll Bewunderung steckte er den silbernen Ring mit der Mariazeller Madonna an den Mittelfinger.

Unten auf dem Platz hielt Tambourmajor Oberdal die letzte Probe des neuen Marschpotpourris. Das Pony vor der großen Trommel, eine Festtagsüberraschung, ließ sich geduldig von allen streicheln, auch die Präfekten fanden Gefallen an ihm. Nur die sechs Kommandanten, die in tadellosen Uniformen und weißen Handschuhen vor der Kegelbahn konferierten, hatten keine Zeit für Liebkosungen.

„Bei uns zu Haus wird's dir jetzt recht still vorkommen. Hast' ab und zu ein bißl Heimweh gehabt?"

„O ja."

„Warum bist' denn im Sommer nicht nach Haus gekommen? Warum hast' deinem Papa g'schrieben, du willst ins Ferienheim?"

„Weil ... ich hab' sehr viel lernen müssen, ich bin in der Schule nicht gut gestanden und da ... deshalb hab' ich gedacht, es ist besser, ich bleib' hier. Das hab' ich dir ja geschrieben."

„Ja, ja, es hat mir nur leid getan, daß du nicht gekommen bist. Sag, mein Kind, was hörst du von deiner Mama? Weiß sie, daß du krank warst?"

„Schwester Grete hat es ihr geschrieben. Sie hat auch schon geantwortet."

„Wie geht's ihr denn?"

„Sehr gut, sie hat einen so großen Erfolg in der Oper, daß der Direktor ihr einen neuen Vertrag für drei Jahre gegeben hat."

„So, so, da kommt sie also vorläufig nicht zurück?"

„Darüber schreibt sie nichts."

Die Befehle der Gruppenführer hallten über den Platz. Der Tambourmajor und seine Kapelle stellten sich an die Spitze der Truppen. Das hohe Eisentor wurde geöffnet. Die Kommandanten zogen die Säbel: „Vorwärts marsch!" Rektor Gärtner drückte den Zylinder an die Brust, die Präfekten salutierten, während die Reihen roter Tellerkappen zu den Klängen des Hohenfriedberg-Marsches an ihnen vorbeizogen.

„Wirst auch wieder ein gesunder, kräftiger Bub werden, mach dir keine Sorgen. Und in Zukunft werden wir nicht mehr miteinander streiten, schließlich sind wir doch beide älter und g'scheiter g'worden. Hab' ich nicht recht?"

„Ja", sagte er lächelnd.

Sie gab ihm einen Kuß auf die Stirn: „Jetzt kannst' auch bald wieder deinen religiösen Übungen nachkommen. Wann warst' zuletzt bei der Beichte?"

„Voriges Jahr zu Ostern. Zu Weihnachten konnte ich nicht gehen, da war ich schon krank."

„Der Herr wird dir verzeihen. Es ist nicht deine Schuld, daß sie hier nur ihr Marschieren im Schädel haben und dabei an Gott vergessen. Der Onkel

Albert hat ganz recht, der weiß sehr gut, warum er die Deutschen nicht ausstehen kann."

„Pst, Großmama, das darfst du hier nicht sagen! Wenn das jemand hört..."

„Ach was, höchste Zeit, daß du von da wegkommst. Weißt', vielleicht hat alles so kommen sollen. Der liebe Gott hat eben nicht gewollt, daß du als Heide aufwächst."

Schwester Grete brachte ihrem Pflegling die Suppe. Kurz nach ihr kam Sanitätsrat Kemp.

XXXVII

In der Prager Straße hingen noch vereinzelte Fahnen und Girlanden, auf dem Bahnhofsplatz wurden die bekränzten Bilder der beiden Monarchen abmontiert. In der Halle wartete ein sächsisches Jägerregiment in Feldausrüstung auf den Zug nach der Westfront. Angezogen von den feurigen Soldatenliedern, standen Frauen und Mädchen an den Ausgängen und warfen den Kriegern Blumen zu. „Platz! Platz machen!" brüllte ein Feldwebel, und alle schauten auf den Knaben, den ein Träger durch die Menge trug. Ein Soldat fragte: „Was fehlt ihm?" ein anderer: „Was für eine Uniform hat der Junge an?" Mit einem verlegenen Lächeln blickte Matthias über die zahllosen Pickelhauben hinweg und schwieg ebenso wie seine Großmutter, die ihm folgte.

Als er am nächsten Morgen im Schlafwagen erwachte, lagen die Wienerwaldberge und die Donauauen in sattem Grün unter einem tiefblauen Himmel. Die ersten Schwalben kreisten über den Dächern. Altbekannte Plakate und Firmenschilder erinnerten ihn an vergangene Zeiten, die rot-weißen Straßenbahnen an seine frühesten Tage. Der Franz-Josephs-Bahnhof konnte sich weder an Größe noch Modernität mit dem Dresdner Hauptbahnhof messen. Gemächlich schlenderten Beamte und Offiziere über den Perron. Die Soldaten in abgetragener Uniform ließen das Gewehr am speckigen Riemen lässig von der Schulter baumeln; ein ungewohnter Anblick für den Heimkehrer, der kaum fassen konnte, daß ihn nur zwölf Bahnstunden von den strammen sächsischen Jägern trennten. Waren es wirklich bloß zwei Jahre und zwei Monate, seit er seine Heimatstadt verlassen? Es kam ihm viel länger vor. So stand er an der Waggontür, bis sie sich öffnete und ein Träger ihn in die offenen Arme seiner Verwandten hob.

Nach der ersten Wiedersehensfreude überreichte Tante Therese im fahrenden Taxi ihrer Mutter feierlich einen Zeitungsausschnitt, den auch ihr Neffe lesen durfte: Oberst Albert Grittner, bereits vielfach dekoriert für seine Verdienste auf dem östlichen Kriegsschauplatz, wurde nun von Seiner Majestät Kaiser Karl, in Anbetracht seiner heldenhaften Haltung auf dem italienischen Schlachtfeld, mit dem Maria-Theresien-Orden ausgezeichnet und somit in den Adelsstand erhoben.

Seine beiden Kinder überschütteten Großmutter

und Cousin mit den letzten Neuigkeiten: bei ihnen daheim häuften sich bereits Blumen und Glückwunschdepeschen von Grafen, Fürsten, ja selbst Erzherzogen. Generalmajor von Kowalevsky hatte vier große Schachteln Briefpapier mit den entsprechenden Monogrammen und siebenzackiger Krone geschickt. Dem Jüngsten im feldgrauen Mantel blieb der Mund offen. Mit einer solchen Sensation konnte seine Heimkehr nicht wetteifern. Sprachlos drehte er die rote Kappe in den Händen, inmitten der neuesten Barone.

„Na so was! Da muß man euch ja von Herzen gratulieren!" sagte die Großmutter.

„Ich gratuliere auch", fügte der Neffe hinzu.

Tante Therese lächelte schlicht: „Nicht wir haben diese hohe Auszeichnung verdient, sondern Onkel Albert, er ganz allein."

„So ist es", stimmte ihre Mutter bei. „Hoffentlich wissen das auch deine Kinder und werden nicht am End' gar hochnasig."

„Warum sollten wir hochnasig werden?" fragte Erika beleidigt.

„Wir sind nicht so blöd", meinte ihr Bruder.

Im Rathauspark blühte der Goldregen, im Volksgarten der Flieder. Nur vereinzelte Wagen fuhren zur frühen Morgenstunde über die Ringstraße. In den Kaffeehäusern saßen die ersten Frühstücksgäste. Der alte Dienstmann an der Ecke des Schwarzenbergplatzes lehnte noch immer an der Mauer, kaute seine Virginia und grüßte jeden, der an ihm vorüberging. Die beiden Wachtposten vor dem Belvedere plauderten mit dem Schutzmann. Frieda und Kaspar warteten schon vor dem Haustor. Der alte Schäferhund sprang hoch, als er seinen Jugendgespielen wiedersah.

Im Speisezimmer roch es nach frischem Bohnenkaffee, sogar ein Gugelhupf stand auf dem weißen Damasttischtuch. Aber Matthias bemerkte diese Überraschungen kaum, denn neben seiner Serviette lag ein Brief mit dem Poststempel Straßburg.

XXXVIII

Die Schlacht an der Piave endete für Baron Grittner mit einem Kopfschuß. Dank dem Chirurgen, der ihm das Leben rettete, lag er im Militärspital in Klagenfurt, wo er nach langer Trennung Frau und Kinder wiedersah. Die Villa Stellenheim in Ischl blieb diesen Sommer geschlossen. Der Jüngste verbrachte die Ferien mit seiner Großmutter im Hotel Radetzky in der Hinterbrühl bei Wien. Doktor Sterler erlaubte ihm einen halbstündigen Spaziergang vor- und nachmittags, aber nur auf ebenen Wegen. Laufen und Treppensteigen waren ihm strengstens untersagt. Wenn die Jugend auf der Hotelwiese Fußball oder Soldaten spielte, lag er abseits auf dem Rasen und las eines der drei Bücher, die von Straßburg gekommen waren: Die Abenteuer des Freiherrn von Münchhausen; Zwanzigtausend Meilen unter dem Meer; Die drei Musketiere. Jede Woche schrieb er einen langen Brief an seinen früheren Erzieher und bekam postwendend Antwort. Die Großmutter billigte seine Korrespondenz vollauf. Nach allem, was sie über diesen Doktor Vernon erfuhr, hielt sie ihn für einen rechtschaffenen Mann, einen wahren Katholiken, der seinen Zögling mindestens einmal im Monat zur Beichte geschickt und ihn gegen einen frechen, gottlosen Jungen verteidigt hatte, unbekümmert um sein eigenes Geschick.

Nicht länger beschäftigten den Knaben die Fragen, ob Gott gerecht oder ungerecht sei, ob es Ihn gebe oder nicht. Die Springflut aus dem Uferlosen, die ihn gepeitscht und zur Strecke gebracht, war verebbt und mit ihr selbst der Gedanke an jene Tage. Ohne quälende Zweifel und ohne innere Einkehr beichtete er pflichtschuldig jeden Sonntag und empfing den Leib des Herrn. Auf dem Heimweg von der Kirche sagte die Großmutter einmal: „Wenn du im Herbst wieder zu studieren anfängst, könntest du auch Latein lernen. Du mußt ja ohnehin die Mittelschule noch einmal beginnen."

Unwillkürlich blickte er auf den Ring an seinem Finger: „Ich weiß aber nicht, ob ich Priester werde."

Sie sah ihn an: „Was willst du denn werden?"

„Das weiß ich noch nicht."

„Zerbrich dir nicht den Kopf, das hat noch Zeit. Ich hab' mir nur gedacht, du sollst unbedingt Latein lernen, das gehört sozusagen zur allgemeinen Bildung. Was der Rudi trifft, wirst du schließlich auch zusammenbringen."

„Der Papa wollte aber, ich soll Französisch und Englisch lernen.“

„Dazu hast du später noch immer Zeit. Ich schreib’ ihm sowieso heute, da frag’ ich ihn einmal, wie er darüber denkt.“

Am 1. September um acht Uhr morgens gab Herr Professor Wührer seinem neuen Privatschüler die erste Lateinstunde. Aus dem weißen Kinderzimmer war ein grüntapezierter Raum mit Schreibtisch, Bücherschrank, Sitzgarnitur und Schlafsofa geworden, und aus dem zerstreuten Schüler ein aufmerksamer, der seinem Lehrer die Arbeit leicht machte. Der alte Herr kam sichtlich gern zu ihm, manchmal blieb er zum Mittagessen und ging mit ihm nach Tisch eine Weile im Belvederepark spazieren. In dem steten Bestreben, das weltversöhnende Gefühl der Kunstbegeisterung in der Jugend zu erwecken, erzählte er ihm oft, als eifriger Burgtheaterbesucher, von einer eindrucksvollen Klassikervorstellung, deren lange Monologe ihm gewöhnlich mühelos von der Zunge flossen. Um so enttäuschter mußte er eines Tages beim Korrigieren einer deutschen Hausarbeit feststellen, daß gerade der Sohn einer Opernsängerin offenbar nicht viel Sinn für das Musische hatte. „Ist dir an deiner Geschichte nichts aufgefallen?“ fragte er, als er ihm den Aufsatz zurückgab.

„Nein, bitte“, erwiderte der Knabe verwundert.

„Lies einmal laut, was du geschrieben hast. Vielleicht kommst du dann drauf.“

Der Schüler las:

„Mein erster Theaterbesuch.

Eines Tages fragte mich Herr Doktor Vernon, ob ich Lust habe, mit ihm zu einer Nachmittagvorstellung ins Theater zu gehen. Ich antwortete: ‚O ja, sehr gerne.' Und so gingen wir ins Theater. Das Stück, das gegeben wurde, heißt: ‚Die Jungfrau von Orleans.' Es ist von Friedrich von Schiller. Die Schauspieler haben sehr gut gespielt. Nur einer hat zu laut deklamiert. Herr Doktor Vernon hat gesagt, er bildet sich zu viel darauf ein, daß er einen König spielt, deswegen schreit er so. Herr Doktor Vernon hat mich auch manchmal in ein Jugendkonzert mitgenommen und dann haben wir immer darüber gesprochen. Er redet nicht viel, aber wenn er etwas sagt, ist es immer richtig. Er war mein Erzieher im Friedberg-Institut, aber nur ein Jahr, dann ist er ausgetreten. Jetzt ist er mit seiner Mama in Straßburg. Sie wohnen in einem kleinen Haus, das auf einem alten Platz steht. Dort liegt immer ein alter Bernhardinerhund und Kinder spielen Kreiselpeitschen. Es ist sehr still dort, nur manchmal hört man die Kanonen aus Frankreich herüber. Herr Doktor Vernon unterrichtet in dem Gymnasium, wo er einmal selber Schüler war. Er ist sehr gescheit, aber er protzt nicht damit. Er ist sehr gerecht. Strafen hat er nur selten gegeben und nie große. Trotzdem hat sich keiner eine Frechheit gegen ihn getraut. Ich hatte lange nichts von ihm gehört. Erst als ich wieder nach Hause kam, fand ich einen Brief von ihm. Darüber war ich sehr erstaunt zuerst, aber dann habe ich alles verstanden.

Herr Lehrer Heldrich, mein Klassenvorstand, hatte ihm immer geschrieben, was ich mache, auch als ich krank war, und dann zuletzt hat er ihm geschrieben, daß ich nach Hause fahre. So ist alles gekommen. Wie wir aus dem Theater weggingen, sprachen wir noch lange über die schöne Vorstellung. Das Schauspielhaus in Dresden hat über tausend Sitzplätze. Wir sind in der zweiten Reihe gesessen. Das war mein erster Theaterbesuch." Er legte das Heft auf den Schreibtisch und sah seinen Lehrer fragend an.

„Na, fällt dir nichts auf?"

„Was meint der Herr Professor?"

„Deine Orthographie- und Grammatikkenntnisse sind ziemlich ordentlich. Deshalb hab' ich dir auch, wie du siehst, ein Gut gegeben. Aber die Überschrift deines Aufsatzes hat sehr wenig mit seinem Inhalt zu tun."

„Wie ... wieso, bitte?"

Der alte Herr verschränkte die Arme und schmunzelte: „Diesen Herrn Doktor Vernon hast du wohl sehr ins Herz geschlossen, was?"

„Alle Zöglinge haben ihn gern gehabt, nur zum Schluß waren sie gemein zu ihm. Man hat sogar eine ... eine ... wie heißt das ...?" Er zog einen von den Straßburger Briefen aus der Schreibtischlade, um das komplizierte Wort nachzulesen. „Eine Dis ... ziplin ... ar ... untersuchung hat man gegen ihn gemacht, aber er ist freigesprochen worden. Darum kann er jetzt wieder in der Schule unterrichten."

„Warum hat man ihm denn solche Unannehmlichkeiten gemacht?" fragte Professor Wührer und bald danach nahm er eine tüchtige Prise Schnupftabak; so sehr fesselte ihn die Erzählung seines Schülers.

XXXIX

Unsere Truppen haben sich vom Feind losgelöst, hieß es nun meistens in den Kriegsberichten. Ende Oktober konnte Rudi seinem Cousin bloß den Rat geben, die Fähnchen auf der Landkarte stecken zu lassen, wo sie steckten und auf die große Frühjahrsoffensive zu warten. Baron Grittner mit dem Maria-Theresien-Orden an der Brust und einer tiefen Narbe am Hinterkopf war mit geschwächtem Erinnerungsvermögen heimgekehrt. Je mehr er sein Gedächtnis anstrengte, desto schmählicher ließ es ihn im Stich; ein lästiger Zustand für einen Offizier, der in wenigen Tagen seinem Kaiser persönlich für den Adelsbrief danken sollte. Was antworten, wenn der oberste Kriegsherr nach Einzelheiten aus den Kämpfen um Przemysl oder der Schlacht an der Piave frägt? Was wird er von einem Offizier denken, der sich an Ort und Zeit nur schleierhaft oder gar nicht erinnern kann? Wie soll ein solcher Schwachkopf noch Befehle geben, Truppen führen? Welche Dienste kann ein derartiger Krüppel Kaiser und Vaterland leisten? Besser tot sein als lebendig begraben! Die Trostworte seiner Frau, die Mahnungen seiner Schwiegermutter, sich nicht zu versündigen, gingen spurlos an ihm vorüber.

Am 2. November erhielt er einen Brief aus dem Obersthofmeisteramt: Infolge dringender Staatsgeschäfte mußte Se. Majestät die für den nächsten Tag anberaumte Audienz auf ein späteres, derzeit noch unbestimmtes Datum verschieben. Am 3. November kam eine andere Absage: Generalmajor von Kowalevsky konnte zufolge einer Kriegsratssitzung von unbestimmter Dauer leider nicht zum Nachtmahl kommen.

Am Abend des 4. Novembers erhoben sich Rufe auf der Prinz-Eugen-Straße. Die Leute liefen zusammen, Extraausgaben gingen von Hand zu Hand, berittene Wache sprengte übers Pflaster, die Rollbalken der Läden rasselten nieder, Straßenbahnen und Lastwagen blieben stehen, alle Räder hielten inne. Die Soldaten rissen die Kokarde mit den kaiserlichen Initialen von ihren eigenen Kappen sowie von denen ihrer Vorgesetzten; Sterne, Achselspangen und Portepees flogen in den Rinnstein. Die ersten roten Fahnen flatterten im Novemberwind, die letzten schwarzgelben verschwanden von den Dächern. Ein Pferd samt Polizisten fiel; die Menge trotzte der Wache und ließ sich nicht verscheuchen. Herrenlos standen die Kraftwagen der Armee unter dem rötlichen Abendhimmel, während ihre Bemannung sich mit dem Volk verbrüderte. Mühsam schaffte sich ein Rotes-Kreuz-Auto Bahn durch die Masse. Die Posten vor dem Belvedere ließen sich von ihren Kameraden rote Armbinden anstecken und räumten die Schilderhäuser. Widerspenstige Offiziere wurden entwaffnet. „Nieder mit Habsburg! Nieder mit Habsburg! Nieder mit Habsburg!"

Das klang unheimlich durch die geschlossenen Fenster, an denen zwei Knaben und ein Mädchen standen. Die Großmutter und Tante Therese saßen am Speisetisch vor der ausgebreiteten Extraausgabe. Das Zimmer mit den Maria-Theresien-Möbeln lag im Dunkeln. Ohne Licht zu machen, räumte Frieda das Jausengeschirr ab. Eine brennende Zigarette bewegte sich die Wand entlang, im Takt mit klirrenden Sporen. Oberst Grittner versuchte nicht länger, sich an die Piaveschlacht zu erinnern. Nun konnte er sich die Absage seines Kaisers und die des Generalmajors leicht erklären.

„Nieder mit Habsburg! Nieder mit Habsburg! Nieder mit Habsburg!"

Der Baron biß die Zähne zusammen: „Elender Pöbel! Ein Schuß, und sie rennen!"

„Du sollst dich nicht aufregen", sagte seine Frau. „Du weißt, der Arzt hat dir . . ."

„Zum Teufel mit dem Arzt! Wer braucht jetzt noch einen Arzt?!"

„Was wird jetzt mit dem Max werden?"

„Mach dir keine Sorgen, Mama", sagte Therese. „Er wird bald heimkehren. Der Krieg ist aus."

„Jawohl, der Krieg ist aus und auch alles andere ist aus", sagte der Oberst.

„Sag, Onkel Albert, warum hat nur unser Kaiser Frieden geschlossen und nicht auch Kaiser Wilhelm?"

„Sei still, mein Kind", sagte die Großmutter. „Bete für deinen Vater."

„Glaubst du, Papa, werden die Deutschen weiterkämpfen?" fragte Rudi.

„Unsinn, in ein paar Tagen sind sie erledigt, diese Irrsinnigen. England und Frankreich haben ihnen nicht genügt, sie mußten noch Amerika herausfordern! Ich hab's ja immer gewußt, diese Deutschen sind unser Unglück. Komm, Theres', gehen wir."

„Aber Albert, jetzt in diesem Trubel?"

„Wenn du dich vor dem Mob fürchtest, übernachte mit Erika bei Mama. Der Bub und ich können allein nach Haus gehen."

„Nein, wir gehen mit euch", sagte Erika.

Hellerleuchtet standen die leeren Straßenbahnen hintereinander. Auf der Mauer des Belvedereparks hielt ein Mann mit einer roten Fahne eine hitzige Rede. Männer und Frauen brüllten Beifall, die jüngeren von den Dächern der stehenden Fahrzeuge. Der säuerliche Geruch von Ersatztabak durchzog die Abendluft.

„Nehmen Sie die Kokarde und die Sterne herunter!" Zwei Soldaten mit roten Armbinden standen vor Oberst Grittner.

Der Offizier griff nach dem Säbel: „Weg da!"

Die Soldaten rissen die Gewehre von den Schultern: „Nur kein Aufsehen, Kamerad!"

Die Frau des Obersten schrie: „Lassen Sie ihn, er ist Invalide! Er ist erst aus dem Spital gekommen, er hat einen Kopfschuß!"

„Schweig!" befahl ihr Mann, die Rechte am Säbelgriff. „Ich bin noch lang kein Invalid!"

„Mir tun ihm ja nix!" Der Gefreite warf einen

kurzen Blick auf die beiden Kinder, die kreideblaß zwischen ihren Eltern standen. „Wenn er die Kokarde und die Sterne 'runternimmt, kann er gehn."

„Sind Sie betrunken?" herrschte der Oberst ihn an.

„Nur Ruhe, Kamerad. Mit der Kommandiererei is' aus. Die Zeiten san vorüber."

„Lang gnua haben's 'dauert", bemerkte einer der Zuschauer. „Mein Sohn is' in Frankreich g'fallen! Für was?! Für wen?!"

„Für die Fürsten und Grafen!" rief ein anderer.

„Und für die Juden, für die jüdischen Bankiers!" ergänzte eine Frau.

„Ihr Sohn ist für Kaiser und Vaterland gefallen, merken Sie sich das!" sprach der Oberst und zog blitzschnell den Säbel aus der Scheide, als ihm einer von hinten die Kappe vom Kopf riß.

„Albert!!" schrie seine Frau und umklammerte ihn mit aller Kraft.

„Lass' ma ihn geh'n", meinte der eine Soldat. „Er is' a Invalid. Lass' ma ihm seine Stern', wann's ihm a Freud' machen."

„Von mir aus soll er sich den Dreck b'halten. Wert san's eh nix mehr", stimmte der andere zu, und die Zuschauer lachten.

Der Offizier steckte den Säbel wieder in die Scheide: „Elendes Pack."

„Halt die Goschen!" riet ihm ein Straßenbahner.

„Druck dich, sonst können s' dich gleich ins Spital z'ruckführ'n!" warnte ein Chauffeur.

„Jetzt is' aus mit euch Großkopferten, jetzt kommen mir dran!" drohte einer mit geballter Faust.

Vergeblich mahnten die Polizisten: „Weitergehen! Weitergehen! Keine Ansammlung!"

„Komm, Albert, ich bitte dich, komm!"

„Komm, Papa, bitte, bitte, komm", weinte Erika.

Oberst Grittner bohrte die Fäuste in die Manteltaschen und ging. Sein Sohn hob die Kappe ohne Kokarde vom Pflaster auf und wollte sie ihm geben, aber er schlug sie ihm aus der Hand und verbot ihm, sie nochmals anzurühren.

„Aber Albert, in diesem Wind kannst du doch nicht ohne Kopfbedeckung ..."

„Weil ich ein Invalid bin, ein Krüppel, was? Herrgott im Himmel, warum hab' ich das erleben müssen?! Wär' ich doch nur krepiert!"

Am 8. November gegen drei Uhr morgens bellte Kaspar heftig. Matthias zog die Decke über die Ohren, doch bald danach rüttelte Frieda ihn wach.

Im Speisezimmer brannte Licht. In zerrissener Uniform ohne Sterne, voll von Schmieröl, mit zerrauftem, fettigem Haar und langen Bartstoppeln schloß Oberleutnant Stellenheim seinen Sohn in die Arme: „Bist groß g'worden, schaust gut aus."

Frieda stellte Tee, Sacharin, Brot und Marmelade auf den Tisch: „Vielleicht kriegen wir heute etwas Käse, der Mann im Konsumverein hat es mir versprochen."

Der Oberleutnant lachte: „Fesch schaun wir aus, nach vier Jahren Krieg. Das hätten wir billiger haben können."

„Wann bist du von Warschau abgefahren?“ fragte seine Mutter, die in Schlafrock und Betthaube neben ihm saß. „Wie lang warst' unterwegs?“

„Fünf Tage und fünf Nächte.“

„Hast' schlafen können?“

„Wie man halt mit hundert stinkigen, verdreckten Soldaten in einem Güterwagen schläft.“ Er strich die Marmelade aufs Brot und schlürfte den Tee. „Ja, meine liebe Mama, unsere Kriegsanleihe können wir uns jetzt am Hut stecken. Du bist dir wohl darüber im klaren, daß wir Bettler geworden sind.“

„Viele Familien sind in unserer Lage, mein Kind. Wir werden nicht verhungern.“

„Haben wir jetzt überhaupt kein Geld mehr?“ fragte der Jüngste.

„So gut wie nichts“, antwortete der Vater.

„Aber die Großmama kriegt doch Zins von den Wohnparteien.“

„Wenn die Teuerung zunimmt, wird die Großmama von ihren Einkünften nicht einmal allein leben können.“ Er wischte seinen Mund ab. „Hätte der Papa mir gefolgt, dann hätten wir jetzt unser Geld in der Schweiz, so wie die vernünftigen Leute es gemacht haben, und diese Sauwirtschaft hier ging' uns nichts an. Aber leider hat der gute Papa vor lauter Patriotismus an seine Frau und seine Kinder vergessen.“

„Das darfst du nicht sagen, Max. Der Papa hat sich sein ganzes Leben für uns geplagt. Du hast die schönste Jugend gehabt.“

„Das nützt mir jetzt nichts. Sag, hast du eigentlich schon zu Papas Lebzeiten gewußt, daß er in seinem Testament verfügt hat, wir dürfen die Kriegsanleihe erst nach dem Krieg verkaufen?"

„Nein, darüber haben wir nie gesprochen. Glaubst du nicht, daß wir wenigstens einen geringen Betrag für die Papiere bekommen?"

„Aber Mama, was redest du? Solche Irrsinnige gibt es nicht, die nach einem verlorenen Krieg Kriegsanleihe kaufen."

„Ich hab' immer geglaubt, der Staat ist dafür haftbar."

„Der Staat ist bankrott. Der Kaiser wird abdanken müssen und dann — dann kommt der Bürgerkrieg."

„Was fällt dir ein, mein Kind? Unser Volk läßt sich nicht von ein paar gottlosen Banditen den Kopf verdrehen, die werden sehr bald am Galgen enden. Wir haben auch vor dreißig Jahren einen Krieg verloren, trotzdem hat sich alles wieder eingerenkt und die Leute haben friedlich weitergelebt."

„Diesmal wird es anders sein, verlaß dich darauf. Im ganzen Land sind Unruhen, die Leute lassen sich nicht länger zum Narren halten."

„Das Zimmer für den Herrn Oberleutnant ist fertig", meldete Frieda.

„Wann kann ich baden?"

„Vormittag, mein Kind, wenn du aufstehst. Das Gas ist von neun bis zwölf offen."

„Eine feine Pleite." Er rollte eine Zigarette aus dem spärlichen Überrest seiner Tabakration. „Vier verlorene Jahre. Nicht einmal eine Wohnung hab' ich. Jetzt kann ich mich um einen Posten anstellen wie ein Taglöhner."

„Du wirst dich wieder hinaufarbeiten. Der liebe Gott wird dir helfen."

„Na, darauf möcht' ich mich nicht verlassen. Der liebe Gott ist ein recht sonderbarer Herr." Er zerknüllte den leeren Tabaksack, warf ihn auf den Tisch, sagte „Gute Nacht" und ging mit schlaffen Schultern aus dem Zimmer.

„Geh wieder zu Bett, mein Kind", sagte die Großmutter. „Der Papa muß sich gut ausschlafen, dann wird er besser gelaunt sein. Er hat viel durchgemacht, der Arme."

Matthias schob seinen Stuhl an den Tisch: „Küss' die Hand, gute Nacht, Großmama."

DRITTER TEIL

XL

Die Monarchie war zerfallen und Österreich zu einer kleinen Republik von sieben Millionen Bürgern zusammengeschrumpft. Die Teuerung stieg, die Währung sank. Die Neureichen schwelgten auf den Wogen der Inflation, der Mittelstand darbte. Kriegsgewinner und Börsenspekulanten wurden Schloßherren und Gutsbesitzer. Kaufleute und Wucherer aus allen Ländern überfüllten Hotels, Theater und Nachtlokale. Für fremde Valuten war alles zu haben, Kunstschätze, Lebensmittel, Frauen und Männer.

Frau Stellenheim verkaufte ihr Haus in der Prinz-Eugen-Straße für eine große Summe minderwertigen Geldes, das sich von Tag zu Tag mehr entwertete, zahlte vorzeitig die entsprechenden Erbanteile ihren Nächsten aus und übersiedelte mit Tochter, Schwiegersohn und den drei Enkelkindern nach Ischl in ihre Villa. Ihr kleines Vermögen und das bescheidene Einkommen des pensionierten Obersts gestatteten nicht länger die Anstellung von Gärtner und Köchin. Daher mußten alle Frieda helfen. Die Hausfrau und ihre Tochter kochten, der ehemalige Offizier und seine Kinder besorgten den Garten. Der Jüngste durfte nur leichte Arbeiten verrichten: Wege jäten, Blumen begießen, Obst und Kartoffeln schälen.

In der früheren Sommerresidenz des Kaisers ließ sich der Volksgeist nicht so leicht republikanisieren wie in den Industriegebieten. Oft kam es dem Oberst im Steirergewand vor, als lebte er ein zweites Leben, das Erinnerungen des ersten widerspiegelte. Die Einheimischen zogen respektvoll vor ihm den Hut, in den Läden wurde er nach wie vor Herr Oberst oder Herr Baron tituliert, in manchem Wirtshaus sangen Männer das verbotene „Gott erhalte, Gott beschütze unsern Kaiser, unser Land", und die Gendarmen stellten sich taub. Kehrte er bei einem Bauern auf ein Glas Most ein, fand er noch immer das Bild des verstorbenen Monarchen an der Wand und die alte Denkungsart: „Alles wird wieder so werden wie früher, Herr Baron. Die Sozis werden bald ausg'spielt haben. Unser christliches Volk wird dös G'sindel bald zum Teufel jagen." Einfachen Leuten gegenüber verhielt sich der Oberst zurückhaltend; die sozialdemokratische Zeitung beobachtete die Herrschaften aus vergangenen Tagen mit großer Wachsamkeit, besonders jene, die von der Republik Pension bezogen. Um so offener sprach er unter seinesgleichen. Die Adeligen, ihres Ranges und ihrer Mittel verlustig, trotzten der neuen rot-weiß-roten Fahne in dem unerschütterlichen Glauben an die baldige Rückkehr der verbannten Kaiserfamilie.

Dem Beispiel der älteren Generation folgend, bevorzugte auch die jüngere standesgemäßen Verkehr. Rudi, nun bereits über sechzehn, seine Schwester, beinahe fünfzehn, hatten mit den siebzehnjährigen Zwillingssöhnen des Grafen Lestitz Freundschaft geschlossen. Der große blonde Rüdiger besaß zwei Skipreise und einen Pokal vom Tennisturnier; sein Bruder Axel zählte zu den schnellsten Radfahrern und Schwimmern, Talente, die ihre Freunde gebührend bewunderten.

Dem Jüngsten in der Villa Stellenheim machte Doktor Unterleitner es unmöglich, Freunde zu finden. Zwar durfte er wieder zur Schule gehen, aber weder an Turnstunden noch Ausflügen teilnehmen; jeder Sport war ihm verboten. Seine kleine Tischlerwerkstätte im Keller erwies sich als ein unzulängliches Lockmittel für seine Mitschüler; Kaspar, sein vierbeiniger Kamerad, lebte nicht mehr, folglich war er auf sich selbst und seine Bücher angewiesen. Das Studium fiel ihm leicht; Professor Wührer hatte ihm eine solide Grundlage auf den Weg mitgegeben. Selbst sein Vater mußte seine Zeugnisse lobend anerkennen, wenn er ihm hin und wieder ein paar Zeilen schrieb, in denen er ihm meistens seinen Besuch in Aussicht stellte, den er aber immer wieder infolge dringender Geschäfte verschieben mußte. Einmal war er an einem rumänischen Petroleumkonzern beteiligt, ein anderes Mal an einer jugoslawischen Zementfabrik, dann an einer Budapester Privatbank, zuletzt gleichzeitig an einer Prager Grammophongesellschaft und einer Wiener Filmproduktion. Auch aus Buenos Aires kam von Zeit zu Zeit ein Brief, der gewöhnlich mit den Worten schloß: „In Sehnsucht, Deine Dich innig liebende

Mamali." Wie im Paradies fühlte sie sich in ihrem entzückenden Häuschen mit dem bezaubernden Palmengarten und der himmlischen Aussicht auf das blaue Meer. Die Operndirektion überhäufte sie mit den wundervollsten Partien, das Publikum trug sie auf Händen. Nichts fehlte ihr als ihr über alles geliebter, einziger Bub.

Ganz anders waren die Briefe aus Straßburg; einfach, klar, ohne überschwengliche Worte, und doch voll von Anteilnahme. Mit Kriegsende war aus Herrn Doktor Karl Vernon Monsieur Charles Vernon geworden, aus dem Rabenplatz, wo er wohnte, die Place du Corbeau, aus Straßburg Strasbourg. In dem siegreichen Frankreich herrschte keine Not. Jeden Monat kam in Ischl eine große Kiste mit Lebensmitteln an, für die Frau Stellenheim dem „generösen Spender und seiner verehrten Frau Mama" herzlichst dankte.

Einmal im Monat mußte Matthias Herrn Doktor Unterleitner besuchen. Im Wartezimmer, wo er vor Jahren mit einer verbundenen Wade seine Gouvernante, zur Erheiterung der übrigen Patienten, mit Fragen überschüttet hatte, blätterte er nun gesittet in den illustrierten Zeitungen. Wurde das Wort an ihn gerichtet, antwortete er höflich aber kurz und wandte sich wieder seiner Lektüre zu. Doch einmal, als außer ihm nur ein Patient wartete, ließ er sich in ein längeres Gespräch verwickeln.

„Was fehlt denn dir? Was hast du für eine Krankheit?" fragte das rotbäckige Mädchen mit den dicken strohblonden Zöpfen.

Er blickte auf von seiner Zeitung und schaute in die hellsten blauen Augen. Sie trug Sonntagstracht, wie alle Bauernmädchen, wenn sie zur Stadt kamen: einen langen schwarzen Rock, hohe Schnürschuhe, weiße Schürze und eine hochgeschlossene Leinenbluse. Verlegen rollte er die Zeitung zusammen und fragte: „Warum interessiert dich das?"

„Ich frag' halt", erwiderte sie in kernigem Oberösterreichisch. „Aber wenn du's nöt sagen wüllst, dann sag's halt nöt. A schöne Lederhosen hast' an. Is' die neu?"

„Zu Weihnachten hab' ich sie gekriegt. Was fehlt denn dir, warum bist du da?"

„Scharlach hab' ich g'habt und Mittelohrentzündung. Aber brauchst keine Angst haben, jetzt is' nimmer ansteckend. Der Herr Doktor Unterleitner hat g'sagt, er wüll mich nur noch einmal anschaun."

„Warst lang krank?"

„Zwei Monat', lang g'nug, was?"

„O ja. Hat's weh getan?"

„Zuerscht nöt, erscht dann, wie's aufs Ohr 'gangen is, dös hat weh tan. Wenn's nöt von selber gut g'worden wär', hätten s' mich operieren müssen. Aber dös hat er mir erscht nachher g'sagt, der Herr Doktor, weil er 'glaubt hat, dös schreckt mich. Hast du auch einmal Scharlach g'habt?"

„Nein, nie."

„Wie alt bist'?"

„Dreizehneinhalb."

„Nöt mehr?"

„Nein.“

„Ich hab’ ’glaubt, du bist älter, weil’s d’ so groß ausg’schaut hast, wie’s d’ Zeitung g’lesen hast. Gehst’ in die Bürgerschul’?“

„Nein, ins Gymnasium. Und du?“

„Ich geh’ nimmer in die Schul’. Ich hab’ fünf Klassen Volksschul’ und zwei Klassen Bürgerschul’, mehr braucht ein Mädel nöt.“

„Wie alt bist du?“

„Vor zwei Wochen war ich vierzehn, am achtzehnten Mai. Bist du katholisch?“

„Natürlich. Du auch, was?“

„Freilich. Warst’ schon bei der Firmung?“

„Ja, gerade vor einem Jahr.“

„Ich schon vor zwei. In Linz bin ich g’firmt worden. Und du?“

„In Wien, im Stephansdom.“

„Du bist ein Wiener, gelt?“

„Ja.“

„Dös hab’ ich mir gleich denkt, weil’s d’ so red’st. Seit wann wohnst’ in Ischl?“

„Seit vorigem Sommer, aber ich war schon früher oft da, in den Ferien.“

„Hast’ G’schwister?“

„Nein.“

„Ich hab’ drei g’habt, aber jetzt hab’ ich nur mehr zwei. Geh, steh einmal auf, ich möcht’ schaun, ob’s d’ viel größer bist wie ich.“ Er stellte sich neben sie. Sie blickte zu ihm auf: „O ja, bist schon um ein gutes Stück größer. Wem g’ratst du nach, deinem Vater oder deiner Mutter?“

„Es heißt, ich schau' mehr meiner Mutter ähnlich."

„Mir sagen s' immer, ich schau' meiner Großmutter ähnlich, wie sie jung war, der Mutter von meiner Mutter, weißt'?"

Doktor Unterleitner entließ einen Patienten aus dem Ordinationszimmer: „Na, habt's miteinander Bekanntschaft g'macht?"

„Ja", antwortete sie.

„Wer von euch war früher da?"

„Er."

„Also dann komm herein, junger Mann."

Nach der Untersuchung sagte der Arzt so wie die vorigen Male: „Alles wird gut werden, nur Geduld, nicht laufen, schön ruhig gehen und keine steilen Wege. Grüß zu Haus recht schön von mir."

Im Wartezimmer griff der Knabe nach seinen Schulbüchern: „Leb wohl."

„Pfüat di' Gott." Sie streckte ihm die Hand entgegen, die er schnell erfaßte. Doktor Unterleitner schmunzelte.

Langsam ging der Sekundaner aus dem Haus, blieb stehen, zog die Wadenstutzen hoch und studierte die Auslage des Schuhgeschäftes, dann die der anschließenden Apotheke. Mehrmals schaute er auf Doktor Unterleitners Haustor, ehe er sein Haar aus der Stirn strich, den Riemen straffer um die Schulbücher zog und entschlossen um die Ecke bog. Doch kurz danach stand er wieder vor dem Schuhladen. Die Sonne schien warm in die stille, schmale Gasse mit den jungen Birken am Rand des Gehsteiges. Zwei Nonnen verließen die Apotheke, sonst rührte sich nichts.

Endlich kam sie mit großen Schritten. Als sie ihn erblickte, blieb sie stehen und schob den breiten schwarzen Strohhut aus der Stirn: „Da bist' ja wieder! Hast' auf mich g'wart'?"

„Ich ... ich hab' mir gedacht, vielleicht gehst du denselben Weg wie ich, dann ... dann könnten wir zusammen gehen, wenn du Lust hast."

„Ich muß zum Gemeindehaus. Mein Vater holt mich dort mit dem Wagen ab."

„Ich geh' ohnehin beim Gemeindehaus vorbei, da mach' ich gar keinen Umweg." Er ging zu ihrer Linken. „Wo wohnst du?"

„Am Poitsberg."

„Wie heißt du eigentlich?"

„Ulrike Katharina Lehner. Aber zu Haus rufen s' mich nur Uli. Wie du heißt, weiß ich schon. Matthias Stellenheim heißt du, stimmt's?"

„Wer hat dir das gesagt?"

„Der Herr Doktor Unterleitner, ich hab' ihn nämlich g'fragt. Ich kenn' auch euer Haus, ich geh' oft dort vorbei. Gleich am Eck von der Meierei geht der Weg zum Poitsberg 'nauf."

„Kommst du oft in die Stadt herein?"

„O ja, wenn der Vater 'runterfahrt, nimmt er mich fast immer mit. Und jeden Sonntag gehn wir alle miteinander ins Hochamt."

„Darfst du auch allein von zu Haus weg?"

„Freilich, wenn ich sag', wohin ich geh'."

Vor dem Hotel Elisabeth sonnten sich die ersten

Sommerfrischler in den Korbsesseln. Die Einheimischen bestaunten eine neue Daimlerlimousine mit Wiener Nummer. Ihre Eigentümer, ein dickes Ehepaar, photographierten alles, was ihnen vor die Augen kam, so auch den Knaben und das Mädchen, die, im Gespräch vertieft, vor dem alten Brunnen standen. Die Kurkapelle auf der Esplanade spielte den Schlußmarsch des Vormittagskonzertes. Die Turmuhr des Gemeindehauses schlug dreiviertel eins.

„Ich muß jetzt gehen, sonst komm' ich zu spät zum Mittagessen", sagte Matthias. „Also übermorgen um halb vier bei der Meierei, abgemacht?"

„Auch wenn's regnet?"

„Warum nicht? Wir sind ja nicht aus Zucker."

„Da hast' recht. Aber zum Spazierengehn zieh' ich nöt mein Sonntagsg'wand an, weil da wär' schad' drum."

„Das brauchst' auch gar nicht." Er gab ihr die Hand. „Also, auf Wiederschaun, Uli."

„Pfüat di' Gott."

Als er heimkam, stellte Frieda gerade den Suppentopf auf den Tisch. Oberst Grittner, nicht weniger heikel auf seinen Steireranzug als einst auf seine Uniform, steckte die Serviette in den Kragen: „Woher kommst du so spät?"

„Verzeih, Onkel, ich hab' nämlich zufällig den Lauterböck auf der Esplanade getroffen und da ... da haben wir uns verplaudert."

„Mir scheint gar, du bist gelaufen?" bemerkte die Großmutter. „Du bist ja ganz atemlos."

„O nein, ich bin nur ein bißl schneller gegangen."

„Davon wird er nicht gleich sterben", meinte Rudi.

„Sei nicht vorlaut, das schickt sich nicht", sagte seine Mutter, während sie die Suppe verteilte.

XLI

Onkel Albert erzählte beim Nachtmahl ein Erlebnis aus seiner Kadettenzeit. Hoch zu Roß war er in die Küche der Militärakademie eingezogen, womit er eine Wette von dreißig Silbergulden gewonnen hatte, die ihm drei Tage Kasernenarrest bei Wasser und Brot eintrug. Seine Gattin sah ihn mit Bewunderung an, die Jugend lachte, die Großmutter lächelte mit Vorbehalt.

Der Jüngste wartete, bis Cousin und Cousine sich beruhigten und alle weiter aßen, dann ergriff er das Wort: „Wie ich vorige Woche bei Herrn Doktor Unterleitner war, da ist ein Mädel im Wartezimmer gesessen. Wir haben ein bißl miteinander geredet. Ihren Eltern gehört der Lehnerhof auf dem Poitsberg. Wie ich sie vor ein paar Tagen zufällig wieder getroffen hab', auf der Esplanade, da hat sie mir erzählt, daß ihre Eltern dich kennen, Onkel Albert."

„Das stimmt, die haben einen hervorragenden Most. Sehr brave, anständige Leute, noch vom alten Schlag. Denen gehört beinahe der ganze Poitsberg."

Der Neffe kratzte an seinem Serviettenring: „Wie

ich sie da unlängst zufällig wieder getroffen hab', hat sie mich gefragt, ob ich nicht einmal hinaufkommen möcht', mir das Gehöft anschauen. Ihr Vater würde mich im Wagen mitnehmen, wenn er in die Stadt herunterkommt."

„Ah, da schau her, der Matthias geht schon auf Mädeln los!"

„Benimm dich, Rudi", mahnte ihn die Mutter. „Laß gefälligst solche dumme Bemerkungen."

„Wie heißt sie?" fragte Erika.

„Ulrike Lehner."

„Ist sie hübsch?" wollte Rudi wissen.

„Hübsch? So genau hab' ich sie nicht angeschaut. Das ist doch auch ganz egal. Sag, Großmama, kann ich einmal mitfahren, wenn ihr Vater in die Stadt kommt?"

„Du kennst doch diese Leute gar nicht, mein Kind."

„Erlaub's ihm, Großmama", sagte Erika. „Er hat ohnehin nicht viel Abwechslung."

„Ich habe gewiß nicht die Absicht, ihm eine Freude zu verderben, aber ich weiß nicht ... Wie denkst du darüber, Albert?"

Der Oberst wischte seinen Mund ab: „Wie wär's, wenn die Kleine zuerst einmal den Matthias besuchen würde, damit auch wir sie kennenlernen?"

Einige Tage später hielt ein Kutschierwagen vor dem Gartentor an; der Jausengast in Sonntagstracht sprang vom Bock; Leopold, der alte Kutscher, reichte ihr den Regenschirm und sagte: „Um sechs bin i wieder da."

„Servus, Uli!"

„Grüaß di Gott, Matthias!" Sie blickte um sich. „Schön habt's ös da."

„Schade, daß heute so ein garstiges Wetter ist."

„Dös macht nix. Es kann nöt allerweil schön sein."

„Da hast du recht." Er strich im Gehen über den niedrigen Buchs, den sein Onkel jede Woche sorgfältig stutzte. „Weißt', ich wollte dir etwas sagen ..."

„Was denn?"

„Du brauchst nicht zu erzählen, daß ich damals vor dem Haus auf dich gewartet hab', und auch nicht, daß wir uns bei der Meierei getroffen haben. Ich hab' nämlich nur gesagt, wir haben im Wartezimmer ein bißl miteinander geredet und dann sind wir uns einmal zufällig auf der Esplanade begegnet."

Sie blieb stehen: „Warum machst' da so ein Geheimnis draus?"

Er zupfte an einem Blatt: „Mein Cousin und meine Cousine, die sind so kindisch, die lachen immer über alles."

„Was gibt's da zum Lachen?"

„Eigentlich nichts, aber die sind halt schon so. Also versprich dich nicht."

„Gut, wenn's d' es so wüllst. Aber ich hab' zu Haus alles g'sagt, so wie's war, weil bei uns gibt's koa Geheimnistuerei."

Oberst Grittner erschien auf der Terrasse: „Also das ist das kleine Fräulein Lehner! Und wie schön angezogen sie ist, sapperlot!"

„Grüaß Gott, Herr Baron. Meine Eltern lassen

Ihnen schön grüaßen, und Sie sollen wieder einmal kommen."

„Das werd' ich bestimmt tun. Wo warst denn du damals, wie ich bei euch oben war?"

„Ich war grad mit meiner Schwester beim Moserbauer. Dös is' unser Onkel. Mir scheint, jetzt fangt's zum Regnen an."

Frau Stellenheim saß im Speisezimmer vor dem Bild des Novizen, das in der Fensternische hing, wie früher in der Stadtwohnung. Als der Besuch ins Zimmer kam, legte sie die Näharbeit beiseite und nahm die Brille ab: „Grüß dich Gott, mein Kind."

Das Mädchen küßte ihre Hand mit einem artigen, doch nicht graziösen Knicks: „Der Vater hat g'sagt, er war auch einmal bei euch, aber das is' schon zehn Jahr' her. Da hat noch der Großvater vom Matthias g'lebt. Nämlich der Vater war früher Obmann von der Armenfürsorge, und da is' er zu die reichen Leut' sammeln 'gangen. Er hat noch das Büchel, wo er aufg'schrieben hat, wieviel jeder her'geben hat. Der Großvater vom Matthias hat hundert Kronen her'geben. Der Vater sagt, dös war damals sehr viel. Die meisten haben nur zehn oder zwanzig Kronen g'schenkt. Nur einer hat noch fünfzig Kronen her'geben, aber dös war ein Jud'."

Nachdem Rudi und Erika ihre Fahrräder versorgt und die Hände gewaschen hatten, goß Tante Therese den Kaffee ein und schnitt den Gugelhupf aus Straßburger Mehl, während ihr Neffe beobachtete, was für einen Eindruck sein Gast machte.

„Der Vater hat erzöhlt, Sie waren auch in Przemysl, aber meinen Bruder haben S' nöt kennt."

„Nein, mein Kind, dort waren ja so viele hunderttausend Soldaten. Im Fünfzehnerjahr ist er gefallen, nicht wahr?"

„Ja, am zwanzigsten März. Gott hab' ihn selig." Sie bekreuzigte sich.

„Du hast noch andere Geschwister, nicht wahr?" fragte Frau Stellenheim.

„Ja, zwei Schwestern hab' ich noch. Die ältere, die Mizzi, die hat im Jänner nach Salzburg g'heirat'. Franz Kufner heißt er, ihr Mann. Tierarzt is' er. Und die jüngste, die Bertha, die geht noch in die Schul'."

„Du gehst nicht mehr in die Schule?" fragte Erika.

„Nein, voriges Jahr bin ich aus'treten, nach der zweiten Bürgerschulklass'. Dös is' g'nug. Am Land braucht man nöt mehr."

„Kannst du gut schreiben, ich meine, orthographisch?" fragte Erika mit einem Augenzwinken zu ihrem Bruder.

„Freilich, Schreiben, dös is' mir nie schwer g'fallen."

„Gib Ruh', Erika", sagte Rudi, der bemerkte, daß seine Schwester das Lachen verbiß.

Das Bauernmädchen stellte die Kaffeeschale nieder: „Was lachst' denn?"

„Sie hat nicht über dich gelacht, mein Kind", sagte Tante Therese. „Benimm dich gefälligst, Erika."

„Freilich hat s' über mich g'lacht. Ich hab's genau g'sehen. So sag doch, warum's d' g'lacht hast. Sei nöt so feig."

Erika verzog den Mund: „Frag den Matthias. Er soll dir's sagen."

„Also Schluß mit diesen Dummheiten. Trinkt euren Kaffee aus und dann macht eure Aufgaben", befahl der Oberst seinen Kindern.

Die Stimmung war getrübt. Ulrike schwieg, Rudi und Erika verschwanden mit dem letzten Bissen, ihr Vater schlug die Abendzeitung auf, die Großmutter setzte sich wieder an den Nähtisch, Matthias zog sich mit seinem Gast in sein Zimmer zurück.

„Warum hat sie g'lacht?"

„Aber geh, das ... das ... es ist wirklich nur eine Dummheit."

„Ich möcht's trotzdem wissen. Wenn du's nöt sagst, komm' ich nimmer zu dir."

„Du bist ein Dickkopf. Sie hat nämlich die Postkarte gelesen, die du mir geschrieben hast."

„Na und?"

„Du hast einen kleinen Schreibfehler gemacht. Das kann jedem passieren."

„Was für einen? Oder nein, sag's nöt. Ich möcht' selber draufkommen. Hast' sie noch, oder hast' sie wegg'worfen?"

„Ich hab' sie irgendwo hingetan", sagte er verlegen, „aber ich weiß jetzt nicht, wo."

„Ich weiß genau, wo ich deine hin'tan hab'."

„Wo?"

„In die oberste Lad' von meiner Kommod'."

„Glaubst du, ich weiß nicht, wo ich deine hab'?"

„Wo hast' sie?"

Er zögerte kurz; dann zog er sie aus der Brusttasche: „Da!"

„Warum hast' dös nöt gleich g'sagt?"

„Weil . . . na so halt."

„Mir scheint, ihr Wiener seid's alle a wengerl verschlagen." Sie setzte sich an den Schreibtisch und las ihre Handschrift:

Lieber Matthias!

Danke für Deine liebe Karte. Wenn es Deinen Verwandten recht ist, komme ich nächsten Mitwoch um vier Uhr zu Dir.

Es grüßt Dich bestens

Deine Uli.

„Was is' da falsch dran?"

„Du hast Mittwoch mit einem t geschrieben."

„Richtig! Wie dumm! Aber dös is' nöt gar so arg."

„Keine Spur. Der Rudi hat unlängst Holunder mit zwei l geschrieben, und der geht schon in die Vierte Gymnasium."

„Wart einmal, dös kann ich ausbessern, da is' noch Platz g'nug." Sie griff nach der Feder und vervollkommnete ihren Mittwoch. „Wirst sehn, wenn's trocken is', merkt man gar nöt, daß was eing'flickt is'. Du, dein Zimmer is' aber schön, so hell und alles is' so ordentlich. Sind dös deine Eltern?"

„Ja."

Sie betrachtete die beiden Bilder auf der Kommode: „Gut g'wachsen is' sie, deine Mutter, und ein hübsches G'sichtl hat sie. Wie lang is' sie schon fort?"

„Über drei Jahre."

„Dein Vater g'fallt mir auch gut, aber du schaust mehr deiner Mutter ähnlich; da haben s' schon recht, wenn s' dös sagen. Wen hast' lieber von deinen Eltern?"

„Das weiß ich nicht."

„Weißt, ich hab' meine Mutter genau so gern wie den Vater, aber wenn sie rechthaberisch is', dös mag i nöt. Brauchst nöt glauben, daß ich dös hinter ihrem Rücken sag'. Dös hab ich ihr auch schon ins G'sicht g'sagt."

Die Großmutter steckte den Kopf durch die Türspalte: „Na, Kinder, was treibt ihr denn?"

„Ich hab' mir grad die Bilder vom Matthias seinen Eltern ang'schaut und da ... da reden ma halt so."

„Ich glaub', du sollst das Fenster schließen, sonst regnet es herein."

„Ja, Großmama."

Die alte Frau nickte befriedigt und ging. Die Zeit verflog. Der junge Gastgeber wurde allmählich gesprächig. Er erzählte von Dresden, von Königstein und vor allem von seinem Freund am Place du Corbeau. Zuletzt gestand er auch, warum er Doktor Unterleitner jeden Monat besuchen mußte.

Das Mädchen mit den dicken blonden Zöpfen

hörte aufmerksam zu: „Aber schaust gar nöt krank aus.“

„Mir fehlt ja auch eigentlich nichts. Ich fühl’ mich ganz gesund. Nächsten Sommer darf ich wahrscheinlich schon wieder schwimmen.“

„Die Hauptsach’ is’, daß dir nix weh tut. Weißt’, dös Herumrennen und Bergkraxeln hat eh koan Sinn nöt.“

Rasch war es sechs geworden. Ulrike verabschiedete sich von allen artig. Auch Erika schüttelte sie freundlich die Hand; vergessen war der Mittwoch mit einem t. Auf der Terrasse spannte sie den Schirm auf, raffte den langen Rock hoch und lief über die Treppe; doch schnell erinnerte sie sich, daß ihr Begleiter langsam gehen sollte: „Komm unter’n Schirm, sonst wirst’ waschelnaß.“

„Es regnet nicht stark“, meinte er.

Die beiden Schecken stampften ungeduldig. Sie schwang sich auf den Bock neben den alten Kutscher: „Pfüat di’ Gott, Matthias! Und schreib a Karten, wann’s d’ kommst, dann hol’ i di’ ab!“

„Ich schreib’ dir sicher! Servus, Uli!“

Er wartete, bis der Wagen um die Ecke bog.

XLII

Das katholische Bauernmädchen, das sich bekreuzigte, wenn es von seinem gefallenen Bruder sprach, stand Frau Stellenheim viel näher als die zwei protestantischen Grafensöhne, mit denen die Kinder des Obersts befreundet waren. Herr und Frau Lehner, die bescheiden ihre Aufwartung in der Villa Stellenheim machten, gefielen ihr bedeutend besser als die aristokratischen Bekannten ihres Schwiegersohnes. Außerdem erwiesen die Bauersleute sich als nützlich. Nicht länger mußten Butter, Eier und Hühner für teures Geld im Schleichhandel gekauft werden. Wenn auf dem Poitsberg Sautanz war, gab es sogar die schönsten Würste, und das alles zu angemessenen Preisen, wenn nicht als Geschenk. Solche Freundlichkeit wußte auch Oberst Grittner zu würdigen. Nicht bloß nahm er die Einladung zum Erntefest für sich und die Seinen gerne an, sondern er bewog selbst seine Schwiegermutter, die sich nie einladen ließ, eine Ausnahme zu machen.

Zum Takt der Bauernkapelle drehten sich die ländlichen Paare unter Fähnchen und Girlanden im Sonnenschein. Rudi, Erika und ihre beiden Freunde vergnügten sich unermüdlich auf dem Tanzboden vor dem Gehöft, besonders der vielbegehrte Rüdiger, der selbst die elfjährige Bertha, die jüngste Lehnertochter, beim Polstertanz küssen mußte. Ihre Schwester, in rotem Rock und blauer Schürze, bewirtete die Gäste; die freie Zeit verbrachte sie mit ihrem Freund bei den Musikanten und dem dicken Kunstjodler, dessen enge Lederhose jeden Moment zu platzen drohte. Die ältere Generation saß bei Kaffee und frischer Linzertorte vor dem Haus. Auch Frau Stellenheim mit ihren siebzig Jahren erhob sich und stand stramm wie alle andern, als die Kapelle das Kaiserlied anstimmte. Die Gattin des Obersts blickte ängstlich um sich, als suchte sie den Reporter der sozialdemokratischen Tageszeitung.

Vor Einbruch der Dämmerung zeigte Herr Lehner seinen Ehrengästen die Rinderställe und seinen Stolz: die reiche Ernte. Nahe dem letzten Scheunentor verrichtete Frau Stellenheim eine stille Andacht vor der steinernen Madonna, zu deren moosbedeckten Füßen ein Kerzenlicht in einem roten Glas flackerte. Befriedigt von dem schönen Nachmittag, fuhr sie mit ihrem jüngsten Enkel und dem Ehepaar Grittner im neuen Wagen des Großbauern nach Haus.

Um dreiviertel acht kamen Rudi und seine Schwester atemlos heim, fanden aber zu ihrer Überraschung statt des Nachtmahls bloß ihren hungrigen Cousin im Speisezimmer. Erika klopfte an die Tür der Großmutter. „Geduldet euch ein wenig", antwortete ihr Vater, ohne zu öffnen. „Wir kommen gleich."

Als Frieda endlich servierte, starrte die Großmutter verweint und kreidebIaß auf den Teller. Um die Aufmerksamkeit von ihr abzulenken, plauderte Onkel Albert recht munter über das gelungene Erntefest, doch die Jugend hörte ihm ausnahmsweise nicht zu. Auch Tante Therese brachte die Konversation nicht in Schwung. Ihr Sohn konnte ihr über die Sommerpläne seiner Pfadfinder noch nichts Genaues berichten.

Die Großmutter würgte an einem Bissen und blickte auf: „Was schaut's mich denn so an?"

„Weil du so traurig bist“, antwortete Erika und fragte neugierig: „Was ist denn geschehen?“

Die alte Frau zog die Serviette aus dem schwarzen Kragen und wandte sich an den Jüngsten: „Was sich ereignet hat, geht in erster Linie dich an, mein Kind. Ich habe soeben einen Brief von deinem Papa bekommen. Er ... er hat wieder geheiratet.“

„W ... wen?“

„Ihr Mädchenname ist Laudon, Elvira Laudon.“

„Was ... wer ist sie?“

„Sie ist eine ... eine Kinoschauspielerin.“

Rudi ließ einen Pfiff los: „Ah, da schau her! Ist sie hübsch?“

„Benimm dich“, sagte seine Mutter.

„Elvira Laudon —“, überlegte Erika. „Von der hab’ ich noch nie gehört. Wahrscheinlich spielt sie nur Nebenrollen. Wie alt ist sie?“

„Achtundzwanzig“, antwortete die Großmutter.

„Da ist sie gerade um zehn Jahre jünger als Onkel Max. Das ist ein ziemlich großer Altersunterschied.“

„Wie ist das eigentlich möglich, daß der Papa noch einmal heiraten kann? Hat er die Erlaubnis vom Papst bekommen?“

Die Großmutter zerknüllte die Serviette in der Faust: „Onkel Albert wird dir das erklären. Ich ... ich kenne mich mit diesem ... diesem neuen Gesetz nicht so gut aus.“

Der Oberst legte Messer und Gabel nieder: „Der Landeshauptmann von Niederösterreich — Sever heißt der Herr — hat ein Gesetz erlassen, demzufolge katholische Ehen von nun an ohne Zustimmung des Vatikans gelöst werden können. Der Gerichtshof bewilligt die Scheidung und danach die neue Eheschließung."

„Hat das der Papst erlaubt?" fragte der Neffe.

„Darum kümmern sich die roten Herren nicht."

„Das ist aber eine Gemeinheit", meinte Erika.

„Auf eine mehr oder weniger kommt es diesen Herrschaften nicht an."

„Weiß die Mama, daß der Papa wieder geheiratet hat?"

„Ich glaube, darüber hat dein Vater nichts geschrieben", sagte Onkel Albert. „Nicht wahr, Mama?"

Sie schüttelte den Kopf, mit dem Blick auf den Teller.

„In welcher Kirche hat der Papa geheiratet?"

Onkel Albert richtete seine Krawatte. Die Großmutter atmete schwer, ihre Schläfen zuckten, ihr Gesicht rötete sich. Tante Therese versuchte das Thema zu wechseln, doch ihr Neffe wiederholte seine Frage.

Mit zitternden Lippen gestand die alte Frau: „Dein Vater hat ... hat ... er hat nicht in der Kirche geheiratet."

„Wo denn?"

Sie schwieg. Onkel Albert nahm ihr die Antwort ab: „Auf dem Standesamt."

„Warum hat er nicht in der Kirche geheiratet?"

„Weil die Kirche dieses neue Gesetz nicht anerkennt."

„Go...ott ver...ver...zeih ihm die S...Sünd'", lallte die alte Frau. Als sie den Blick vom Teller erhob, war ihr Gesicht verändert. Ihr Mund war schief, wie erstarrt in einem hämischen Lächeln. Sie wollte reden, aber brachte nur ein gutturales Gestammel zustande. Ihre verweinten Augen wurden groß, fassungslos. Sie betastete ihren Mund, sie bewegte ihn hastig wie ein Fisch, der sich vom Angelhaken befreien will.

„Komm, komm in dein Zimmer, Mama." Onkel Albert half ihr vom Sessel. „Rudi, hol den Doktor Unterleitner, rasch!"

Denselben Abend erhielt Max Stellenheim ein Telegramm: Mama leichten Schlaganfall erlitten. Keine augenblickliche Gefahr. Erwarten Dein Eintreffen. Albert.

XLIII

Rudi fand es unnatürlich, daß ein Junge von über vierzehn mit einem hübschen, kräftigen Mädel nichts Besseres anzufangen wußte als spazierenzugehen, sie im Tischlern zu unterrichten oder ihr Bücher vorzulesen: „Verlaß dich darauf, eine ist wie die andere. Zuerst tun sie so, als wenn sie nicht wollten, aber in Wirklichkeit warten sie nur darauf, daß man sie angeht. Sei nicht schüchtern! Wenn sie sich auch zuerst ein bißl sträubt, gib nicht nach. Niemand hat es leichter als du. Oben auf dem Poitsberg gibt's die schönsten Wiesen, wo euch keiner stört. Oder noch einfacher, geh mit ihr in den Heuschober!" Solchen Ratschlägen schenkte Matthias kein Gehör. Ohne verbotene Wünsche ging er mit seiner Freundin über die sommerlichen Wiesen. Im Winter hämmerten und hobelten sie fleißig an ihren Weihnachtsgaben: einer Nähschatulle für Frau Lehner, mit ihrem Namen auf dem Deckel eingebrannt, einem Pfeifenständer für ihren Mann.

Der Poitsberg, ein gutes Skiterrain mit einer natürlichen Sprungschanze, zog auch Rudi und seine beiden Freunde an, um so mehr, als zur Jausenzeit Kaffee und Kuchen im Lehnerhof auf sie warteten. Obzwar Matthias über diese häufigen Besuche keineswegs entzückt war, sagte er nichts; wozu sich Eifersucht vorwerfen lassen?

Die Bäume schüttelten den Winter ab. Die ersten Primeln reckten die Köpfe aus dem Gras. Mild strich der junge Frühlingswind über den Poitsberg. Im Lehnerhof wurden die Fenster geputzt, die Böden gerieben. Die Wohnstube mit dem großen Eichentisch und dem dicken grünen Kachelofen glänzte bereits vor Sauberkeit. Frische Palmzweige schmückten die Porzellanfigur des Heilands auf dem Eckbrett und das Bild des gefallenen Korporals Franz Lehner über der alten Truhe. In den niedrigen Fenstern spiegelte sich rötlich die untergehende Sonne.

Matthias saß auf der Ofenbank und betrachtete den Ring an seiner Hand: „Eigentlich fahr' ich nicht gern nach Mariazell."

Ulrike bügelte ihre weiße Bluse: „Es sind ja nur fünf Tag' im ganzen. Dann bist' wieder da."

„Ich möcht' dich was fragen", sagte er zögernd. „Aber wenn du nicht willst, brauchst du nicht zu antworten."

Sie stellte das Bügeleisen ab: „Was is' es denn?"

„Eigentlich nichts besonders Wichtiges. Es ist mir nur grad eingefallen, aber, wie gesagt, wenn du nicht willst . . ."

„. . . dann brauch' i nöt antworten. Dös hast schon einmal g'sagt. Also frag schon, was d' fragen wüllst."

„Sei nicht so ungeduldig, wir haben ja Zeit." Er stand auf, steckte die Hände in die Lederhosentaschen und versuchte mit wenig Geschick das überlegene Gehaben seines Cousins. „Sag, hast du schon einmal einem Burschen einen Kuß gegeben?"

Sie griff in alter Gewohnheit nach ihren Zöpfen, erinnerte sich aber rasch an ihre neue Frisur und strich über den dicken Knoten an ihrem Hinterkopf: „Warum möch'st dös wissen?"

„Na, so halt."

„Was hast' schon davon, wenn's d' dös weißt?"

„Aha! Also ja! Ich hab' mir's sowieso gedacht."

„Aber geh, was du alles weißt, du Oberg'scheiter."

„Ist es vielleicht nicht wahr?"

„Hast du schon einmal einem Mädel einen Kuß 'geben?"

„Kneif nicht aus! Zuerst hab' ich gefragt."

„Der Rohrer-Karl — kennst ihn eh —, der hat mir einmal einen geben wollen, aber ich hab' ihn nöt lassen."

„Warum nicht?"

„Weil mir 'graust hat."

„Was hast du ihm gesagt?"

„Gar nix. I hab' ihm in Magen g'haut, da hat er a Sauwut 'kriagt und is' ab'zogen."

„Und wem andern hast du auch keinen Kuß gegeben?"

„Nein. Und du?"

„Ich auch nicht." Er stellte sich hinter sie ans Fenster. „Sag, wenn zum Beispiel ich dir einen geben möcht', möcht' dir dann auch grausen?"

Sie griff wieder nach dem Bügeleisen: „Warum fragst' dös?"

„Na, so halt. Wenn ich aus Mariazell zurückkomm' und ... und wenn wir uns dann wiedersehen, läßt du dir dann einen Kuß von mir geben, hm?"

„Ja."

„Sicher?"

„Wenn i sag' ja, is' ja."

„Und was wär', wenn ... wenn ich dir jetzt einen geben möcht'?"

Sie sah ihn an. Ihre jungen Brüste unter dem straffen Dirndlkleid verrieten den rascheren Atem: „Du ... du fragst aber viel."

Ungeschickt doch fest nahm er sie in seine Arme. Ihr unerfahrener Körper schmiegte sich dicht an seinen. Langsam tasteten sich ihre Hände hinauf zum Kragen seiner Steirerjoppe.

Das rötliche Dämmerlicht verblaßte. Violett lagen die Berge unter dem klaren Abendhimmel; über ihren schneebedeckten Kuppen stand der Neumond. Das Bügeleisen neben der weißen Bluse erkaltete.

„Jetzt is' aber g'nug", sagte sie einige Male, aber blieb immer wieder bei ihm, bis sie Hufschläge vor dem Haus hörte: „Dös sind sie!" Rasch richtete sie ihr Haar, zündete die Petroleumlampe auf dem Tisch an und lief aus dem Zimmer. Er ging ihr nach und roch sie noch um seinen Mund.

Herr Lehner half seiner Frau und Bertha vom Wagen: „Komm, Matthias, i fahr' di' z' Haus."

„Ich komm' mit, Vater!" Ulrike holte schnell ihren Wetterfleck und den ihres Freundes.

Sie saßen zu dritt auf dem Kutschbock. Gemächlich stiegen die beiden Schecken den Berg hinab zu den Lichtern der Stadt.

„Seid's ös aber heut' stüll. Was red's denn nix?"

„Mir fallt nix ein, Vater. Man muß ja nöt allerweil reden."

Der Bauer drehte die Bremse fester zu und zündete seine Pfeife an: „Wann fahrst denn du nach Mariazell?"

„Am Gründonnerstag."

„Muaßt noch vorher seiner Großmutter a paar Blumen bringen. Dös g'hört sich."

„Ja, Vater", sagte sie und hielt Matthias' Hand fest.

XLIV

Ein mächtiger violetter Vorhang verdeckte das Bildnis der Mariazeller Madonna über dem lichterlosen Hochaltar. Ein schwarzer Schleier umhüllte die Monstranz vor dem offenen Tabernakel. Die Trauerpsalmen der drei jungen Priester in Chorhemd und Soutane hallten durch das Gotteshaus im Wechsel mit den Stimmen vom Emporium. Den Blick zu den Stationen des göttlichen Leidensweges erhoben, schleifte ein Pilgerzug mit Rosenkränzen und Gebetbüchern die Mauer entlang. Vor einem der Seitenaltäre ruhte inmitten dunkler Rosen der tote Unsterbliche, bewacht von zwei zu Statuen erstarrten Söldnern des Herodes. Junge und alte Lippen küßten das dünne Leichentuch des dornengekrönten Gottesprinzen. Städter und Bauern, Greise, für die vielleicht der letzte Karfreitag war, warteten vor den Beichtstühlen auf Vergebung.

Eine alte Frau mit schiefem Mund und ihr Enkel knieten vor dem Hochaltar und verrichteten nach empfangener Absolution ihre Bußgebete. Als die Priester sich in die Sakristei zurückzogen und die Stimmen auf dem Emporium verstummten, flüsterte der Knabe: „Komm, steh auf, du kniest schon so lang auf den kalten Steinfliesen."

„Mir ist nicht kalt." Sie betete weiter. Nach einer Weile griff sie nach der Hand ihres Enkels: „Willst du jetzt ein Gelübde machen, mein Kind?"

„Was ... was für ein ..."

„Daß du Priester werden wirst, so wie dein seliger Großonkel Baptist." Sie blickte auf die Kanzel, als stünde der tote Prälat noch dort.

„Warum ... soll ich ... Priester ..."

„Ich will dich nicht drängen, mein Kind. Du

wirst es von allein tun. Der Herr wird dich erleuchten.“ Noch eine kurze Andacht in diesem Sinn, dann erhob sie sich mit Hilfe ihres Enkels. Beim Ausgang tauchte sie ihre kalten Finger ins Weihwasserbecken und bekreuzigte zuerst den Knaben, dann sich selbst. Ihre Beine schmerzten vom langen Knien. Auf dem Kirchenplatz, wo der Regen ihr Gesicht peitschte, mußte sie heftig niesen.

Das rauhe Aprilwetter hielt auch Karsamstag an. Die Budenbesitzer vor der Kirche machten kein Geschäft. Mit aufgestellten Kragen eilten die Wallfahrer an den Heiligenbildern und Statuetten vorbei. Frau Stellenheim und ihr Enkel stampften nach der Kommunion durch zahllose Regenpfützen, ehe sie endlich den Frühstückstisch in ihrer Herberge erreichten.

„Du bist stockheiser. Bestimmt hast du dich gestern auf den kalten Steinfliesen erkältet.“

„Aber geh, plausch nicht. Wenn ich mich wo verkühlt hab’, dann war’s in der Eisenbahn.“

„Wenn das Wetter so bleibt, darfst du nachmittag nicht mit der Prozession gehen.“

„Mir scheint, du bist überg’schnappt. Wozu sind wir denn hier?“

Weder sie noch das Wetter ließen sich umstimmen. Unter feierlichem Glockengeläute zog der weiße Himmel durch die Gassen, während der graue sich rücksichtslos auf ihn ergoß. Nur eine kleine fromme Schar folgte unter Regenschirmen der Auferstehungsprozession. Die durchnäßten Fahnen hingen schwer über den Häuptern der Träger. Der kalte Wind trieb den Weihrauch zu Boden und pfiff durch das Ornat des Prälaten, der die Monstranz trug. Die Gläubigen auf den Gehsteigen bekreuzigten sich und kehrten rasch in ihre Häuser zurück.

In der Wallfahrtskirche drängten sich die Menschen. Das enthüllte Madonnenbild, mit weißen Rosen bekränzt, erstrahlte in hellem Kerzenschein. Auch auf den Seitenaltären häuften sich die Blumen; kostbare alte Spitzendecken hingen von den Marmorplatten. Jubelchöre begleiteten den Einzug des Allerheiligsten. Jung und alt sank in die Knie unter dem Schellengeläute der Ministranten. Der Weihrauch erhob sich zu den Säulenbögen.

Nach dem Segen sagte Matthias im Gedränge: „Du mußt sehr müde sein.“

„Im Gegenteil, ich fühl’ mich viel besser als in der Früh’.“

Um sechs Uhr ging sie zu Bett in ihrem kleinen Zimmer. Als ihr Enkel nach dem Nachtmahl aus dem Speisesaal kam, fand er sie schlafend. Er wartete, bis sie die Augen aufschlug: „Ich werd’ doch lieber einen Arzt holen.“

Sie lachte hell auf mit ihrem schiefen Mund: „Höchstens für dich, daß er dir dein Hirnkastl ausputzt.“

„Vielleicht hast du Fieber?“

„Aber geh, Tschaperl, einen ganz gewöhnlichen Schnupfen hab’ ich, das ist alles. Setz dich ein bißl weiter weg, sonst kriegst’ ihn auch.“ Sie griff nach einem frischen Taschentuch. „Na, mein Kind, hast’ ein bißl nachgedacht über das, was ich dir gestern g'sagt hab'?"

„Wie ... was meinst du?" fragte er, obgleich er es wußte.

„Schau, du bist doch ein g'scheiter Bub. Man tut dir nichts Gutes, wenn man dich von Jahr zu Jahr vertröstet und dir immer wieder einredet, du wirst ganz gesund. Es ist viel vernünftiger, du findest dich endlich mit der Wahrheit ab und richtest dich beizeiten danach. Mit einem Herzfehler kann man hundert Jahre alt werden, wenn man ruhig und vor allem gottergeben lebt. Glaub mir, es gibt nichts Schöneres auf dieser Welt, als unserm Herrn zu dienen. Noch heute schmerzt es mich bitter, daß mir diese Gnade nicht beschieden war. Der selige Onkel Baptist wollte, ich sollte Klosterschwester werden, aber mein Vater hat es nicht zugegeben. Gott verzeih ihm."

Der Knabe betrachtete schweigend eine Weile den alten Farbendruck über dem Bett: die Drei Könige auf dem Weg nach Bethlehem. Dann fragte er: „Hat Doktor Unterleitner gesagt, ich werd' nicht mehr ganz gesund werden?"

„Doktor Unterleitner spricht nicht viel, aber die beiden Ärzte in Dresden und auch Doktor Sterler haben gesagt, du mußt ruhig und maßvoll leben. Ist das so arg? Es gibt Menschen, die auf weit mehr verzichten müssen als auf körperliche Vergnügungen."

Er ging ans Fenster und preßte die Nase gegen die Scheibe. Der Wind pfiff die Mauer entlang. Auf der Gasse waren einige Gaslaternen erloschen.

„Und weil ich nicht mehr gesund werden kann, soll ich Priester werden?"

„Nicht deshalb, sondern aus Dankbarkeit zu Gott. Weißt du, wie krank du warst? Nur der Allmächtige hat dich am Leben erhalten. Ärzte können keine Wunder vollbringen."

Lange schwieg er, ehe er fragte: „Wenn ich aber vielleicht später einmal heiraten will?"

Die alte Frau schaute zum Plafond: „Das wär' nicht gut für dich."

„Warum nicht?"

Darauf blieb sie ihm die Antwort schuldig: „Glaub mir, ich will nur dein Bestes." Ermüdet vom Reden, mußte sie heftig husten. „Geh jetzt schlafen, mein Kind."

Den nächsten Morgen klopfte er um neun an ihre Tür und bekam nach einer Weile die heisere Antwort: „Ich hab' mich verschlafen. Bestell dir dein Frühstück. Ich komm' gleich nach."

Er wartete vergeblich auf sie im Speisesaal unter den sonntäglich gekleideten Wallfahrern. Als er abermals an ihre Tür klopfte, bekam er keine Antwort. Unaufgefordert trat er ein und fand sie in Hut und Mantel, mit eingefallenen Wangen gebückt auf dem Bett sitzend. Er befühlte ihre Stirn: „Du hast Fieber. Du darfst nicht ausgehen."

„Red keinen Unsinn. Glaubst du, ich komm' nach Mariazell, damit ich im Zimmer sitz'?"

„Du mußt im Bett bleiben. Ich hol' einen Arzt."

„Hör auf mit diesem Blödsinn!" krächzte sie.

„Reg mich nicht auf! Ich hab' genug mit einem Schlaganfall!"

„Nicht einmal gefrühstückt hast du."

„Dazu hab' ich nach dem Hochamt Zeit."

Nach der Ostermesse schien die Sonne warm auf den Kirchenplatz. Die Regenpfützen versiegten allmählich. Eine bunte Taubenfamilie mischte sich gurrend unter die Wallfahrer, die sich vor den Buden drängten. Nur die alte Frau, die mit klappernden Zähnen am Arm ihres Enkels den Platz überquerte, spürte die Frühlingswärme nicht.

Im linken Aug ein Monokel, den Schnurrbart abrasiert, in eng tailliertem Überzieher mit breiten Schultern, spitzen rötlichen Schuhen, den steifen Hut schief aus der Stirn gerückt, so sah Matthias seinen Vater wieder und fand ihn auffallend verändert seit seinem Besuch in Ischl.

„Weiß die Großmama, daß der Arzt mir telegraphiert hat?" fragte er auf dem Weg vom Bahnhof zum Hotel.

„Ja, er hat es ihr selber gesagt."

„Wie ist dieser Doktor Sauer?"

„Der Hoteldirektor sagt, er ist der beste Arzt in Mariazell. Er ist sehr energisch mit ihr. Sie hat auch schon eine Pflegerin. Nur gegen's Übersiedeln in ein größeres Zimmer sträubt sie sich noch. Vielleicht bringst du sie dazu."

„Weiß sie, was ihr fehlt?"

„Ja, auch das hat ihr der Doktor Sauer ganz

offen gesagt. Denn, stell dir vor, sie wollte um jeden Preis abreisen, mit neununddreißig Fieber!“

„Warum seid ihr hier abgestiegen? Habt ihr kein besseres Hotel gefunden?“

„Die Großmama wollte nicht in ein teueres.“

„Eine düstere Bude.“ Er füllte den Meldezettel aus und folgte seinem Sohn über die dunkle Treppe.

Als die Kranke ihren Sohn erblickte, setzte sie sich mit Hilfe der Pflegerin im Bett auf. Auch sie brauchte eine Weile, ehe sie sich an das bartlose Gesicht mit dem Monokel gewöhnte.

„Dank dir, daß ... du gekommen bist. Die Theres' soll ... soll auch kommen. Ich ... möcht' ... sie noch ... sehn.“

Ein zweiter Arzt aus Wien wurde zugezogen, aber vergeblich. Die Lungenentzündung breitete sich aus; das Fieber hielt an; die Kranke wurde schwächer. Niemand quälte sie mehr mit der Übersiedlung in ein größeres Zimmer. Furchtlos blickte sie auf das Miniaturbild der Mariazeller Madonna, obgleich sie genau wußte, daß es das letzte Geschenk ihrer Kinder war. Friedlich streichelte sie Sohn, Tochter und den jüngsten Enkel in dem unerschütterlichen Glauben an ein Wiedersehen. Nach der Letzten Ölung bat sie den Priester zu bleiben und verlangte nach ihren Nächsten.

„Ich ... dank' dir ... für alles ... Max. Gott ... schütz dich ... auch dich, Theres'. Grüß mir ... deinen Mann ... und deine Kinder.“

Sohn und Tochter küßten ihre Hand. Der Priester am Fenster betete stumm.

Die alte Frau blickte auf ihren Enkel, der an der Tür stand. Ein Lebenshauch strich über ihr todesnahes Gesicht. Sie machte ihm ein Zeichen, näher zu treten und griff nach seiner Hand: „Jetzt... mach dein Gelübde... vor dem Hochwürden."

Der Priester horchte auf. Tante Therese nahm das Taschentuch von den Augen und sah ihren Bruder erstaunt an.

Die mageren Finger krampften sich um die Hand des Knaben. Er blickte in die starren Augen der Sterbenden, auf ihren schiefen Mund, dem das Gebiß nicht mehr paßte. „Sprich meine Worte nach", befahl sie, während sie sich mit ihren letzten Kräften und mit Hilfe ihrer Tochter aufrichtete. „Mein Herr und Gott... mit Leib und... Seele weihe ich... mich... dir..."

Der Knabe sah seinen Vater an, der das Monokel aus dem Auge nahm und an der Unterlippe zupfte. Ungeduldig, fester krampften sich die knöcherigen Finger um die Hand des Enkels. Seine Tante nickte ihm sanft zu. Stockend wiederholte er die Worte der Großmutter, auch die folgenden: „... und will ... Priester werden. Das gelobe... ich... dir heilig."

Der Priester bekreuzigte sich: „Amen."

XLV

Angewidert von der Teuerung und dem Lärm der Neureichen in Wien reiste Oberst Grittner mit seiner Familie und seinem Neffen unverzüglich nach der Beerdigung seiner Schwiegermutter heim. In der Villa Stellenheim, die nur mehr einen dieses Namens beherbergte, gingen die Kondolenzbesuche ein und aus. Der ganze Kaffee der letzten Strasbourger Sendung wurde ausgeschenkt. Frieda servierte freigiebig Aristokraten und Bürgerlichen, unter letzteren auch dem bescheidenen Ehepaar Lehner, das sich geehrt fühlte, mit Grafen und Gräfin Lestitz ein paar Worte wechseln zu dürfen.

Unbekümmert um das Stimmengewirr auf der Terrasse, promenierte Ulrike im Sonntagsstaat mit ihrem Freund auf der Wiese vor dem Haus: „Zuerscht hat's mich g'wundert, daß d' mir nöt einmal a Karten g'schrieben hast. Aber dann, wie ich g'hört hab', was g'schehen is', da hab' ich's schon verstanden. Weißt', muaßt dich z'samm'nehmen, derfst nöt gar so traurig sein. Sie war ja schon alt. Gegen's Sterben is' koa Kraut g'wachsen."

Rudi begleitete seine beiden Freunde und ihre Eltern zum Gartentor. Die Gräfin blieb stehen: „Also das ist das junge Fräulein Lehner. Meine Jungen haben mir schon von dir erzählt. Bei euch auf dem Poitsberg soll es so schön sein."

Ulrike machte einen Knicks: „Jetzt zur Baumblüte is' am schönsten. Warum kommen S' nöt einmal zu uns?"

„Das werden wir demnächst tun", erwiderte der Graf. „Deine Eltern haben uns eben eingeladen."

„Freilich, kommen S' nur recht bald. Sie haben ja einen Wagen, da sind S' gleich oben."

Graf und Gräfin nickten freundlich: „Lebt wohl, Kinder."

Ihre Söhne winkten vom Gartentor: „Servus, Uli! Servus, Matthias!"

Als ihre Eltern sich auf der Terrasse verabschiedeten, fragte Ulrike ihren Freund: „Wann kommst' zu uns?"

„Das ... das weiß ich noch nicht. Ich muß in der Schule eine Menge nachholen. Ich hab' über zwei Wochen gefehlt."

„Kannst' am Donnerstag kommen? Da is' der Vater mit dem Wagen in der Stadt."

„Ich ... das kann ich dir jetzt noch nicht sagen. Wenn es geht, schreib' ich dir vorher."

Sie wartete vergebens. Er schrieb zwar mehrere Postkarten an sie, aber zerriß jede, eine sogar im letzten Moment vor dem Briefkasten. Hin und her geworfen zwischen Vorsätzen und Wünschen, glaubte er sich bald stark genug, um seine sinnlos gewordene Sehnsucht nach dem Mädchen zu ersticken, bald war ihm, als müsse er unverzüglich den steilen Berg zu ihr hinaufrennen. Unterdrückte er diesen Impuls, fühlte er sich krank und schwach. Der einzige Lichtblick in diesen Tagen war ein Brief aus Strasbourg, eine Einladung für die Sommerferien. Seine Anfrage, ob er sie annehmen dürfe, wurde von seinem Vater positiv beantwortet. Wie viel hätte ein solcher Ausblick in die nahe Zukunft ihm früher bedeutet! Wie kurz beeindruckte er ihn nun.

Eines Nachmittags hielten die beiden Schecken

vor dem Gartentor an und sie, die ihm nicht aus dem Kopf ging, sprang vom Kutschbock: „Ich war grad mit dem Leopold in der Stadt und da hab' ich mir denkt, ich schau' einmal, was d' machst. Hast viel zum Lernen?"

„Ja, ziemlich viel. Das ist nett von dir, daß du gekommen bist."

„Ich hab' mir denkt, wann's d' Lust hast, könnt'st' ein bißl zu uns 'naufkommen. Der Leopold kann dich dann wieder z' Haus fahren."

„Das ... leider geht das nicht. Morgen hab' ich Lateinprüfung."

„Na ja, wann's nöt geht, geht's halt nöt. Kommst halt ein anderes Mal, wann's d' wüllst. Oder g'freut's di' 'leicht nimmer?"

„Wa ... warum sollt's mich nimmer freuen?"

„Ich weiß nöt. Du bist ganz anders wie früher. Bist' noch immer so traurig wegen deiner Großmutter?"

Er kratzte sein Knie: „Ich bin doch nicht anders als sonst. Ich wollt' dir ohnehin morgen schreiben. Am Samstag könnt' ich kommen."

„Soll ich dich um drei abholen?"

„Ja."

Als sie einander wiedersahen, schien die Sonne warm. Fasane und Nußhäher kreisten über dem Poitsberg. Hin und wieder zeigte sich ein Reh am Waldesrand. Ulrike kaute an einem Grashalm, während sie mit ihrem Freund den schmalen Weg zwischen den grünenden Feldern ging.

„... wie du in Mariazell warst, sind sie einmal

zu uns herauf'kommen, zu viert. Der Axel und die Erika sind im Wald spazieren'gangen. Langmächtig waren s' weg. Wie s' dann endlich z'ruck'kommen sind, da sind sie beide ganz rot g'worden, weil der Rüdiger und der Rudi haben dumme Witze über sie g'macht."

„Das haben sie mir gar nicht gesagt, daß sie dich besucht haben, wie ich weg war." Er stieß einen Stein vor sich hin. „Weißt', was ich glaub'?"

„Was?"

„Mir scheint, du gefällst dem Rudi."

„Wie kommst' denn auf dös?"

„Das hab' ich mir schon öfters gedacht."

„Dös müßt ich doch auch g'merkt haben."

„Sag, würdest du dir von ihm einen Kuß geben lassen?"

„Auf die Wange ja, aber am Mund nöt."

„Auf die Wange ja?"

„Warum nöt? Da is' nix dabei."

„Und vom Rüdiger — auch nur auf die Wange?"

„Freilich. Warum fragst' dös auf einmal?"

„Na, so halt."

Sie schaute auf seine Armbanduhr: „Jetzt müssen mir umkehren."

Beide bekreuzigten sich vor der steinernen Madonna, zu deren Füßen die Kerze im roten Glas brannte. Zwei Knechte besserten das Scheunendach aus.

„Ja richtig, ich wollt' dir was sagen."

„Was?"

„Ich hab' in Mariazell ein Gelübde gemacht."

„Was für ein ...“

„Daß ich Priester werd’. Meine Großmutter hat das wollen, bevor sie gestorben ist.“

Sie blieb stehen und nahm den Grashalm aus dem Mund: „Warum ... warum sagst’ mir dös erscht jetzt?“

Er räusperte sich: „Weißt’, ich kann nicht mehr ganz gesund werden, und da ...“

„Wer hat dir dös g’sagt?“

„Meine Großmutter und auch mein Vater. Ich hab’ ihn gefragt.“

„Aber der Doktor Unterleitner hat dir doch ...“

„Der vertröstet mich bloß. Alle Ärzte machen das.“

Sie ließ die Arme sinken und schaute sinnend auf die grünenden Felder: „Mir is’ gleich aufg’fallen, daß d’ ganz anders bist als wie früher.“

„Aber wir bleiben trotzdem gut miteinander, gelt?“

„Freilich, warum nöt. Aber ...“

„Was?“

„Nix, mir is’ nur was eing’fallen, aber dös ...“

„So sag’s doch.“

„Warum? Man muaß nöt alles sagen, was man sich denken tut. Komm, z’ Haus warten s’ sicher schon mit’n Kaffee auf uns.“

Bertha und ihre Eltern ließen sich eine frische Linzertorte schmecken. Ulrike setzte sich ausnahmsweise nicht auf ihren Sessel, sondern auf die Bank, neben ihre Mutter.

„Was hast denn?“ fragte Frau Lehner und

schaute auf den Kopf, der sich an ihren Arm schmiegte.

„Gar nix, Mutter."

„Dann schenk dem Matthias den Kaffee ein, bevor er kalt wird."

XLVI

Es blieb beim ersten Kuß. Einmal wollte er sie plötzlich an sich drücken, aber sie wehrte ihn ab: „Dös hat doch koan Sinn nöt." Auch ihre Eltern begegneten ihm merklich kühler. Er wurde seltener im Wagen abgeholt, und wenn sie ihn hin und wieder besuchte, zeigte sie kein Verlangen mehr, mit ihm allein spazierenzugehen oder in seiner Werkstätte zu tischlern. Es gab andere Zeitvertreibe. Das neue Grammophon in Rudis Zimmer spielte nicht bloß für Rüdiger und Axel, die rauchend in den Fauteuils lagen. Auch die Jüngeren durften zuhören. Den Gast seines Cousins behandelte Rudi sogar mit besonderer Aufmerksamkeit. Sooft sie wollte, bekam sie das Wienerlied aus dem Dreimäderlhaus zu hören und den Walzer aus der Lustigen Witwe. Erika und Axel durften leider noch nicht tanzen, denn Großmutter Stellenheim war erst zwei Monate tot.

An einem solchen musikalischen Nachmittag saß der Jüngste schweigend auf dem Bett seines Cousins und faßte einen großen Entschluß. Als er Ulrike zum Gartentor begleitete, sagte er mit scheinbarer

Ruhe: „Ich glaub', es ist besser, wenn wir uns nicht mehr sehen. Es hat doch keinen Sinn mehr."

„Wie's d' halt moanst", erwiderte sie, als wäre sie darauf gefaßt gewesen. „Nachlaufen tu' ich dir nöt, dös brauchst' nöt glauben."

Der Gedanke an seine bevorstehende Reise nach Strasbourg machte ihm den Abschied leichter: „Leb wohl, Uli. Laß dir's gut gehen."

„Du auch. Pfüat di' Gott." Damit schwang sie sich zum alten Leopold auf den Kutschbock.

Einige Tage später fragte Rudi: „Was ist zwischen dir und der Uli vorgefallen?"

„Nichts Besonderes", antwortete Matthias. „Das Ganze hat keinen Zweck mehr."

Dennoch quälte es ihn, wenn er wußte, daß Rudi, Erika und ihre beiden Freunde im gräflichen Kutschierwagen auf den Poitsberg fuhren. Beim Sonntagshochamt, wo er nur wenige Bänke hinter der Familie Lehner kniete, blickte er selten auf den Altar und hörte kaum, was der Priester von der Kanzel predigte. Schon bereute er bitter seinen voreiligen Entschluß; doch sooft er zur Feder griff, um ihn zu widerrufen, zwang er sich zuletzt, stark zu bleiben.

Mitte Juli bezogen zwei Gäste das ehemalige Schlafzimmer der Großeltern. Max Stellenheim und seine junge Gattin beabsichtigten, zwei Wochen zu bleiben und danach, auf dem Weg nach Paris, ihren Sohn in Strasbourg abzusetzen. Die gutgewachsene Blondine mit den strahlenden Zähnen kannte ihre neuen Verwandten bereits vom Begräbnis ihrer

Schwiegermutter. Ihr Neffe, bezaubert von ihr und ihren eng anliegenden Sommerkleidern, wartete mit Ungeduld auf ihren ersten Film, in dem sie zwar keine große, doch, wie sie behauptete, eine äußerst dankbare Rolle spielte: die Sekretärin eines Bankiers.

In die Villa Stellenheim kam Leben. Schauspieler, Journalisten, Filmautoren und kunstbegeisterte junge Aristokraten saßen unter der alten Linde bei Portwein und Whisky. Ein Telephon wurde eingeleitet, eine Köchin aufgenommen. Zu jeder Mahlzeit kamen Gäste. Onkel Albert setzte sein charmantestes Lächeln auf, seine Kinder griffen tief in die Kaviardose. Nach dem Nachtmahl ging das junge Paar noch aus. In der City Bar spielte eine gute Zigeunerkapelle, in einigen Villen wurde bis zum Morgengrauen Poker gespielt. Trotzdem saß Max Stellenheim schon um neun Uhr mit Block und Bleistift beim Telephon, gab dem Wiener Börsenmakler Aufträge, verhandelte mit einem Mann in Budapest über den Kauf eines Kinos und mit einem anscheinend sehr zähen Herrn Miklosek über die Beteiligung an einem Brünner Nachtlokal.

Sein Sohn zeigte sich ihm selten. Nach den Mahlzeiten zog er sich gewöhnlich mit dem Hinweis auf die Schlußprüfungen in sein Zimmer zurück. Mit seiner Stiefmutter redete er wenig und vermied es, sie Mama zu nennen, obgleich sie ihn oft lebhaft an seine Mutter erinnerte. „Ist er nicht ein bildhübscher Bub? Schauspieler müßt' er werden", meinte sie, wenn sie ihn ihren Gästen vorstellte. „Aber er will Pfarrer werden! Was sagt man dazu?"

„Red keinen Unsinn", sagte ihr Gatte. „Laß das."

Matthias' Schulzeugnis war zwar weniger gut als sein vorjähriges, aber immer noch bedeutend besser als das seines Cousins. Rudi legte keinen Wert auf humanistische Bildung. Ein künftiger Landwirt brauchte nicht Latein und Griechisch. Ihm schien es viel wichtiger, beizeiten zu lernen, die Sense zu führen und die Heugabel zu schwingen. Schon um sechs Uhr morgens ging er mit Axel und Rüdiger auf den Poitsberg; wenn er abends heimkam, berichtete er mit Genugtuung, daß Herr Lehner und die Knechte ihn für viel geschickter hielten als seine beiden Freunde. Doch sein Ehrgeiz hielt nicht lange an. Vier Tage nur übte er sich als Erntearbeiter, am fünften klagte er über Sonnenbrand und blieb auffallend schlecht gelaunt zu Haus. Sonderbarerweise zeigte die angebliche Verbrennung nicht die geringste Rötung. Merkwürdiger war noch, daß er ohne jegliche Beschwerde oft stundenlang im Schwimmbad in der Sonne lag.

Vor seiner Abreise nach Innsbruck zum Pfadfinderkongreß ging er mit seinem Cousin im Wald hinter dem Haus spazieren. Ungewöhnlich sanft legte er den Arm um seine Schulter und sagte: „Wir werden uns jetzt lang nicht sehen. Wann kommst du aus Strasbourg zurück?"

„Am dreißigsten August."

Er zog eine Zigarette aus der Tasche und steckte sie in den Mundwinkel: „Schreib mir, wie's dir geht, wie du dich dort fühlst. Ich bin ja in einer Woche wieder zu Haus."

„Ja, das kann ich machen, wenn du willst."

Hier und dort fiel ein Sonnenstrahl durch die Zweige. Die Amseln mischten sich in die verwehten Takte der Kurkapelle. Rudi brach ein Stück Harz von einem Baumstamm und knetete es: „Du hast ganz recht gehabt, daß du mit der Uli Schluß gemacht hast. Die ist ein scheinheiliges Luder."

„Wieso?"

Rudi blieb stehen: „Wenn du mir dein Ehrenwort gibst, daß du den Mund hältst, erzähl' ich dir was." Matthias schlug ein. Sein Cousin ging weiter und blies den Zigarettenrauch vor sich hin: „Vor ein paar Tagen ... aber wehe dir, wenn du was weitersagst ..."

„Ich hab' dir doch das Ehrenwort gegeben."

„Vorigen Sonntag, nach dem Mittagessen, haben der Rüdiger und der Axel sie im Kutschierwagen abgeholt. Unterwegs hat der Axel plötzlich gesagt, er hat eine Verabredung unten in der Stadt, der Rüdiger und die Uli sollen einstweilen aussteigen und spazierengehen, er kommt um fünf wieder mit dem Wagen zurück."

„Und?"

„Zuerst sind sie ein bißl im Wald spazierengegangen, er hat sie ein paarmal geküßt, dann haben sie sich auf der Wiese hinter der Holzfällerhütte niedergelegt. Der Rüdiger kriegt jede herum, wenn er will. Er sagt, zuerst hat sie ein bißl G'schichten g'macht, aber nicht lang."

„Was ... was hat er mit ihr gemacht?"

„Entjungfert hat er sie."

„W . . . was?“

„Du weißt doch, was entjungfern heißt. Das hab' ich dir schon erklärt.“

„J . . . ja.“

„Er sagt, sie hat gar nicht g'schrien.“

„Aber . . . sie . . . sie ist doch erst fünfzehn.“

„Das spielt keine Rolle. Bauernmädeln sind früh entwickelt. Manche sind mit fünfzehn schon hochschwanger.“

„Hat . . . hat er sie . . . hat er sie ganz ausgezogen?“

„Er sagt, nein. Das ist auch nicht nötig, es geht auch so.“

„Und . . . was . . . was war dann?“

„Um fünf ist der Axel mit dem Wagen zurückgekommen. Das war doch alles im voraus abgemacht, zwischen Axel und Rüdiger. Und dann sind sie zu dritt zurückgefahren, als wenn nichts geschehen wär'.“

„Glaubst du, ist das alles wahr?“

„Bestimmt. Der Rüdiger ist kein Aufschneider. Außerdem hab' ich sie beobachtet, wie sie miteinander reden und sich anschauen. Ein Blinder merkt da, was los ist. Deswegen geh' ich auch nicht mehr hinauf. Mit einer solchen Schlampen will ich nichts zu tun haben. Diese blöde Gans glaubt vielleicht gar, der Rüdiger wird sie heiraten. Bei dir hat sie bestimmt fest damit gerechnet, und die Alten auch. Sei froh, daß du Priester wirst. Wenigstens hast du Ruh' von dem ganzen Weiberg'sindel. Ich hab' dir immer gesagt, eine ist wie die andere.“

Matthias übersah einen Baumstumpf und fiel auf den Magen. Doch im nächsten Augenblick stand er wieder auf den Beinen und bedrängte seinen Cousin mit Fragen.

XLVII

Rudi war beim Pfadfinderkongreß in Innsbruck, Erika bei einer Freundin in Salzburg. Den nächsten Morgen sollte Matthias mit Vater und Stiefmutter abreisen. Auf seiner Kommode lagen Fahrkarte, Reisepaß und eine Schachtel mit Eisenpillen, die Doktor Unterleitner ihm wegen seiner auffallenden Blässe bei der Abschiedsvisite verordnet hatte. Seit drei Tagen, seit jenem letzten Spaziergang im Wald hinter dem Haus, hatte er wenig gegessen, wenig geschlafen und mehrmals hinter Schloß und Riegel erbrochen. Er spürte kein behagliches Reisefieber. Gleichgültig packte er seine Sachen ein, schloß den Koffer und ging in den Garten. Es war früher Nachmittag. Vater und Stiefmutter schliefen. Onkel und Tante waren zur Stadt gegangen. Ziellos irrte er auf dem Rasen umher, lief über den Steg in den Wald, kam aber bald wieder in den Garten zurück. Nur kurz saß er unter der alten Linde und starrte in das satte Rot der Feuerlilien, ehe er aufsprang und auf die Gasse eilte. Am Eck, bei der Meierei, hielt er einen Augenblick inne; er knöpfte den Kragen auf, strich das Haar aus der Stirn und bog, wie Doktor Unterleitner zum Trotz, nach rechts ein. Die Sonne brannte auf den steilen Wiesenweg. Die Libellen kreisten in schwungvollen Bögen. Wenn ein Hase über den Anger fegte, verstummten die Grillen kurz. Seicht plätscherte der Bach den Berg hinab. Sommerliche Stille lag über der durchglühten Heide. Bloß auf dem schmalen Pfad knirschten die Steine unter hastigen Schritten. Der einstige Läufer aus dem Friedberg-Institut meldete sich aufs neue nach jahrelanger Trägheit. Mit offenem Hemd und fliegendem Haar rannte er übers Geröll, begleitet von einem dichten Mückenschwarm. Vor der Holzfällerhütte, wo der Bach den Weg durchschnitt, warf er sich nieder zu kurzer Rast. Ungeachtet der Mücken, die sich über ihn machten, lag er mit geschlossenen Augen und offenem Mund auf dem Rücken und redete ins Leere: „Der Doktor Unterleitner hat ... hat gesagt, ich ... werd' bestimmt ganz ... gesund. Wir werden zusammen schwimmen und ... rodeln und ... Ausflüge machen ... weite Ausflüge ... du und ich ... ganz allein. Ich ... ich will nicht Priester werden. Kann ich ... darf ich dir einen ... einen Kuß geben? Ich fahr' morgen weg. Darf ich?“ Er schwieg, als wartete er auf eine Antwort. Er schloß den Mund und hielt den Atem an, so wie damals im Dämmerlicht, beim Bügelbrett. „Jetzt sind wir wieder gut, gelt? Versprich mir, daß ... du ... niemandem einen ... einen Kuß geben wirst, wenn ich ... weg bin, niemandem ... auch nicht dem ...“ Er griff sich an die Brust und schöpfte Atem. „... auch nicht dem Rüdiger.“ Er setzte sich auf. Sein erster Blick fiel auf die Holzfällerhütte. Rasch erhob er sich und rannte weiter, durch den Bach, die frisch gefällten Bäume entlang, durch hohes Farnkraut, zwischen jungen Tannen, quer über die Fahrstraße — die alte Bäuerin mit dem Korb auf dem Kopf bemerkte ihn nicht — über Schotter, Moos und Disteln, mit einem Sprung über die tote Katze — pfui, die ekligen Fliegen! — die Böschung empor auf allen vieren. Schon sah er den Lehnerhof hinter dem letzten Hügel; schon hörte er das Gackern der Hühner, das Muhen aus den Ställen; bald roch er frisches Heu.

Vor der Hecke, die das Gehöft umschloß, warf er sich wieder nieder; er preßte die Hand an den Mund, damit sein erhitzter Atem ihn nicht verrate, und starrte durch das Gestrüpp. Vor der Scheune leerten zwei Knechte den Heuwagen. Der alte Leopold zog den Gäulen das Wasserschaff unter der Nase weg: „G'nug habt's", stieg auf den Bock und lüftete den Hut vor der steinernen Madonna. Die beiden Knechte bekreuzigten sich und schwangen sich auf den Wagen, der schnell und leicht aufs Feld zurückfuhr. Es wurde still.

Den Knaben hinter der Hecke überfiel eine schaurige Einsamkeit. Gleich stählernen Bändern umklammerte es seine Brust und trieb ihm kalten Schweiß aus dem Leib. Er wollte schreien, davonrennen, doch er lag wie gelähmt und mußte erbrechen. Dann richtete er sich auf und schaute um sich. Wozu war er gekommen? Hatte es noch Sinn, mit ihr zu reden? Vielleicht doch. Vielleicht wird alles wieder gut, so wie früher, ja schöner noch. Er sprang auf. Mit dem Kopf voran brach er sich Bahn durchs Gestrüpp und hielt vor der steinernen Himmelskönigin inne. In der Ferne, auf dem Feld, schwangen Gestalten die Heugabeln, die Männer mit nackten Oberkörpern. Welcher davon ist er, der jede herumkriegt, wenn er will? Welche ist sie, die nicht einmal geschrien hat auf der Wiese hinter der Holzfällerhütte? Gewiß hat es ihr gefallen, sehr gefallen sogar. Sie wird wieder mit ihm gehen, sich wieder von ihm küssen lassen, sich wieder mit ihm ins Gras legen, wenn er es will, der große Blonde mit den breiten Schultern. Sie wird sich gar nicht mehr sträuben. Sooft er will, wird sie mit ihm ... Ihm wurde schwarz vor den Augen, trotz grellem Sonnenlicht. Mit geballten Fäusten stand er vor der steinernen Madonna. Er trat näher an sie heran, als erwartete er Hilfe von ihr, ein Trosteswort, daß alles nicht wahr sei, oder zumindest, daß es nie wieder geschehen werde. Sie aber blieb stumm und starr. Sie neigte nicht gnädig das Haupt, sie hob nicht sanft die Hand, ihr Mund öffnete sich nicht. Keine überirdischen Stimmen mischten sich in das Schnattern der Gänse und das Muhen aus den Ställen.

Der satte Duft der Ernte strömte aus der offenen Scheune. Der Knabe starrte auf die Kerze im roten Glas zu Füßen der Madonna. Noch ehe er es erfaßte, streckte er die Arme aus, griff nach dem flackernden Licht und schob es ins trockene Heu. Dann rannte er den Berg hinab. Ein Kuckuck rief ihm nach.

Als er keuchend über die Terrasse ins Haus lief, blickte seine Stiefmutter von dem Filmmanuskript auf, das sie las, sein Vater faltete die Zeitung zusammen und folgte ihm in sein Zimmer, wo er ihn auf dem Bett fand.

„Wie siehst du aus? Du bist ja ganz verschwitzt und schmutzig. Wo warst du?"

„Im ... Lehner ... hof."

„Was? Oben auf dem Berg? Zu Fuß?"

Er nickte erschöpft.

„Das ist dir doch verboten. Wozu ... was hast du dort gemacht? So sprich doch."

„Ich ... hab' ... das ... Heu ... ange ... zündet ... die ... die Scheune ... jetzt ... brennt sie."

Der Vater nahm das Monokel aus dem Auge und stierte auf das Bett. „Was redest du da?" fragte er und bekam die Antwort von einem Trompetenstoß der Feuerwehr. Rasch schloß er die Zimmertür, sogar das Fenster. „Um Himmels willen, wa ... warum hast du das getan?"

Sein Sohn schwieg.

„Antworte!"

„Das sag' ich nicht."

„Wenn man dich erwischt, kommst du ins Gefängnis!"

„Das ... das ist mir gleich."

„Du elender Kerl! Du willst Priester werden?"

„Ihr habt mich gezwungen."

Ratlos ging Max Stellenheim in neuen, quietschenden Schuhen auf und ab: „Hat dich wer gesehen?"

Sein Sohn schüttelte den Kopf.

„Wenn das herauskommt, dann sind wir alle, die ganze Familie ... Hat dieses ... dieses Bauernmädel dir was angetan? Habt ihr einen Streit gehabt?" Er setzte sich aufs Bett und griff nach der Hand des Knaben. „Mit mir kannst du doch offen sprechen. Ich bin doch dein Vater. Ich will dir helfen."

Der Junge zog die Hand zurück: „Ich hab' keinen Vater."

„Was?"

„Ich hab' keine Eltern."

Erblaßt stand Max Stellenheim auf: „Na wart, du Verbrecher! Das wirst du bitter bereuen." Er klemmte das Monokel ein und ging aus dem Zimmer.

Nach einer Weile kam er mit seinem Schwager, aber umsonst. Sie bekamen keine Antwort. Der Knabe, der erschöpft auf dem Bett lag, sprach keine Silbe. Weder Güte noch Drohungen brachten ihn zum Reden.

„Du bleibst in deinem Zimmer", befahl der Vater zuletzt. „Um sechs Uhr morgens hast du fix und fertig zu sein, vorausgesetzt, daß die Polizei dich nicht inzwischen abholt."

Tante Therese, die ihrem Neffen das Nachtmahl brachte, fragte bloß, ob er sich sehr schwach fühle. Er schüttelte den Kopf.

Als er sich den nächsten Morgen stumm verabschiedete, sagte sein Onkel: „Leb wohl. Bleib gesund und bessere dich.“

XLVIII

Wieder lag der alte Perserteppich im Speisezimmer; der verschnörkelte Messingluster hing über der grauen Samtdecke des Eßtisches, die Pendeluhr über der Kredenz, das Porträt des verstorbenen Rechtsanwalts Alexander Vernon über dem Sofa. Der Zinnkrug mit den sechs Bechern, der Lederfauteuil und die Stehlampe standen im neuen Heim auf ihren alten Plätzen. Doch der lange Holzbalkon und die Aussicht erinnerten nicht an das Lehrerhaus in Dresden. Inmitten pittoresker Häuser mit spitzen Dächern, dunklen Balken kreuz und quer im weißen Mauerwerk und blumenreichen Holzbalkons lag die kleine Place du Corbeau, auf deren holperigem Pflaster die Kinder noch zu später Abendstunde ihre Kreisel peitschten. Vor der Cour du Corbeau, der einstmals vornehmsten Herberge der Stadt, wachte Tag und Nacht ein Bernhardiner.

„Ich denke, du sollst schlafen gehen. Gewiß bist du müde von der langen Bahnfahrt“, sagte Madame Vernon, die jünger aussah als bei ihrem Abschied von den vier Zöglingen in Dresden.

Nachdem Doktor Vernon den Feriengast in sein Zimmer begleitet hatte, kehrte er auf den Balkon zurück. Zum Unterschied von seiner Mutter waren an ihm die viereinhalb Jahre nicht spurlos vorübergegangen. Die grauen Haare an seinen Schläfen hatten sich vermehrt, die Falten auf der Stirn sich vertieft. Er sah seinem Vorfahren im goldenen Rahmen womöglich noch ähnlicher als früher.

„Morgen wird es wieder heiß sein", sagte er in seiner Muttersprache, während er sich auf dem Balkon niederließ.

„Bestimmt, es sieht danach aus", erwiderte die alte Dame mit einem Blick zum sternenreichen Himmel.

Das Dienstmädchen räumte nebenan den Speisetisch ab. Unten auf dem Platz plauderten die Bürgersleute vor den Haustoren in behaglichem Elsässer Deutsch, gemischt mit französischen Brocken. Die jungen Kreiselpeitscher wurden mehrmals zu Bett gerufen, ehe sie mit Unlust gehorchten. Monsieur und Madame Fabér grüßten freundlich herauf, wechselten mit Monsieur le Professeur und seiner Mama ein paar Worte und setzten Arm in Arm ihren Abendspaziergang fort. Der Bernhardiner patrouillierte über den Platz.

„Findest du nicht, daß der Junge sich auffallend verändert hat?"

„Groß ist er geworden und bildhübsch", antwortete Madame Vernon. „Aber sehr blaß ist er und so still. Gesprächig war er auch früher nicht, aber jetzt kriegt man überhaupt kein Wort mehr aus ihm heraus. Ob sein Herzfehler ihm wohl Beschwerden macht?"

„Er sagt doch, der Arzt ist mit ihm sehr zufrieden."

„Wahrscheinlich ist er bloß müde von der Reise

und fühlt sich noch etwas fremd. Morgen wird er schon auftauen. Was hat sein Vater gesagt?"

„Er hat sich sehr bedankt, daß wir den Jungen eingeladen haben. Er läßt dir unbekannterweise die Hand küssen. Es war nicht viel Zeit zum Reden. Der Zug hat Verspätung gehabt und ist gleich weitergefahren."

„Wie sieht seine neue Frau aus?"

„Sehr hübsch. Blond — gut gewachsen. Sie hat gesagt, wir müssen unbedingt ihren Film ansehen. Er kommt demnächst heraus. Den Titel habe ich allerdings vergessen."

Den nächsten Nachmittag zeigte Doktor Vernon seinem Gast die Stadt. Sie gingen durch die stillen Gassen, über den Pont du Corbeau, die schmale Brücke über dem Illfluß, wo die alte Blumenfrau seit ihrer Jugend stand. In der Rue des Grandes Arcades spielte ein Kriegsinvalide mit vielen Orden an seinem alten Waffenrock einen flotten Marsch auf der Drehorgel. Sein Affe schulterte auf Befehl das Gewehr, präsentierte es, legte an und feuerte, worüber er jedes Mal erschrak und schnell sein rotes Käppchen zog. Der Fremdenführer auf dem Touristenautobus erklärte seinen Fahrgästen die verschiedenen Sehenswürdigkeiten zuerst auf französisch, dann auf deutsch.

„Hast du von den Französischstunden im Friedberg-Institut etwas behalten?"

„Nein, nicht viel."

„Das läßt sich nachholen. Du bist noch jung."

Die Place Kléber im Zentrum der Stadt hieß einst

Place d'Armes. Hier sang Strasbourg zum erstenmal das Lied eines jungen Offiziers der Garnison: Allons enfants de la patrie! Hier schworen die Sieger der Revolution den Eid auf die neue Verfassung. Eine spätere Generation enthüllte dort, wo die Guillotine gestanden, das Reitermonument des napoleonischen Generals Jean Baptiste Kléber, das 1870 Zeuge eines verhängnisvollen Septembers wurde: die Kanonen auf der Stadtmauer waren verstummt. Vom Turm der Kathedrale hing die weiße Fahne der Übergabe. Entwaffnet zogen die letzten französischen Bataillone durch die Porte Nationale, während die preußischen Grenadiere einmarschierten. Viele alte Häuser mußten modernen Bauten Platz machen, so auch das behagliche Hotel de la Maison Rouge, die einstige Herberge des Generals Bonaparte und des Dichters Victor Hugo. Kaufleute und Bauern kamen über den Rhein und siedelten sich an. Das Wort Goethes überschattete allmählich die Werke Voltaires. Doch die Patrizier sorgten dafür, daß ihre Kinder trotz deutscher Schulen das alte Mutterland und seine Sprache nicht vergaßen. So kam es, daß viele die Marseillaise noch singen konnten, als beinahe ein halbes Jahrhundert nach dem Herbst der Niederlage der des Sieges kam und über dem Denkmal des napoleonischen Generals die Trikolore wehte.

„Siehst du, das kommt davon, wenn man mit einem Geschichtslehrer spazierengeht. Der läßt einen nicht einmal in den Ferien in Ruhe. Aber hab' keine Angst, du brauchst das nicht auswendig zu lernen." Doktor Vernon ließ sich mit seinem

Begleiter unter dem Sonnendach des Café Odéon nieder. Der Knabe blätterte wortlos in den illustrierten Zeitungen; der Lehrer folgte seinem Beispiel und schlug das Pariser Morgenblatt auf.

Madame Vernon hatte sich geirrt; ihr Gast taute nicht auf. Die Sehenswürdigkeiten der Stadt, das Hochamt in der weltberühmten Kathedrale, eine Dampfschiffahrt auf dem Rhein mit einem Abstecher nach Deutschland beeindruckten ihn ebensowenig wie ein Film mit Charlie Chaplin und Jackie Coogan, die Freude aller Kinobesucher. Vormittags saß er mit einem Buch auf dem Balkon und antwortete nur kurz, wenn das Wort an ihn gerichtet wurde. Mit sichtbarer Teilnahmslosigkeit spielte er nach dem Abendbrot Mühle, ohne die Ambition, zu gewinnen. Um neun wünschte er gute Nacht und ging in sein Zimmer.

Nach einigen Tagen lag ein Brief für Monsieur Matthias Stellenheim auf dem Frühstückstisch. Mit wachsendem Interesse las er die wichtige Nachricht und reichte sie danach Doktor Vernon, mit der Bitte, sie Madame Vernon vorzulesen.

„Grand Hotel
2 Rue Scribe
Paris

Lieber Matthias!

Du bist nun bald fünfzehn Jahre alt. Für einen Jungen in Deinem Alter ist es an der Zeit, daß er die Welt kennenlernt. Österreich ist ein kleines, armes Land geworden, ohne Zukunft für die Jugend. Ich habe hier in Paris meinen Schulfreund Mister Samuel Wolff getroffen, der vernünftigerweise schon vor dem Krieg nach Amerika auswanderte und heute eine große Lederwarenhandlung in Chicago besitzt. Eingedenk meiner väterlichen Verantwortung und ungeachtet des großen finanziellen Opfers will ich Dir Gelegenheit bieten, ein neues, hoffentlich nutzbringendes Leben zu beginnen. Mr. Wolff hat sich in freundschaftlicher Weise bereit erklärt, Dich in seine Obhut zu nehmen, Deinen Werdegang zu überwachen. Du wirst zuerst eine kaufmännische Schule in Chicago besuchen und danach als Praktikant in Mr. Wolffs Unternehmen eintreten. Zwecks Beschaffung des amerikanischen Visums mußt Du am 18. August in Paris eintreffen. Gib mir Deine Ankunft rechtzeitig bekannt. Ich werde Dich von der Bahn abholen. Am 24. August wirst Du Dich mit Mr. Wolff in Le Havre einschiffen. Ich werde Tante Therese brieflich ersuchen, Deine Kleider und sonstigen Gebrauchsgegenstände hierher zu schicken. Bestelle meine besten Empfehlungen an Herrn Doktor Vernon und seine geehrte Frau Mama. Sei gegrüßt.

Dein Vater."

Madame Vernon schlug die Hände zusammen: „Nein, so eine Überraschung!"

Doktor Vernon faltete den Brief zusammen und gab ihn dem Knaben zurück: „Was sagst du dazu? Freust du dich?"

„Eigentlich schon. Ich kann mir zwar nicht vorstellen, wie es dort aussieht, aber ..."

Nach dem Frühstück ging Doktor Vernon in sein Arbeitszimmer, das seit dem Eintreffen des Sommergastes zugleich sein Schlafzimmer war, und brachte bald danach ein großes, in Leder gebundenes Buch auf den Balkon. „Die Vereinigten Staaten von Nordamerika und ihre Wunder", nannte sich das Prachtwerk von Manfred Schütte, das eine bunte Bilderserie der Neuen Welt bot: den Hafen von New York mit der Freiheitsstatue, die scheinbar endlosen Straßen der gewaltigen Metropole mit den Wolkenkratzern, die Untergrundbahn, zweistöckige Omnibusse, Riesenbahnhöfe, wo Weiße, Schwarze und Gelbe sich drängten. — Stilles Wien. Kleines Dresden. — Weiter ging die Reise: Boston, Philadelphia, Chicago, Los Angeles, San Francisco. Flughäfen, meilenlange Fabriken — wie klein war die des Großvaters gewesen —, Wüsten, Steppen, Orangenhaine, Palmenalleen, endlose Getreide-, Baumwoll- und Ölfelder. Armes Österreich, dachte der künftige Amerikaner, gefesselt von Manfred Schüttes Wunderwelt. Wie ein vergessener Überrest aus einem vergangenen Jahrhundert lag die kleine Place du Corbeau unter dem Balkon. Der wuchtige Pulsschlag der Neuen Welt übertönte den sanften der Alten — die Kinderstimmen der Kreiselpeitscher, das Klappern der Teller und Pfannen aus dem Gasthof, die Rufe eines Hausierers.

Erfüllt von Zukunftsplänen, saß Matthias Stellenheim wie neugeboren beim Mittagstisch und redete so viel, daß selbst das dicke Dienstmädchen ihn verwundert ansah. Er war bereits mehr dort als da. Erfaßt von einem plötzlichen Tatendrang, wollte er wahre Wunder vollbringen: in wenigen Monaten perfekt Englisch sprechen, die Handelsschule schneller absolvieren als andere, nicht lange in Mister Wolffs Unternehmen bleiben, bald selbständig, unabhängig sein, ein eigenes Geschäft gründen, viel arbeiten, aber auch viel Geld verdienen, um eine schöne Wohnung und ein Auto zu haben, durch ganz Amerika reisen, vielleicht später einmal auch nach Europa, auf einen Besuch.

„So schnell wie du ist noch keiner Amerikaner geworden", meinte Doktor Vernon.

„Dafür wird er es auch zu etwas bringen", sagte seine Mutter. „Was man sich fest vornimmt, muß gelingen. Es ist bloß schade, daß du uns so bald verläßt."

„Das tut mir auch leid", erwiderte der Knabe. „Aber leider geht es nicht anders."

Seine gehobene Stimmung hielt bis zum Einbruch der Dämmerung an. Auf dem Heimweg von einem Ausflug nach Molsheim wurde er nachdenklich: „Mein Vater hat gar nicht geschrieben, wo ich wohnen werde."

„Ich nehme an, bei Mr. Wolff", erwiderte Doktor Vernon.

„Aber ich kenn' ihn doch gar nicht. Wer weiß, wie der ist?"

„Wahrscheinlich sehr nett. Du wirst dich bestimmt gut mit ihm verstehen."

„Ich kann mir das eigentlich nicht recht vorstellen — so ganz allein in Amerika — unter lauter fremden Leuten —"

„Du wirst bald Freunde haben. In Chicago leben viele Deutsche und Österreicher."

„Ich könnte auch zu meiner Mutter fahren, nach Buenos Aires. Sie schreibt immer, ich kann kommen, wann ich will. Aber ob sie das ernst meint —"

Beim Abendbrot sah Madame Vernon zu ihrem Erstaunen keinen unternehmungslustigen Amerikaner mehr, sondern wieder einen geistesabwesenden Österreicher. Zum Unterschied von den vorigen Tagen wünschte er schon vor neun Uhr gute Nacht und zog sich in sein Zimmer zurück.

„Ein sonderbarer Junge", sagte die alte Dame. „Warum fragst du ihn nicht, warum er sich so merkwürdig benimmt?"

„Der redet nicht, wenn er nicht will. Eigentümlich, daß sein Vater ihn plötzlich aus der Schule nimmt und mit einem fremden Menschen nach Amerika schickt."

Als Doktor Vernon so gegen zehn in seinem Zimmer die Schreibtischlampe anzündete, um noch eine Weile zu arbeiten, klopfte es an der Tür.

„Du bist noch angekleidet? Ich dachte, du schläfst schon längst."

„Bitte, ich ... ich möchte etwas fragen."

„Was denn?"

Der Knabe schloß die Tür hinter sich und kam näher: „Mein Vater hat gesagt, ich darf es niemandem erzählen, aber ..."

„Was?“

„Ich wollte nur fragen ... wenn jemand in Österreich ein ... ein Verbrechen begangen hat, kann er sich dann nur in Österreich bei der Polizei melden oder ... oder auch in ... in Frankreich?“

„Komm, setz dich“, sagte Doktor Vernon ruhig und hatte kaum zu Ende gesprochen, als zwei Arme ihn fest umklammerten.

Madame Vernon hörte plötzlich ein Schluchzen und Ächzen, einen Ausbruch des Jammers, der so durch Mark und Bein ging, daß die Nachbarn die Köpfe aus den Fenstern steckten. Erschrocken öffnete sie die Tür des Nebenzimmers, schloß sie aber gleich wieder, dem Wink ihres Sohnes gehorchend.

Doktor Vernon beschwichtigte den Knaben nicht. Er ließ ihn nachholen, was er offenbar seit langem brauchte. Erst als er erschöpft, wie ausgebrannt, an seinem Hals hing, setzte er ihn aufs Bett und schloß Fenster und Jalousie. Dann ließ er sich ihm gegenüber nieder und folgte schweigend der Schilderung eines Irrweges von der jüngsten in die fernere Vergangenheit. Er sah einen Knaben den Berg hinabrennen und hinter ihm eine brennende Scheune; er sah ihn in einem Wald, wo er seinem Vetter ein Ehrenwort gab, das er nun brach; er folgte ihm in das Sterbezimmer seiner Großmutter, die ihn zu einem Gelübde zwang, zuletzt in den Schlafsaal des Friedberg-Instituts, wo er sich so frieren ließ, um nicht ein Fürtner zu werden, bis er endlich auf dem Exerzierplatz zusammenbrach.

Es war Mitternacht, als Doktor Vernon den Knaben in sein Zimmer führte und ihm ein Schlafmittel gab: „Laß jetzt deinen Kopf ein wenig zur Ruhe kommen. Und was die Polizei anbelangt — das werden wir uns noch überlegen. Ich glaube nämlich, die würden dich gar nicht behalten, selbst wenn du ihnen alles sagst, was du mir erzählt hast. Schlaf gut. Morgen sprechen wir weiter."

„Gute Nacht, Herr Doktor", sagte er und drückte fest seine Hand.

Nicht lange stand Doktor Vernon unschlüssig in seinem Zimmer. Er öffnete eine der Schreibtischladen und griff nach dem Kursbuch. Bald danach verabschiedete er sich von seiner Mutter und verließ das Haus.

Als Madame Vernon den Feriengast am späten Vormittag weckte, sagte sie so ganz nebenbei: „Heute sind wir beide allein beim Mittagessen. Herr Doktor Vernon hat eine Konferenz im Lycée, die lange dauern wird. Er läßt dich schön grüßen. Wenn du Lust hast, sollst du nach Tisch eine Stunde spazierengehen."

Es wurde drei — vier — fünf — das Dienstmädchen deckte bereits zum Abendbrot, und noch immer war Doktor Vernon nicht zurück. Seine Mutter war nicht im mindesten beunruhigt. „Solche Sitzungen dauern oft lange", meinte sie.

Knapp vor sieben hielt ein Taxi vor dem Haus an. Doktor Vernon winkte gut gelaunt zum Balkon herauf, während der Bernhardiner ihn befremdet beschnupperte.

„Angenehm kühl ist es hier", sagte er, als er ins

Zimmer trat. „In Paris war es fürchterlich heiß — über vierzig Grad. Die Menschen sind wie betäubt auf der Straße gegangen. Ich war froh, daß ich wieder heimfahren konnte."

„Sie ... Sie waren in ... in Paris?"

„Nur ein paar Stunden. Ich habe auch mit deinem Vater gesprochen. Also die Angelegenheit mit Herrn Lehner ist bereits in Ordnung gebracht. Er bekommt eine neue Scheune. Dein Onkel hat das mit ihm persönlich geregelt." Er nahm die Krawatte ab und öffnete seinen Kragen. „Und noch etwas. Dein Vater läßt dir sagen, er hat sich die Sache überlegt; wenn du keine Lust hast, mit Mister Wolff abzureisen, kannst du bei uns bleiben und dein Studium hier in Strasbourg fortsetzen. Amerika läuft dir ja nicht davon. Ob du ein paar Jahre früher oder später Millionär wirst, spielt doch schließlich keine Rolle. Findest du nicht?"

Die Magd stellte das Essen auf den Tisch. Madame Vernon schnitt lächelnd den Braten. Ihr Sohn entkorkte eine Flasche alten Elsässer. Der Jüngste stand noch immer sprachlos vor dem Sofa.

XLIX

Vor allem führte Doktor Vernon den Knaben, für den er nun die volle Verantwortung trug, zu Doktor Clemont, einem verläßlichen Herzspezialisten, der ihn gründlich untersuchte und zu einem überraschenden Ergebnis kam: „Sie können turnen und leichten

Sport betreiben, aber natürlich mit Maß und Ziel. Sowie Sie sich müde fühlen, setzen Sie aus. In drei Monaten möchte ich Sie wieder sehen."

Die Schwimmschule bekam zwei neue Badegäste, von denen der jüngere zuerst nur wenige Tempi und keine Kopfsprünge machen durfte. Nach und nach wurde ihm mehr gestattet: ein paar Laufschritte, eine kurze Bergpartie, einige Ruderschläge auf dem Rhein. Bei seiner Aufnahme im Lycée ersuchte er nicht mehr um Dispensierung von den Turnstunden, sondern, infolge seiner mangelnden Französischkenntnisse, bloß um Erlassung von Prüfungen im ersten Semester, was Monsieur le Directeur ihm anstandslos bewilligte. Sein künftiger Französischlehrer unterrichtete ihn bereits jeden Vormittag eine Stunde auf dem Balkon. Madame Vernon sprach zu ihm nur mehr in ihrer Muttersprache, mit vielen possierlichen Gesten und Grimassen.

Doktor Vernon wohnte nun endgültig in seinem Arbeitszimmer. Sein früheres Schlafzimmer wurde frisch gestrichen und mit hellen modernen Möbeln eingerichtet. Überraschenderweise stand eines Tages sogar eine nagelneue Schreibmaschine auf dem Tisch. Das beiliegende vergilbte Kuvert für Monsieur Matthias Stellenheim enthielt eine Karte mit den Worten: „Schönen Dank für die Anleihe" und zwei Banknoten, die nur mehr den Wert eines Andenkens hatten. Für zwanzig Mark bekam man jenseits des Rheins, wo die Inflation wütete, kaum ein Ei.

Matthias wurde über seine finanzielle Lage genau

informiert. Sein Vater hatte sich verpflichtet, ab 1. September monatlich zwölfhundert Francs für ihn zu überweisen. Ein genaues Budget wurde zu Papier gebracht: Kost und Quartier, Schulgeld, wöchentliches Taschengeld, Neuanschaffungen von Kleidungsstücken und unvorhergesehene Ausgaben. Aus Ischl kam ein vollgepackter Koffer mit ein paar Zeilen obenauf, in denen Tante Therese und Onkel Albert ihrem Neffen alles Gute in seinem neuen Heim wünschten.

Der August verging. Die Ischler Gendarmerie ließ nichts von sich hören. Doktor Vernon gab seinem Pflegesohn den Rat, die Vergangenheit zu begraben und mit neuem Mut in die Zukunft zu schauen. Das tat er mehr und mehr. An das Mädchen mit den roten Wangen dachte er nur selten und ohne den Wunsch, ihm wieder zu begegnen. Die Wiese hinter der Holzfällerhütte, der blonde Grafensohn quälten ihn nicht mehr. Allmählich wurde es friedlich in ihm. Voll Zuversicht erwartete er den ersten Schultag, dessen Stundenplan bereits auf seinem Schreibtisch lag:

8— 9	Latin (Raball)
9—10	Français (Vernon)
10—11	Mathématique (Achard)
11—12	Grec (Raball)
12—13	Histoire (Vernon)

Nur eine Frage hemmte ihn noch auf seinem Weg aus dem Dunkel. Je mehr er sich mit ihr beschäftigte, desto unlösbarer erschien sie ihm. In diesem Zwiespalt entschloß er sich endlich, einen Klügeren zu Rat zu ziehen: „Wie ist das“, fragte er einmal während einer Französischstunde auf dem Balkon, „muß ich wirklich Priester werden?“

Doktor Vernon sah ihn erstaunt an: „Das hängt einzig und allein von dir ab.“

„Aber ich hab’ doch ein Gelübde gemacht.“

Der Lehrer nahm die Brille ab und rieb seine Augen: „Würdest du darauf bestehen, daß jemand ein Versprechen hält, zu dem er gezwungen wurde?“

„N . . . nein.“

„Würdest du von jemandem ein Opfer annehmen, das er gegen seinen Willen bringt?“

„N . . . nein.“

„Ich auch nicht. Und glaubst du, daß Gott engherziger ist als wir beide?“

Der Knabe schwieg, und Doktor Vernon erkannte, daß er das erlösende Wort noch nicht gefunden hatte. Darum kam er den nächsten Tag auf das Thema zurück. „Kennst du die Legende von Jesus und dem Esel?“ fragte er auf dem Heimweg von der Schwimmanstalt.

„Nein.“

„Sie fiel mir im Zusammenhang mit unserem gestrigen Gespräch ein. Ich dachte, sie würde dich vielleicht interessieren.

„O ja.“

Doktor Vernon knöpfelte den Hemdkragen auf und verlangsamte seine Schritte: „Ein frommer alter Mann in Judäa erfuhr eines Tages, daß Jesus von Nazareth auf einem nahen Berg weilte. Er hatte viel von ihm gehört und lange gewartet, um ihn leibhaftig zu sehen. Aber er wollte nicht mit leeren Händen kommen. Er hielt es für schicklich, dem großen Mann eine Gabe zu bringen, und zwar eine kostbare. Rasch entschlossen ging er in den Stall, riß seinen Esel von der Futterkrippe und trieb ihn hinaus auf die Straße. Es war ein heißer Sommertag — etwa wie heute ..." Er wischte seine Stirn mit der nassen Schwimmhose ab und ging langsamer den Illfluß entlang. „Kein Wunder, daß der Esel sich nicht beeilen wollte, um so weniger, als er beim Mittagmahl gestört worden war. Aber dafür hatte sein Herr kein Verständnis. Wenn er mit seinen zwei alten Beinen den steilen Weg und die Sommerhitze nicht scheute, warum sollte ein junger Esel mit vier Beinen den Müden spielen? Zuerst redete er ihm in Güte zu, bald aber riß seine Geduld. Schlagen konnte er ihn nicht, denn er hatte in milder Stimmung die Peitsche daheim gelassen. So blieb ihm nichts anderes übrig, als den Strick um den widerspenstigen Nacken enger zu ziehen und den grauen Dickschädel mit Gewalt über Stock und Stein den Berg hinaufzuzerren. Als er endlich atemlos oben ankam, erblickte er zu seiner Überraschung einen jungen Mann, der wie viele andere aussah und mit ganz schlichten Worten zu der Menge redete wie zu einem guten Freund. Verwundert blieb er abseits stehen, wogegen sein bokkiger Begleiter sich niederlegte und alle viere von sich streckte. Nachdem der Herr zu Ende gesprochen hatte, fiel Sein Blick auf den Alten, dem die Zunge heraushing wie seinem erschöpften Esel. Langsam näherte Er sich den beiden. Zuerst fragte Er den Mann nach seinem Namen und dem seines Heimatortes, dann betrachtete Er das Tier, das trotz Zerren und Fußtritten seines Herrn alle viere gerade sein ließ und nicht daran dachte, sich zu erheben. ‚Er ... er ist ... er ist nicht immer so', stotterte der Alte. ‚Sonst ... sonst ist er sanft und gehorsam. Willig zieht er jeden Karren, keine Last ist seinem Rücken zu schwer, die steilsten Pfade klettert er hinauf und wird nicht müde. Nimm ihn gnädig von mir an. Ich habe ihn Dir mitgebracht. Er wird Dir gute Dienste leisten.' Und abermals versuchte er ihn mit Gewalt auf die Beine zu bringen, doch vergebens. Der Faulpelz legte die Ohren zurück, machte einen Buckel und streckte sich zur allgemeinen Heiterkeit noch bequemer aus. ‚Warum willst du mir deinen Esel schenken?' fragte der Herr. — ‚Weil ... weil Du Blinde sehen, Lahme gehen gemacht und Tote wieder zum Leben erweckt hast', war die Antwort. — ‚Deshalb willst du ihn verschenken, und noch dazu gegen seinen Willen, wie es scheint?' — Da brauste der Alte auf: ‚Er hat nichts zu wollen! Er ist ein Esel und hat zu gehorchen!' — Der Herr lächelte und sagte: ‚Behalte deinen Esel.' — Der Alte sah ihn bestürzt an: ‚Aber ... aber glaube mir, er ... er ist ein gutes Tier, auch wenn er sich jetzt so eigensinnig gebärdet, er ist gehorsam und brav. Du wirst weit und breit keinen treueren Esel finden.' — ‚Um so sorgsamer solltest du ihn hüten', erwiderte der Herr. — ,Was kann ich Besseres mit ihm tun, als ihn Dir zu geben?' — ,Spanne ihn vor keinen Karren mehr', antwortete der Herr, ,lasse ihn keine Last mehr tragen, treibe ihn keinen steilen Pfad mehr hinan.' Ein verwundertes Raunen ging durch die Menge. Ratlos stammelte der Alte: ,Ja aber ... wo ... wozu ist er dann noch gut? Was ... was soll ich mit ihm anfangen?' — Da sprach der Herr klar und für alle vernehmlich: ,Laß ihn in Frieden grasen.' Dann ging Er ruhig seines Weges weiter."

Die alte Blumenfrau auf dem Pont du Corbeau grüßte ergeben. Ein Fischer spulte die Angelschnur auf. Zwei Jungen spielten Kopf oder Schrift auf dem heißen Pflaster.

„Steht diese Legende in der Bibel?" fragte der Knabe, als er allmählich in die Gegenwart zurückkehrte.

„Meines Wissens nicht", antwortete Doktor Vernon. „Wahrscheinlich ist diese Seite im Lauf der Jahrhunderte verlorengegangen."

VIERTER TEIL

L

An einem heißen Sommertag warteten die Abiturienten auf die Zeugnisverteilung. Professor Raball, in blauem Lüsteranzug mit Pepitamasche, entfaltete das Taschentuch mit peniblen Fingern und tupfte die Schweißperlen von seiner Stirn: „Sie haben anstrengende Tage hinter sich“, sprach er in samtenem Pariserisch. „Ich kann mir vorstellen, mit welcher Spannung Sie auf die Entscheidung warten. Ihre Zeugnisse wird Ihnen der Herr Direktor überreichen. Ich kann Ihnen bereits jetzt die erfreuliche Mitteilung machen, daß beinahe alle durchgekommen sind, etliche sogar mit Auszeichnung. Nur zwei hatten leider Pech, aber darauf waren sie wohl gefaßt.“ Er sah mit Bedauern auf die Opfer.

Haußmann in der vierten Bank nickte, in sein Schicksal ergeben. Benoit in der vorletzten hielt die Hand vor den Mund und murmelte ein kurzes Wort, das sein Sitznachbar mühelos verstand. Alle andern atmeten auf.

Professor Raball, der bedeutsamen Stunde bewußt, strich seinen kleinen Schnurrbart und ergriff mit gestrafften Armen den Pultrand: „Wir sind einen weiten Weg mitsammen gegangen. Vor sieben Jahren, unmittelbar nach Kriegsende, wurde ich, wie etliche meiner Kollegen, zu Ihnen nach Strasbourg entsandt. Nach langer, schmerzlicher Trennung waren unsere beiden alten Provinzen Elsaß und Lothringen wieder ins Mutterland heimgekehrt und mit ihnen Sie, ihre Söhne. Damals noch halbwüchsige Knaben, aufgewachsen unter fremder Herrschaft, standen Sie an einem Wendepunkt und wußten plötzlich nicht, wohin Sie gehörten. Es war die hohe Aufgabe Ihrer Lehrer, Ihnen den Weg zu zeigen, Sie mit der Sprache, dem Geist und der Kultur Frankreichs vertraut zu machen, Sie Ihre Heimat achten und lieben zu lehren. Es lag uns fern, Sie ererbter Sitten und Gebräuche zu entwöhnen. Denn gerade die Eigenart jeder Stadt, jedes Dorfes, jedes einzelnen Bürgers ist es, was Frankreich groß gemacht hat. Wenn ich Sie heute so vor mir sehe, fühle ich, Sie haben sich so entwickelt, wie es von Ihnen erwartet wurde. Sie sind in Ihrem Herzen Elsässer geblieben und in Ihrer Gesinnung Franzosen geworden. Möge es Ihnen nun vergönnt sein, Ihre Mannesjahre in einer Epoche der Versöhnung zu verleben und Ihre jungen Kräfte und Gaben dem Frieden, dem Aufbau, dem Fortschritt zu widmen. Das wünsche ich Ihnen von ganzem Herzen."

Nach dieser formellen Ansprache schlenderte der Klassenvorstand durch den Mittelgang, blieb hier und dort stehen und interessierte sich für die Zukunftspläne seiner gewesenen Schüler. Unter denen, die die Universität zu besuchen beabsichtigten, befand sich ein großer, schlanker Junge, der leicht vorgeneigt in der Bank stand und sein rotbraunes Haar aus der Stirn strich. Auch er trug, dem Anlaß gemäß, sein bestes Gewand, doch salopper als seine Kameraden; die Krawatte war lose gebunden, der Hosenriemen abgetragen.

„Ich gratuliere Ihnen. Sie und Frossart haben die besten Arbeiten geliefert."

„Danke."

„Wenn ich daran denke, wie Sie vor vier Jahren die ersten französischen Worte stammelten, muß ich Ihnen meinen Respekt aussprechen. Sie haben Ihre Sache gut gemacht. Das müssen auch Ihre Kameraden zugeben", was sie einstimmig taten. „Haben Sie sich schon für einen Beruf entschieden?" fragte Monsieur Raball.

Der Junge zog seine Hose höher: „Ich möchte Lehrer werden."

Der Klassenvorstand sah ihn entgeistert an: „Lehrer? Wie sind Sie bloß auf diese Idee gekommen?"

„Das habe ich mir schon lange vorgenommen."

„Ist das Ihr Ernst?"

„Ja."

„Haben Sie sich das auch reiflich überlegt? Bedenken Sie bloß, ein ganzes Leben lang mit einer solchen Gesellschaft zu verbringen!" Sein Blick umfaßte die Klasse, die sich köstlich unterhielt.

„Es gibt Schlimmeres", erwiderte der Junge freundlich und wurde dafür von seinen Kameraden mit Beifall belohnt.

„Was wollen Sie unterrichten?"

„Latein und Geschichte.“

Der Lehrer legte mitleidsvoll die Hand auf seine Schulter: „Ein bedauernswerter Mann. Mein Beileid, Herr Kollege.“

Die Tür ging auf. Die Studenten erhoben sich, während der neue Direktor mit einer Mappe unterm Arm das Katheder bestieg. Professor Raball, neben ihm, verlas die Namen dem Alphabet nach. Zum erstenmal verteilte Direktor Vernon die Reifezeugnisse, und zwar in demselben Klassenraum, wo er sein eigenes bekommen hatte. Mit einem Händedruck und den besten Wünschen für die Zukunft verabschiedete er sich von jedem Absolventen. Zu Haußmann und Benoit sagte er: „Au revoir“ und zwinkerte dabei hinter seinen dicken Augengläsern.

LI

Vielleicht war der blonde Grafensohn doch ein Lügner gewesen und das Mädchen vom Poitsberg unschuldig, sagte sich Matthias, nun besonnener als vor Jahren, doch er benahm sich nicht danach. Außer auf der Skiwiese und dem Tennisplatz wurde er nie mit Mädchen gesehen. Wenn seine Schulkameraden von ihren galanten Erlebnissen erzählten, kehrte er ihnen den Rücken. Wenn sie tanzen gingen, blieb er daheim, obzwar der Arzt, den er nur mehr selten sah, ihm jedes Vergnügen erlaubte. Madame Vernon fand sein Verhalten ungewöhnlich für einen Jungen von achtzehn, aber sie gab die

Hoffnung nicht auf, ihn mit der Zeit umzustimmen. In dieser Absicht überraschte sie ihn nach seiner vorzüglich bestandenen Matura nicht bloß mit einem guten Abendessen und einer Flasche Champagner, sondern auch mit einem originellen Wunsch.

„Und jetzt trinken wir auf deine künftige Braut! Sie soll klug und schön sein und dich sehr glücklich machen!"

Er sah sie erstaunt an: „Danke vielmals. Aber können wir nicht auf etwas anderes trinken?"

„Warum?"

„Ich habe nicht die Absicht zu heiraten."

„Nicht gleich. Das wäre wohl auch etwas verfrüht."

„Ich werde nie heiraten."

Sie stellte das Glas nieder: „Warum nicht?"

„Ich könnte nicht mit einer Frau zusammenleben, mit ihr befreundet sein."

„Das ist nicht sehr schmeichelhaft."

„Sie sind eine Ausnahme."

„Unlängst hast du gesagt, du möchtest einen Sohn haben."

„Das schon, aber . . ."

„Allein wirst du das kaum fertig bringen", meinte Doktor Vernon, dem die saftige Punschtorte besonders gut schmeckte.

„In ein paar Jahren wird er anders reden", sagte die alte Dame.

„Das glaube ich nicht. Auch Herr Doktor Vernon ist unverheiratet und trotzdem sehr zufrieden."

Darauf erwiderte die alte Dame nichts. Die Pendeluhr tickte mit einemmal scheinbar lauter als sonst. Doktor Vernon brach das Schweigen: „Ich bin dafür, wir trinken auf Mademoiselle Lafitte; sie verdient es. Findest du nicht, daß ihr Madame Vernons neues Kleid besonders gut gelungen ist?"

„Es ist wunderschön. Madame Vernon sieht wie eine Königin darin aus."

Die alte Dame reckte ihren zierlichen Kopf und hob lachend ihr Glas.

Nach dem Abendbrot saßen die beiden Männer vor dem Café Odéon beim schwarzen Kaffee. Soldaten und junge Zivilisten promenierten mit ihren Mädchen um das beleuchtete Reitermonument. Leise bewegten sich die beiden Fahnen im Abendwind. Um den populären Eisverkäufer scharten sich die Kinder. Die Droschkenkutscher warteten auf Fahrgäste. Der Direktor des Lycée und sein Pflegesohn blätterten in den Zeitungen: dem Dawes-Plan gemäß hatten die französischen und belgischen Truppen das Ruhrgebiet geräumt. Reichspräsident Paul von Hindenburg war in die befreite Provinz unter Jubel eingezogen. — Ein Erdbeben in Kalifornien hatte die Stadt Santa Barbara zum Teil vernichtet und zahlreiche Menschenopfer gefordert. — In der letzten Ruderregatta war Strasbourg von Karlsruhe besiegt worden. — Mit der Hitzewelle ging es zu Ende. Regen und Gewitter im Anzug.

Doktor Vernon legte die Zeitung auf den Tisch: „Also du hast dich entschlossen, Junggeselle zu bleiben. Ob das gerade das Richtige für dich ist, weiß ich nicht. Damit meine ich nicht, daß du gleich auf Brautschau gehen sollst. Dazu hast du noch etliche Jahre Zeit. Ich war dreiunddreißig, als ich mich verlobte."

„Sie ... Sie waren verlobt?"

„Ja."

„Das wußte ich nicht. Davon haben Sie nie gesprochen. Warum haben Sie nicht geheiratet? Oder ist es indiskret, wenn ich ..."

„Nein, nein, das kann ich dir sagen, wenn es dich interessiert." Er bestellte zwei Gläser Kognak und zündete eine Zigarette an. „Vor zwölf Jahren lernte ich sie kennen — in Metz. Dort hatte ich meine erste Lehrstelle. Wir verlobten uns, aber zum Heiraten kam es nicht."

„Warum nicht?"

„Sie — sie starb."

„Woran?"

„Leukämie."

„Davon habe ich schon gelesen. Das ist eine Blutkrankheit, nicht wahr?"

„Ja, eine tückische, für die es noch keine Heilung gibt."

„War sie lange krank?"

„Drei Monate."

„Hat sie Schmerzen gehabt?"

„Ja, aber sie war sehr tapfer und voller Zuversicht. Erst ganz zuletzt wußte sie, daß es zu Ende ging."

Der Kellner stellte schwungvoll die Gläser auf

den Tisch und goß ein. Die beiden Gäste schauten vor sich hin.

Der eine sagte: „Das muß ... das muß arg für Sie gewesen sein."

Der andere erwiderte: „Sie war kaum fünfundzwanzig."

„Wo ist sie beerdigt?"

„In Metz."

„Darum fahren Sie jeden Monat nach Metz ..."

Doktor Vernon sah auf die jungen Paare, die um das Denkmal promenierten, und trank einen Schluck Kognak.

„Wie ... wie hat sie ausgesehen?"

„Sie war nicht schön. — Kluge Augen hatte sie. — Sie war immer gut gelaunt. — Wenn du willst, zeige ich dir einmal ein Bild von ihr."

„Das möchte ich gern. Wie hat sie geheißen?"

„Jacqueline Lepage."

„Jacqueline Lepage ..."

„Sie hatte einen kleinen Bücherladen." Er zerdrückte die Zigarette im Aschenbecher.

„Und später — haben Sie später nie mehr die Absicht gehabt, zu heiraten?"

„Nein."

Sie saßen noch eine Weile schweigend. Doktor Vernon zahlte und ging mit seinem Pflegesohn langsam über den Platz. Hier und dort wurde er erkannt und respektvoll gegrüßt. Ein jüngerer Student nahm rasch den Arm von der Taille seiner Freundin: „Bon soir, Monsieur le Directeur!" Der Direktor tippte schmunzelnd die Hutkrempe: „Bon soir."

Sein Begleiter erinnerte sich an die beiden Jungen, die einander mit den roten Tellerkappen beworfen und beim Anblick des Lehrers die Unschuldigen gespielt hatten, genau wie dieser.

Still lag die Place du Corbeau in der Sommernacht. In der Ferne pfiff eine Lokomotive. Der alte Bernhardiner vor dem Gasthof erhob sich, legte sich aber wieder nieder, als er seine zwei Freunde erkannte. Doktor Vernon zog den großen Schlüssel aus der Tasche und öffnete das knarrende Tor so leise wie möglich.

Im Stiegenhaus sagte Matthias: „Wenn Sie die Photographie vielleicht zufällig bei der Hand haben, möchte ich sie gern sehen."

„Komm, ich zeig' sie dir." Er ging voraus in sein Zimmer und öffnete eine der Schreibtischladen.

Matthias betrachtete lange das runde Gesicht mit den klugen Augen, der freien Stirn und dem lachenden Mund: „Warum haben Sie es nicht aufgestellt?" fragte er zögernd.

„Wozu? Ich weiß ja, wie sie aussieht — oder besser gesagt, wie sie aussah." Und er legte das Bild wieder in die Lade.

LII

Die Kinder auf der Place du Corbeau ließen ihre Kreisel ruhen. Ihre Eltern steckten die Köpfe aus den Fenstern. Monsieur und Madame Fabér lehnten auf dem Balkon. Trotz der nahen Mittagsstunde standen Koch und Kellner müßig vor dem alten Gasthof. Auch der Postbote vernachlässigte seinen Dienst. Selbst der alte Bernhardiner bestaunte, was es nicht alle Tage zu sehen gab. Vor dem Haus, in dem der Direktor des Lycée wohnte, wartete eine lange blaue Limousine mit ausländischer Nummerntafel und einem exotischen Chauffeur in weißer Livree, der elegisch durch die Windschutzscheibe schaute. Seine Herrin, die auf dem Balkon des ersten Stocks in hellem Sopran und mit kapriziösen Gesten flott drauflosplauderte, trug ein schickes grünes Kostüm und eine breite rote Baskenmütze. Ihre jugendliche Gestalt, ihr pikant geschminktes Gesicht mit der Stupsnase und dem rotbraunen Haar machten sie um viele Jahre jünger als Vierzig. Immer wieder mußte sie hinunterschauen auf das „hinreißende, entzückende kleine Platzerl", das sie so lebhaft an ihre Lieblingsoper Faust erinnerte. Wie beneidete sie ihren Sohn um sein „friedliches, gemütliches Leben in diesem bezaubernden Märchenstadterl."

„Wir waren auch in Wien, aber nur zwei Tage. Dort ist nix mehr los. Mein Mann war auch sehr enttäuscht. Nicht wahr, Francisco?"

„Ich auch war enttäuscht", antwortete Señor Rosso mit fettiger Stimme. „Ich kenne noch von früher, wie Kaiser war, und auch später, sofort nach Krieg. Damals sehr schön, sehr amüsant, viel Leben. Jetzt sehr arm, sehr pleite. Nur die Dialekt, ich höre immer gern. Sie waren auch dort?"

„Nein, wir sind leider nie nach Wien gekommen", antwortete Doktor Vernon für sich und seine Mutter.

„Sie haben nix versäumt", Señora Rosso ergriff wieder das Wort. „Ich weiß nicht, was den Leuten an der Stadt g'fallt. Barock hin, Barock her, ich pfeif' drauf. Ich hab' nur scheußliche Erinnerungen an diese Stadt. Meine erste Ehe — pfui Teufel. Diese Eifersuchtsszenen von früh bis nachts, dabei ist er mit den ordinärsten Weibern herumgezogen. Jetzt ist er endlich mit so einer verheiratet. Ich kenn' sie ja nicht, aber was die Leut' von ihr erzählen — na, ich dank' schön. Finanziell soll's ihm recht mies gehn, sagt man allgemein. Kein Wunder, diese Schieber haben alle ihr Geld verloren. Gottlob hat mein Bub nichts von ihm. Du bist deiner Mamali nachgeraten, gelt, mein Herzerl? — Na, und wenn ich an meine werten Kolleginnen von der Oper denk', an diese alten Schachteln, wie die mir das Leben versauert haben — diese neidischen Lügnerinnen —, mit jedem hab' ich sofort ein Verhältnis g'habt, sogar mit einem Pfaffen, weil ich nämlich ein paarmal in der Kirche g'sungen hab'. Zum Schluß, wie ihnen nix Besseres mehr eing'fallen ist, haben s' mir sogar aufgebracht, daß meine Eltern getaufte Juden waren, weil sie nämlich Grün geheißen haben. Dabei hat's in unserer Familie keinen einzigen Juden 'geben. Ach, bin ich froh, daß ich mit dem ganzen Theaterg'sindel nix mehr zu tun hab'."

„Fehlt Ihnen Ihr Beruf gar nicht?" fragte Madame Vernon.

„Mein Gott, ab und zu schon, aber wenn man einen berühmten Mann geheiratet hat, muß man Opfer bringen. So ist es, gelt, mein Schatz?“ Dabei strich sie mit graziösen Fingern über das pechschwarze Haar des argentinischen Fleischmagnaten.

Bald danach stieg sie mit ihm und ihrem Sohn in den Wagen. Die Kinder machten Platz. Der Chauffeur zog seine Handschuhe an. Mit offenem Mund nahm die Place du Corbeau Abschied von der mondänen Welt, die auf weichen Federn lautlos um die Ecke bog.

Den Panamahut auf dem Schoß, saß Señor Rosso bequem in der Ecke: „Wenn wir sind aus Sankt Moritz zurück in Paris, Sie können uns vielleicht besuchen, als mein Gast natürlich. Ihre Mama, sie würde bestimmt sehr freuen.“

„Eine herrliche Idee!“ Sie drückte ihren Sohn spontan an sich. „Warst du schon in Paris?“

„Schon einige Male.“

„Eine phantastische Stadt, was? Also wann kommst du?“

„Das wird leider nicht gehen. Im August sind wir in den Vogesen. Doktor Vernon hat bereits die Zimmer bestellt.“

„Aber für ein paar Tage kannst du doch ...“

„Nein, Mama, das kann ich nicht.“

„Ich sehe ein.“ Señor Rosso, der stark nach Eau de Cologne roch, nickte verständnisvoll. „Wenn man hat ein Verabredung, man muß halten. Das es schickt sich.“

„Ist er nicht ein bildschöner Junge?“

„Das man sagt nicht ins Gesicht zu ein Mann, querida mia.“

„Er ist doch mein Bub. Sag, hast’ schon eine Geliebte?“

Er lachte: „Nein.“

„Warum nicht? Das g’hört doch zur Gesundheit. Gibt’s hier keine hübschen Mädeln? Das heißt, für einen Burschen in deinem Alter ist es viel vernünftiger, er fangt sich was mit einer reiferen Frau an, eine um die Mitte Dreißig. Bei so einer kannst’ was lernen. Hab’ ich nicht recht, Francisco?“

„Liebe lernt sich von selber.“

Sie puderte ihr Gesicht und zog die Lippen nach: „Also seit Ischl hast’ deinen Herrn Papa nicht mehr g’sehen? Schickt er dir wenigstens genug Geld? Oder macht er’s so wie seinerzeit mit meinen Alimenten? Heut ist er mir noch die Hälfte schuldig.“

„Er verdient nicht viel. In dem Teppichhaus, wo er jetzt arbeitet, bekommt er nur einen geringen Gehalt. Aber ab und zu schickt er mir etwas, wenn es ihm ausgeht.“

„Was heißt das? Zahlt er nicht regelmäßig für deine Verpflegung?“

„Nein, nicht mehr.“

„Ja, wovon lebst du?“

„Seit Doktor Vernon Direktor ist und ein höheres Einkommen hat, kann ich Miete und Kostgeld schuldig bleiben. Meine Nebenausgaben verdiene ich mit Nachhilfestunden. Das Studium an der Universität wird mich nichts kosten; ich hab’ ein Stipendium bekommen.“

Sie warf einen Blick auf sein abgetragenes Sportsakko und die ungebügelte Flanellhose: „Zum Anziehen hast' aber nicht viel."

„Ich hab' zwei ganz neue Anzüge, aber so für alle Tage ist der gut genug."

Wie auf einem weichen Teppich rollte der neue Lincoln durch die schmalen Gassen. Die Einheimischen blickten ihm mit Bewunderung nach. Vor dem Münster blieb er stehen. Señor und Señora Rosso besichtigten die weltberühmte Kathedrale und ließen sich von ihrem Begleiter die verschiedenen Stile, Bilder und Altäre genau erklären.

„Bist du aber gebildet! Na ja, so g'hört sich's für einen künftigen Lehrer." Sie schaute auf die Uhr. „Jetzt müssen wir aber losfahren, sonst kommen wir in der Nacht an. Ich bet' nur noch rasch ein Vaterunser für meinen Buben." Sie kniete flink nieder und bekreuzigte sich. Ihr Sohn blieb neben ihr stehen. Ihr Gatte warf ein Almosen in die Sammelbüchse.

Im Auto sagte sie: „Mir scheint, du bist nicht mehr so fromm wie früher?"

„Wie kommst du darauf?"

„Ich hab' so den Eindruck. Gehst' noch oft beichten?"

„Zweimal im Jahr; das war so üblich im Lycée."

„Ganz genug. Mit der vielen Beichterei kommt man nur auf schlechte Gedanken. Weißt', ich find', du hast dich sehr zu deinem Vorteil verändert. Wie hat dieser Doktor Vernon es gemacht, daß du so selbständig geworden bist?"

„Das weiß ich eigentlich selber nicht. Er hat mir sehr selten gesagt, was ich tun soll."

„Als Lehrer hat er doch gewiß eine bestimmte Erziehungsmethode."

„Erziehungsmethode? — Davon hab' ich nichts bemerkt."

„Ein sympathischer Mensch. Findest du nicht auch, Francisco?"

„Sehr sympathisch und intelligent. Ein Gentleman. Und die alte Dame, sehr fein, sehr graziös. Von Paris ich werde Bonbons schicken und Parfum. Sie hat sicher gern."

„Debes darle dinero? No tienes unos francs?" fragte sie, worauf ihr Mann zwei große Banknoten aus der Brieftasche zog und sie ihr gab. Sie faltete sie zusammen: „So, das ist für meinen Buben. Davon wird er sich was Schönes kaufen."

„Danke, Mama, ich habe alles, was ich brauche."

„Was, du wirst mir doch nicht einen Korb geben?"

„Ich habe genug Geld."

„Also mach keine Faxen." Sie steckte die Banknoten in seine Rocktasche, aber bekam sie wieder zurück.

„Nein, danke, Mama, ich möchte das wirklich nicht."

„Nicht insistiere", meinte Señor Rosso. „Wenn er nicht will, er nicht will."

„Na schön, dann laß es halt bleiben. Aber sehr höflich finde ich das nicht."

„Ich wollte dich nicht beleidigen, Mama. Ich

glaube, ihr fahrt am besten geradeaus weiter, da kommt ihr direkt auf die Züricher Straße."

„Zuerst wir führen Sie nach Hause."

„Wozu sollen Sie den Umweg machen? Ich hab' nicht weit von hier." Er klopfte dem Chauffeur, verabschiedete sich von Mutter und Stiefvater und wünschte ihnen einen schönen Aufenthalt in Sankt Moritz.

„Gibst du mir keinen Kuß?"

„Oh, verzeih, Mama, natürlich."

„Wenn wir kommen wieder nach Europa, wir müssen länger sein zusammen."

„Gewiß. Gute Reise!"

Die Hände am Rücken, schlenderte Matthias durch die Rue des Orphelins. Vor einem Papierkorb blieb er stehen, zog ein Telegramm aus der Tasche und überflog es nochmals: Arrivons Strasbourg en voiture 2 aout matin 11 heures baisers infinis. Mamali.

Dann zerriß er es in viele kleine Stücke und ging weiter.

LIII

Schwere Eiszapfen hingen von den langen Holzbalkons unter den verschneiten Giebeldächern. Vor der Cour du Corbeau hatten die Kinder einen Schneemann errichtet, den der alte Bernhardiner, wie ihnen zum Trotz, unentwegt mit seinem Eckstein verwechselte. Die Glockenschläge vom Turm der Kathedrale klangen kristallen durch die klare

Winternacht. Doktor Vernon schaute hinunter auf den Platz. Im Kachelofen knackte es behaglich. Fenster und Balkontür waren mit roten Lambrequins bekleidet. Vom Weihnachtsbaum fielen schon die ersten Nadeln.

Als die Pendeluhr zehn schlug, blickte Madame Vernon von ihrem Roman auf: „Du solltest ihn doch endlich einmal fragen, wo er sich herumtreibt. Weißt du, daß er gestern erst um halb eins nach Haus kam? Ich habe eigens auf die Uhr geschaut."

Doktor Vernon goß sich ein Glas Elsässer ein: „Seit wann schläfst du so schlecht?"

„Ich bin bloß zufällig aufgewacht. Du mußt nämlich wissen, Charles, Madame Fabér hat mir erzählt, es treiben sich jetzt eine Menge anrüchiger Frauenspersonen in der Stadt herum, seit die Garnison verstärkt wurde."

„Da ist sie wohl besorgt um ihren Mann."

Sie schob die Brille auf die Stirn: „Mit dir kann man nicht ernst reden. Ich wundere mich wirklich, daß sie dich zum Direktor gemacht haben."

„Ich glaube, das tun viele."

„Bedenke doch, ein Junge in seinem Alter kann sehr leicht in schlechte Gesellschaft geraten."

„Das kann er aber auch bei Tag."

„Gewiß, aber ... Ist dir aufgefallen, daß er seit neuestem nur seine zwei besten Anzüge trägt, sogar schon am Vormittag, für die Universität?"

„Das tut er wahrscheinlich dir zuliebe. Du hast ihn doch so oft gebeten, er soll nicht mehr das karierte Sportsakko anziehen."

„Na schön — meinetwegen —, wenn du das alles für richtig hältst —. Du trägst schließlich die Verantwortung für ihn.“

Doktor Vernon nahm auch weiterhin keinen Anstoß an den nächtlichen Verabredungen seines Pflegesohnes. Erst als er ihn einmal um drei Uhr morgens heimkommen hörte, interessierte ihn der rapide Aufschwung des Strasbourger Nachtlebens. Den nächsten Nachmittag klopfte er an seine Tür und fand ihn am Schreibtisch, schlafend.

„Leg dich doch für eine Stunde nieder. Mit müdem Kopf studieren hat wenig Sinn.“

„Ich ... ich hab’ bloß so ein bißchen gedöst ...“

„Kein Wunder, mit vier Stunden Schlaf hat niemand genug.“

„Habe ich Sie aufgeweckt, wie ich nach Haus kam?“

„Nein, nein, ich bin zufällig aufgewacht.“ Er betrachtete den übernächtigen Jüngling und lächelte. „Ein geheimnisvoller Herr.“

„Wieso geheimnisvoll?“

„Möchtest du uns nicht endlich verraten, wer dich so lange wach hält? Madame Vernon macht sich schon allerhand Gedanken. Also spanne uns nicht länger auf die Folter.“ Damit ließ er sich auf dem Fauteuil neben dem Schreibtisch nieder.

Matthias ging verlegen auf und ab, die Daumen unter seinem neuen Hosenriemen, und räusperte sich einige Male, ehe er begann: „Sie ist ... wir sind im gleichen Semester. Sie ist aus Belfort. Sie ... sie ist erst seit September hier.“

„Hoffentlich gefällt es ihr bei uns. Wo wohnt sie denn?“

„Am Boulevard de la Victoire. Sie hat ein Zimmer bei einer alten Frau gemietet.“

„Darf man fragen, wie sie heißt?“

„Geneviève Dorian.“

„Geneviève Dorian. — Warum bringst du sie nicht einmal zu uns? Sonst glaubt sie am Ende, du wohnst auf der Straße.“

„Ich würde sie sehr gern einmal heraufbringen, aber ...“

„Was hält dich davon ab?“

„Es ist nämlich ...“ Er kratzte sich an dem Finger, an dem er keinen Ring aus Mariazell mehr trug. „Ich wollte schon längst mit Ihnen darüber sprechen, aber ich dachte ...“

„Was?“

„Sie haben mir einmal im Sommer die Photographie von Ihrer Braut gezeigt und ...“

„Und?“

Er blieb plötzlich stehen: „Geneviève sieht genau so aus.“

„Du findest, sie sieht ihr ähnlich?“

„Das kann man nicht Ähnlichkeit nennen. Ich habe das Bild damals sehr genau angeschaut und habe es noch gut in Erinnerung. Haargenau so sieht Geneviève aus — die Augen — der Mund — die Stirn — ihr ganzes Wesen ... Wie ich sie zum erstenmal sah, war ich sprachlos. Ich habe meinen Augen nicht getraut. Und sooft ich sie sehe, immer wieder bin ich im ersten Moment vollständig verblüfft. Aber ich habe ihr natürlich kein Wort davon gesagt."

Der Wind fegte über die schneebedeckten Dächer und riß einige Eiszapfen mit. Der Zylinder des Schneemannes fiel vor die Hundehütte; der Bernhardiner bellte.

Doktor Vernon lehnte sich zurück: „Warum hast du mir das nicht früher erzählt?"

„Ich dachte, es würde Sie vielleicht ... Es ist doch ein ganz unheimlicher Zufall, finden Sie nicht?"

„Ja, sonderbar, das läßt sich nicht leugnen. Aber warum versteckst du sie vor uns?"

„Ich meinte, Sie würden vielleicht ... Aber wenn es Ihnen nichts ... nichts ausmacht, wenn es Sie ... wenn es Sie nicht stört, bring' ich sie gern einmal herauf."

„Tu das, und zwar recht bald. Und jetzt schlafe eine Stunde."

Drei Tage später kam Geneviève zum Abendbrot. Sie hatte kluge Augen, eine freie Stirn und ein freundliches Lachen. Sie war gut gewachsen, beinahe so groß wie er. Ihre Ansichten über ihre Professoren und das Leben in Strasbourg verrieten Humor, ihr Interesse für Medizin im Zusammenhang mit sozialen Fragen eine fortschrittliche Gesinnung. Ihr Vater war Arzt in Belfort, ihre Mutter früh gestorben. Mehrmals drückte sie im Gespräch ganz ungeniert die Hand ihres gleichalterigen Tischnachbarn und sah ihm tief in die Augen. Die Ente und der alte Burgunder schmeckten ihr wesentlich besser als die Kost ihrer Hauswirtin. Um elf bedankte sie sich für den schönen Abend und versprach, sehr bald wiederzukommen.

Madame Vernon sah ihr vom Fenster nach, als sie mit ihrem Kameraden Arm in Arm über den Platz ging: „Nein, so etwas! Es ist unbegreiflich!"

„Beruhige dich, Mama."

„Wie ist das bloß möglich?"

„Solche Dinge gibt es."

„Unfaßbar! Wo hat der Junge seine Augen? Wie konnte er auf diese Idee kommen?"

„Findest du sie nicht hübsch?"

„Sehr hübsch sogar — aber doch nicht die leiseste Spur einer Ähnlichkeit —"

„Nein, nicht die mindeste. Aber sage ihm das nicht. Laß ihn dabei. Es schadet ihm nichts."

Im Kachelofen knisterte die letzte Glut. Die Silberkugeln und Girlanden auf dem Weihnachtsbaum glitzerten im Lampenschein. Sanft rieselten von Zeit zu Zeit die trockenen Tannennadeln auf den Teppich. Auf dem Balkon vor den Fenstern lag Neuschnee. Die Laterne vor der Cour du Corbeau brannte ruhig in der windstillen Nacht.